国家社科基金青年项目（课题号：21CKS054）阶段性成果

中国知识界对唯物史观的阐释研究

（1927—1937）

金梦 著

中国社会科学出版社

图书在版编目（CIP）数据

中国知识界对唯物史观的阐释研究：1927—1937 / 金梦著. —北京：中国社会科学出版社，2023.9
ISBN 978-7-5227-2306-8

Ⅰ.①中… Ⅱ.①金… Ⅲ.①历史唯物主义—研究—中国—1927-1937 Ⅳ.①B27

中国国家版本馆 CIP 数据核字（2023）第 139859 号

出 版 人	赵剑英
责任编辑	田　文
责任校对	张爱华
责任印制	王　超

出　　版	中国社会科学出版社
社　　址	北京鼓楼西大街甲 158 号
邮　　编	100720
网　　址	http://www.csspw.cn
发 行 部	010-84083685
门 市 部	010-84029450
经　　销	新华书店及其他书店
印　　刷	北京君升印刷有限公司
装　　订	廊坊市广阳区广增装订厂
版　　次	2023 年 9 月第 1 版
印　　次	2023 年 9 月第 1 次印刷
开　　本	710×1000　1/16
印　　张	15.5
插　　页	2
字　　数	224 千字
定　　价	85.00 元

凡购买中国社会科学出版社图书，如有质量问题请与本社营销中心联系调换
电话：010-84083683
版权所有　侵权必究

序

读者朋友们现在所看到的这部新著是我的博士生金梦所作，看到学生的新书出版作为导师真是甚感欣慰，这种喜悦在某种意义上甚至超过了自己的书出版。当老师最快乐的事就是看到学生的成长进步，这应当是老师们共同的感受吧。

金梦于2014年至2018年在北京大学马克思主义学院攻读马克思主义中国化研究专业的博士研究生。在读博期间，她十分认真刻苦，踏实上进，也很爱钻研思考。从毕业论文的选题、写作，到平时的读书、学习、研究，我们都经常交流探讨。金梦的博士论文选题便是她从自己的研究兴趣出发，我们反复讨论而最终确定的。选题之初，她表示对马克思主义在中国早期传播这一方面很感兴趣。我告诉她这方面可以做，但建议她多去查阅相关的文献资料，进一步聚焦选题。大概又过了一段时间，她向我报告了初步的选题意向。当时给我提供了两个备选题目，一个是想做1927年至1937年间中国知识界对唯物史观的传播和阐释的研究，另一个是这一时期中国和苏联哲学教科书的比较研究。这两个问题都非常具有学术价值和现实意义，但是我考虑到比较研究确实难度较大，不好把握，于是建议她选择前者。就前一个选题，我当时主要问了金梦两个关键性的问题：第一，关于这一主题目前的研究情况如何？第二，支撑这一主题的历史文献资料有多少？她很认真地一一解答了我的问题。最终在我们的多次交流商讨下敲定了这一选题。选题确定之后，金梦便开始着手准备开题报告的相关工作，在开题报告会上经过专家委员会的指导，她进一步完善了论文框架结构。

在毕业论文的写作期间，我能感受到金梦有着很大的心理压力。她总担心自己写不好这一问题。确实，这一选题要做好并不容易。一是需要大量地占有一手历史文献资料。由于很多资料要从民国时期的旧报刊、旧书籍中一点点去挖掘，文字又多是竖版繁体字，一个个字地去摘录下来，这需要花很大的功夫。二是摘录下来也只是第一步，更重要的是对于这些民国学者的理论研究文献的具体内容要有能力理解。这就需要具备较强的哲学、历史学的理论功底，能够客观深入地对文献内容进行梳理把握，提炼观点。三是1927年到1937年间的唯物史观的讨论很热烈，参与的人很多，学者背景错综复杂，想要理清个中关系实属不易。

不过有压力才有动力。对于这些困难，金梦从没有过畏难情绪。反而觉得越是这样有挑战性，越能从研究中收获很大的价值。为了做好研究，金梦一头埋进学校图书馆里，多方查阅、摘录相关历史资料，扎实打牢马克思主义哲学与历史学相关知识基础，在研究中不断修改、完善着论文结构和内容。值得一提的是，为了拓展研究视野，提升研究能力，在2016年9月到2017年9月间，金梦受国家留学基金委资助公派赴美国哈佛大学学习。在美访学期间，她在哈佛大学燕京学社、费正清中国研究中心、校档案馆搜集整理了大量中英文历史文献，为本研究打下了坚实的基础。同时她还就博士论文的研究多次向哈佛中国学研究的著名学者们请教交流，这使得研究有了很大的推进。

毕业论文写作期间，金梦的日常基本上是在图书馆里度过的。特别是博士四年级毕业那一年，既有写好毕业论文的巨大压力，还面临着找工作的难题，这给她带来了不小的压力和挑战。但我始终对她充满信心，相信她的科研能力和心理素质，一直觉得她能够很好地应对各种挑战。果然功夫不负有心人，金梦终于在2018年6月顺利通过毕业论文答辩，取得了法学博士学位。这也算是给四年博士生涯画上了圆满的句号。当时答辩委员会专家都对她的论文给予了较高的评价，对此我感到很欣慰。金梦的博士学业圆满结束后，在北京师范大学继续从事师资博士后的研究工作，后留校工作至今。在这一期间，她对博士和博士后的研究成果又加以修改、完善、充实。现将内容整合定名为《中国知识界对唯物史观的阐释研究（1927—1937）》出版。这本书算是对金梦的博士和博士后时期研究成果的一个总盘点。

本书全面梳理和展现了1927年到1937年间，中国学人对唯物史观的传播、阐释与创新的历史图景，这是马克思主义中国化史研究的重要课题。百年来，唯物史观的传播与发展深刻影响着中国的历史命运。每一次唯物史观热潮的兴起都是思想界对"中国向何处去"这一时代之问的深切追索。大革命失败后，各方学人都对唯物史观抱有极大的兴趣，他们希冀通过唯物史观的研究探寻实现中华民族复兴之路。然而各方对唯物史观的性质和基本理论作出了不同的判定和阐释。学术争锋的背后是他们的现实选择歧异。那么，他们到底如何认识与阐释唯物史观基本理论？其背后又有着怎样现实分歧？面对反马克思主义者的猛烈诘难与话语攻击，马克思主义者是如何有力回应理论挑战，创新与发展唯物史观的？而马克思主义者对唯物史观的这种阐释对中国共产党的革命实践与中国学术发展转型又有着怎样深远的现实影响？回首历史，唯物史观在中国的传播与创新又能提供怎样的现实启示？这都是本书致力于解答的问题。

具体来说，本书有以下主要特征：

第一，新颖独特的视角。本书视野开阔，突破了以社会史论战、社会性质论战为界限的传统研究视域。在系统梳理与全景展现不同立场知识分子对唯物史观的观点态度与思想交锋的基础上，重点聚焦马克思主义者如何打破内外困境，运用唯物辩证法这一"革命逻辑"创造性阐释唯物史观基本问题，并在现实运用中推动中国共产党革命运动与学术发展这一主题。这一方面揭示了马克思主义中国化的艰辛探索历程，另一方面也展现了马克思主义学人坚定的政治立场、鲜明的学术志趣、扎实的理论功底与高超的斗争艺术。

第二，深刻的学理性。本研究基于大量一手历史报刊和著作文献，不仅有各派知识分子的代表性马克思主义学术研究著作，且深入挖掘了包括《新思潮》《社会科学战线》《读书生活》《文化批判》《学术界》《生活周刊》等左翼期刊在内共30余种杂志的唯物史观研究文献。在丰富翔实的文献史料的基础上，本书深入考察了中国学人对唯物史观的性质，及包括社会基本矛盾、人类社会发展规律、阶级斗争在内的基本理论问题的研究与阐释情况。本书不是抽象的泛泛而谈，而是史论结合，层层递进，以理服人，故不失为一部具有较浓厚学术意味的理论专著。

第三，鲜明的现实性。对唯物史观的认知与评价绝非是单纯的学理性问题，它具有深刻的政治性和现实性。本书重点探讨与揭示了在中国共产主义运动低潮时期，马克思主义者在面对反马克思主义者的理论挑战与话语攻击时，如何共同举起马克思主义的思想旗帜，坚决反驳种种错误观点，着力对唯物史观进行创造性阐释与运用的历史过程。重视对唯物史观的阐释与运用，为新时代中国共产党更好坚持唯物史观、正确党史观，反对历史虚无主义，不断推进马克思主义中国化时代化提供了重要的历史经验与现实启示。

总体来看，本书视角独特，史料翔实，内容丰富，见解独到，值得一读。当然，金梦作为青年学者，学术之路尚在起步阶段。这是她的第一本著作，还望学界多多指正，共同助力青年学者的成长与进步。

最后我想说，虽然金梦毕业四年有余，但作为她的导师，我始终关注、关心着她在学术之路上的成长与发展。金梦具有良好的学术素养、扎实的理论功底、开阔的研究视野和很强的发展潜力。"学之广在于不倦，不倦在于固志。"金梦未来的学术道路还很长，希望她继续潜心研究，严谨治学，不断有新的高质量的学术论文和著作问世，我相信她未来的路会越走越宽广。这是我的祝愿与期待，是为序。

郭建宁
2022年8月

目　　录

绪　论 ……………………………………………………………… 1
  一　研究缘起 …………………………………………………… 1
  二　研究现状 …………………………………………………… 4
  三　研究思路 …………………………………………………… 16
  四　创新之处 …………………………………………………… 18

第一章　中国知识界对唯物史观的早期阐释 …………………… 20
  第一节　唯物史观早期阐释的思想资源 ……………………… 21
    一　唯物史观阐释的原典依据 ……………………………… 21
    二　日本与欧美传播渠道的影响 …………………………… 25
  第二节　唯物史观早期阐释的主要观点 ……………………… 31
    一　唯物史观是马克思主义理论的基础 …………………… 31
    二　应称唯物史观为"经济史观" …………………………… 33
    三　生产力是社会发展的根本动力 ………………………… 36
    四　唯物史观与阶级斗争说的冲突与调和 ………………… 39

第二章　唯物史观再阐释的社会历史背景（1927—1937） ……… 46
  第一节　对"中国向何处去"的现实追索 …………………… 47
    一　大革命失败后的国内形势与传播热潮的兴起 ………… 47
    二　国际局势的变化推动唯物史观的研究热 ……………… 52
  第二节　文本资源的丰富与传播渠道的转变 ………………… 55

一　唯物史观阐释的原典资源的丰富 ················ 55
　　　二　"以苏解马"与唯物辩证法的广泛传播 ············ 60
　第三节　阐释主力的成长与壮大 ······················ 72
　　　一　唯物史观阐释力量的分化与对立 ················ 72
　　　二　马克思主义学者成为理论阐释的主导力量 ·········· 76

第三章　关于唯物史观性质的探讨与交锋 ················ 81
　第一节　唯物史观与唯物辩证法的关系之辩 ·············· 82
　　　一　"矛盾说" ······························· 82
　　　二　"扩张说" ······························· 89
　第二节　唯物史观与经济决定论之辩 ·················· 94
　　　一　以唯物史观为"经济决定论" ·················· 94
　　　二　以唯物史观为辩证唯物的历史观 ················ 99
　第三节　理论认知分野与道路选择歧异 ················ 104
　　　一　国民党御用文人全盘拒斥唯物史观 ·············· 104
　　　二　自由主义者部分肯定唯物史观 ················ 110
　　　三　马克思主义者力证唯物史观为"行动的指导" ······ 113

第四章　以"革命逻辑"贯穿唯物史观的理论阐释 ·········· 118
　第一节　社会基本矛盾理论阐释"能动"因素的凸显 ······ 118
　　　一　从"生产技术论"转向对生产关系的关注 ········ 118
　　　二　强调上层建筑对经济基础具有能动作用 ·········· 129
　第二节　"动的逻辑"成为社会发展规律的主要特征 ······ 134
　　　一　社会历史规律阐释模式的转向 ················ 134
　　　二　"五种社会形态说"成为社会发展的普适法则 ······ 143
　第三节　阶级斗争说被纳入唯物史观理论体系 ·········· 150
　　　一　从根本上调和唯物史观与阶级斗争说的矛盾 ······ 150
　　　二　阶级斗争被视为变革社会的重要动力 ············ 155

第五章 唯物史观的主流阐释与"中国向何处去" …… 169
第一节 1927—1937年唯物史观主流阐释的基本特点 …… 169
一 唯物史观主流阐释的特点与趋向 …… 170
二 唯物史观主流阐释的历史局限 …… 176
第二节 唯物史观的主流阐释与中国革命理论的构建 …… 179
一 阐释学人与毛泽东哲学思想形成的源流考察 …… 179
二 主流阐释与新民主主义革命理论的构建 …… 187
第三节 唯物史观的主流阐释与中国学术范式的转型 …… 193
一 主流阐释与中国马克思主义哲学研究 …… 194
二 主流阐释与中国马克思主义史学研究 …… 200
三 主流阐释与中国马克思主义社会学研究 …… 210

第六章 中国知识界研究与阐释唯物史观的经验启示 …… 216
第一节 中国知识界研究与阐释唯物史观的基本经验 …… 217
一 中国共产党的领导是根本保证 …… 217
二 坚持理论的科学性是基础 …… 219
三 马克思主义理论工作者是主力 …… 221
第二节 中国知识界研究与阐释唯物史观的当代启示 …… 223
一 坚持党的领导,高举马克思主义思想旗帜 …… 223
二 立足新时代实践,不断提高唯物史观阐释水平 …… 225
三 着力从人抓起,培育壮大哲学社会科学人才队伍 …… 226

参考文献 …… 229

后　记 …… 239

绪　论

一　研究缘起

自20世纪初叶以来，中国知识界对唯物史观的传入、传播、研究与运用始终是围绕着回答"中国向何处去"的时代之问而展开。五四运动前后，为探寻"中国向何处去"的现实课题，知识界掀起了传播和研究唯物史观的第一次热潮。这次热潮让不少先进分子实现了由民主主义者向马克思主义者的转变，找到了变革社会的新手段，推动了国民大革命高潮的到来。关于这一阶段的唯物史观传播热的研究历来为学界所关注。

在近现代思想史上，还有一次唯物史观传播与研究热潮对中国社会产生了更为深刻、广泛的影响。这次热潮颇为吊诡。1927年7月大革命失败后，中国革命陷入低潮。"中国向何处去"再一次成为摆在国人面前巨大的问号。然而，作为革命指导思想的唯物史观不但没有销声匿迹，反而逆势而上，成为当时的主干思潮。这一历史的悖论值得玩味。20世纪20年代末至30年代中期，思想文化领域掀起了继五四之后的第二次唯物史观研究热潮。当时各派知识分子，如李达、沈志远、艾思奇、张如心、翦伯赞、吴亮平、朱镜我、王学文、彭康、叶青、陶希圣、顾孟余、张东荪、张君劢、丁文江等等，都对唯物史观产生了极大的兴趣。由于唯物史观与中国现实的密切相关性，对未来中国之命运持不同选择的知识分子对唯物史观的态度大相径庭。与五四时期知识界对唯物史观的传播侧重于介绍不同,1927—1937年的唯物史观热潮中,知识分子则更进一步,转向了对唯物史观基本范畴及其理论价值的深入的学理讨论上,并将之运用到中国社会分析中。各派学人论争激烈,但持不同政治立场的知识分子,无论是否支持唯物史观,都不得不在唯物史观的话语体系下参与思想交锋。正如陈伯达所说:"唯物史观在中国也已具有最大的真理权威,就是那极端不高兴唯物史观的,也被迫要在'唯物史观'的幌子底下,来做反对唯物史观的勾当了。从真切的事实来看,就会活现着这一切微妙的作用。"[①]

这种微妙的作用确实在发生着。1927年大革命失败后的10年间,热烈的唯物史观讨论广泛地宣传了马克思主义的社会历史概念。由此,唯物史观更加深入、广泛地塑造了国人关于中国之过去、现在和未来的概念。"认清楚过往的来程也正好决定我们未来的去向。"[②] 这一塑造的意义并不单指学术层面上的,其重点更在于隐藏其后的现实意义。唯物史观的讨论之所以热烈,是因为论战各方都看到了不同学术观点背后所诉诸的政治诉求。论战中哪一方占据优势,中国未来便将走上一条截然不同的道路。因而,这一政治意义赋予这次唯物史观热潮更加鲜明的现实意味。

在这一时期的学术论争中,唯物史观在方方面面遭遇了从未有过的理论诘难与阐释困境。面对现实需要与理论危机,马克思主义者勇担思想交锋与学术论战的重任,重新审视和适时调整了唯物史观的阐释话语,一一反驳与回应了诸种理论攻击与质疑。这使得唯物史观的阐释呈现出崭新的趋向,唯物史观在思想界的权威地位得以树立,由此深刻影响着先进分子关于中国道路的选择。在对唯物史观的早期阐

[①] 钟离蒙、杨凤麟主编:《中国现代哲学史资料汇编》第2集第4册,辽宁大学哲学系,1982年,第189页。

[②] 钟离蒙、杨凤麟主编:《中国现代哲学史资料汇编续集(第13册)社会史和社会性质论战》(上),辽宁大学哲学系,1984年,第1页。

释中，知识界更加注重唯物史观中经济关系的解读。唯物史观以"经济史观"或"经济决定论"面貌出现。到了大革命失败后的10年间，随着马克思主义传播重点的转移，马克思主义者将唯物辩证法的方法论运用于唯物史观的阐释中。为了回答时代之问，推进理论创新，较之前更加突出表现了唯物史观的"革命逻辑"，即突出人的主观能动因素及辩证思维，试图有效应对来自反马克思主义者的理论挑战。这一阐释的新变化启发了先进分子，使得唯物史观在现实运用中，对新民主主义革命理论的构建与中国学术研究范式的转型均产生了深远的影响。

因而，本研究的主线在于考察，1927年7月大革命失败后，为了回答"中国向何处去"的时代之问，各派知识分子如何看待和阐释马克思主义的唯物史观，阐释的主流趋向又对"中国向何处去"产生了怎样广泛而深远的影响？需要说明的是，这一时期参与唯物史观研究与讨论的知识分子成分复杂多样。有坚持马克思主义的左翼学者，有激烈反共的国民党派御用文人，有运用唯物史观进行学术研究的国民党理论家如陶希圣，有披着马克思主义外衣行反共之实的理论家叶青之流，也有自由主义者、无党派背景的普通学者，等等。这些学者很难完全用政治立场来一一划分其学术态度。但从整体上看，以学术回答时代之问的取向在当时学界阐释唯物史观时占据主流。由于本研究是以"中国向何处去"为视角，着重考察这一时期学术与实践的互动关系，故在兼顾各方学者的前提下，将主要选取马克思主义学人、国民党派御用文人和自由主义学者这三个派别为研究对象进行重点考察。具体问题如下：第一，如何解释这种在革命低潮时期革命理论反而成为热潮的"怪现象"？第二，在这一唯物史观热潮中，论争各方围绕唯物史观的诸多论题到底有着怎样的思想交锋？他们是如何阐释唯物史观的具体学理以回答"中国向何处去"这一时代之问的？第三，面对反马克思主义者的理论挑战与猛烈的话语攻击，马克思主义者如何共同举起马克思主义旗帜，坚决反驳种种错误观点，着力对唯物史观进行创造性阐释？这种阐释又呈现出怎样的一种主流趋势？第四,这种占据主流的唯物史观阐释又在现实走向与学术发展上对"中国向何处去"产生了什么具体影响?

考察这一问题的意义在于,其一,从历史意义来说,唯物史观作为"观察国家命运的工具",对唯物史观的阐释与解读直接关系到对于中国社会性质的判定,进而影响到对中国革命道路与中国未来出路的选择。因而,考察新民主主义革命道路问题,只从政治史视野出发似乎远远不够,从思想史维度考察学术理论与政治实践的互动关系有助于更加完整地对其进行把握。其二,从学术意义来说,综观学界研究,虽然相关历史资料丰富充实,但关于1927—1937年中国知识界对唯物史观阐释的专门、直接的系统研究不多。既有研究呈现出重传播轻阐释、重描述轻论述与研究视角单一化的特点。本书聚焦1927年大革命失败后的10年间知识界对唯物史观具体理论的阐释问题,这既有助于推进学界研究,较全面了解各方学者对唯物史观理论的具体认知和研究情况,也有助于学界进一步准确把握唯物史观的精髓和实质,树立对唯物史观的科学态度,探索马克思主义中国化时代化的客观规律。其三,从现实意义来说,自20世纪80年代末90年代初以来,随着西方史学新思潮的传入与影响的日渐扩大,唯物史观在哲学社会科学领域的指导地位受到了冲击,唯物史观的科学性遭到不小的质疑。本研究一方面为中国共产党在新时代条件下,更好坚持唯物史观,树立正确党史观,反对历史虚无主义提供了历史经验与现实启示;另一方面,这也对推进中国特色哲学社会科学学科体系、学术体系、话语体系建设,构建中国自主的知识体系具有深远的现实意义。

二 研究现状

(一) 研究成果概述

关于唯物史观在近代中国民主革命时期的传播与解读是学界关注的前沿。当前学界已经形成一批较为成熟的学术论著,为本研究提供了重要的资料支撑。

第一，相关著作从宏观角度进行了阐述与研究。主要著作有梁枫的《唯物史观在中国的历史命运论纲》，吕希晨、何敬文主编《中国现代唯物史观史》，瞿林东等著《唯物史观与中国历史学》，桂遵义的《马克思主义史学在中国》，王学典、陈峰编《二十世纪中国史学史论》，谢保成著《民国史学述论稿1912—1949》，侯云灏著《20世纪中国史学风潮与变革》以及美国学者阿里夫·德里克著《革命与历史：中国马克思主义历史学的起源，1919—1937》和费维恺的《共产主义中国的历史学》，等等。这些著作都从不同视域考察了自五四运动以来唯物史观在中国传播与解读的历史进程。此外，郭湛波的《近五十年中国思想史》、冯契的《中国近代哲学的革命进程》、李泽厚的《中国思想史论》（下）、唐宝林等编《马克思主义在中国100年》、庄福龄主编《中国马克思主义哲学传播史》、黄楠森等人主编的《马克思主义哲学史》（八卷本）第六卷、郑大华的《民国思想史论》、吴汉全的《中国马克思主义学术史》、王海军的《学科、学术与话语：中国马克思主义哲学社会科学体系建构研究（1919—1949）》等都对1927年至1937年唯物史观的传播与阐释有所涉及。

第二，一批有质量的论文成果相继呈现。代表作有，张静如、齐卫平的《唯物史观在中国传播一百年与"三个代表"》、蒋大椿《八十年来的中国马克思主义史学（一）》、蒋海怒《唯物史观与近代中国历史意识变迁》、王贵仁的《20世纪早期中国学者对唯物史观的阐释及其演变》和《从"史学革命"到"唯物史观"的传播——试析唯物史观在中国传播的历史学逻辑》、张立波的《唯物史观的中国初貌：依据、内容和特征》、冯天瑜的《唯物史观在中国的早期传播及其遭遇》、赵利栋的《20世纪20年代马克思主义历史理论传播中的唯物史观述略》与《略论二十世纪二十年代中国马克思主义的思想资源》，以及谢辉元的《民国时期唯物史观传播与马克思主义史学发展》、王雪楠的《"物"、"心"之辩：中国知识界的"唯物史观"解读变迁（1918—1923）》，等等。近年来，也有一些学位论文涉及了本研究。如蔺淑英的博士学位论文《唯物史观在中国的传播与创造性运用（1919—1949）》为我们展现了自五四运动以来的唯物史观在中国传播的历史，其中涉及1927—1937年知识界对唯物史观的阐释；向伟的博士学位论文《国民党视野中的马克思学说研究（1927—1937）》全面深入介绍了1927年到1937年国民党人对马克思学说的态度与做法；复旦大学方啸天的博士学位论文《马克思主义在中国——思想史和历史学的双重维度》，北京大学戴晓芳的硕士学位论文《中国语境中唯物史观的运用及其"合法性"——20世纪二三十年代中国社会性质问题论战的哲学反思》以及安徽大学朱欣的硕士学位论文《论唯物史观在中国的百年发展》等从不同层面对唯物史观在中国的传播史进行了研究。

（二）研究内容与主要观点

1. 对民主革命时期唯物史观在中国的传播及解读的研究

综观唯物史观在整个近代中国民主革命时期的传播与解读史，学界主要对唯物史观传播的历程、知识分子与唯物史观的传播、唯物史观对近代中国的影响等问题进行了深入的探讨，形成了较为丰富的研究成果。目前研究呈现以下几个特征：第一，从时间跨度来看，学界对唯物史观在中国的传播历程的研究，主要侧重于唯物史观的早期传播，即五四前后。第二，从研究对象来看，学界的关注点从马克思主义主流群体向党外知识分子扩展，呈现多样化趋向。第三，从研究内容来看，重传播轻阐释，重描述轻论述。学界研究多注重描述唯物史观在近代中国的传播情况，对当时知识界如何认知唯物史观理论本身，以及对唯物史观的内涵和外延做了怎样的理论解读等方面的考察较为薄弱。第四，从研究视角来看，学界多以马克思主义中国化史、中共党史抑或史学史视角来分别考察，视角单一，缺乏多学科、多视角的深入系统研究。

具体来讲，学界研究主要集中在以下几方面：

第一，关于唯物史观在民主革命时期形成和发展的基本历程。对于这一问题，学界多以政治史的历史阶段加以划分。如吕希晨、何敬文主编的《中国现代唯物史观史》一书将唯物史观在民主革命时期的发展划分为五四运动与第一次国内革命战争时期、第二次国内革命战争时期、抗日战争与解放战争时期三个阶段。蒋大椿将新民主主义革命时期唯物史观的发展历程分为奠基、酝酿、形成、初步发展与基本定型几个阶段。他认为，19世纪末至1927年，由于新民主主义革命的政治和社会需要，唯物史观开始奠基和酝酿。在大革命失败后，中国马克思主义史学正式形成。郭沫若的《中国古代社会研究》是中国马克思主义史学形成的标志。1937年7月全面抗战的爆发到新中国成立以前，是中国马克思主义史学发展壮大与基本定型的时期。① 也有学者并未依照政治史阶段划分，而是以思想史视野加以考察。如瞿林东以近代中国的几次重要论战为划分依据，将唯物史观在中国的发展划分为创立与论战（20世纪20年代中期至30年代初）、开拓与发展（20世纪30年代中期至40年代末）两个阶段。② 认为社会史论战是马克思主义史学思想理论进入中国的一次高潮，极大地扩大了唯物史观的影响。

第二，关于唯物史观在中国的早期传播。这一问题是学界关注的热点，形成了较为丰富的理论成果。学界对唯物史观的早期传播研究主要集中在五四时期唯物史观在中国传播的热潮方面。五四时期，以唯物史观为初貌的马克思主义风靡一时，为不少先进的知识分子选择和接受。

（1）学者就五四时期唯物史观首先被广为传播和接受的原因进行了深入探讨。学者认为主要有三方面的原因：其一，从国内环境来看，自鸦片战争以来中国内忧外患的环境是唯物史观首先被选择的时代背景。对"中国向何处去"的探寻，为中国先进分子选择唯物史观提供了社会基础。③ 其二，国际形势的变化也是时人选择唯物史观的重要原因之一。第一次世界大战的爆发和巴黎和会上的外交失败，使

---

① 蒋大椿：《八十年来的中国马克思主义史学（一）》，《历史教学》2000年第6期。
② 瞿林东等：《唯物史观与中国历史学》，上海人民出版社2013年版。
③ 蔺淑英：《"五四"前后中国先进分子选择唯物史观探源》，《中共党史研究》2009年第11期。

西方资本主义世界的弊端暴露无遗,使国人对资本主义深感失望。与此同时,十月革命的胜利使国人对唯物史观产生了极大的好感。其三,是唯物史观适应了当时中国史学理论范式更新的需要。唯物史观与以往唯心史观不同,它始终站在现实历史的基础上,从物质实践出发看待历史,以一种全新的解释体系认知社会历史的变迁。① 还有学者指出,进化论的传播为唯物史观的广泛传播架起了理论桥梁。②

(2)关于唯物史观早期传播的途径、内容与局限的研究。学者认为这一时期国人了解唯物史观并不是通过直接的马克思和恩格斯的经典著作,而是来自日本渠道的二手材料。李泽厚认为,中国并没有俄国那种所谓的"合法马克思主义"。《资本论》等马克思主义经典著作在中国很长一段时间以来都没有中译本。而早期马克思主义者也没有读过多少马克思主义经典书籍,他们大多是从日本人写作和翻译的小册子中了解马克思主义。③ 赵利栋分析了早期知识界对唯物史观认知的思想来源,指出,这主要来自日本的马克思主义者,特别是河上肇,当然亦受到一些欧洲学者,如塞利格曼、郭泰、伯恩斯坦等的影响。④ 正因为如此,知识界此时对唯物史观的认识明显受到了日本学者阐释的影响。学界认为,当时知识界对唯物史观的阐释主要有以下几个特征:其一,特别强调经济因素的作用。当时国人对唯物史观的理解是以经济为中心构建起来的经济史观或经济决定论。其二,把唯物史观视为马克思主义的核心理论。⑤ 其三,以进化论诠释唯物史观。德里克认为,唯物史观呈现为建基于经济变革之上的进化论的一种理论

---

① 蔺淑英:《"五四"前后中国先进分子选择唯物史观探源》,《中共党史研究》2009年第11期。
② 余建军:《从进化论到唯物史观——中国马克思主义哲学起源史研究》,博士学位论文,南开大学,2014年。
③ 李泽厚:《中国现代思想史论》,生活·读书·新知三联书店2008年版,第151页。
④ 赵利栋:《20世纪20年代马克思主义历史理论传播中的唯物史观述略》,《中国社会科学院近代史研究所青年学术论坛1999年卷》,社会科学文献出版社2000年版。
⑤ 何爱国、颜英:《唯物史观初入中国时期的诠释特点及其对史学发展的影响——以〈新青年〉为中心的考察》,陈勇主编:《民国史家与史学国际学术研讨会论文集1912—1949》,上海大学出版社2014年版,第68页。

变体。唯物史观被理解为经济的进化论。①

学者也认为，这一时期的唯物史观阐释存在一些不足。由于这一时期马克思著作传播还只是节译或者摘录，因而此时唯物史观的传播仅仅是结论性的介绍，理论研究较为粗浅。同时，唯物史观的早期传播者的文章还带有机械唯物主义和唯心主义的痕迹，也没有与刚刚开始的新民主主义革命实践相结合。②另外，由于当时对唯物史观的解读过于强调经济的决定作用，而忽视了人的能动作用与阶级关系，使得不少反对唯物史观者对此诟病不已。③这也促使后期知识分子致力于重新思考唯物史观的内涵，在唯物史观的阐释中更加注重意志的作用，将阶级斗争学说整合进唯物史观的理论中。

第三，关于近代知识分子与唯物史观的传播与解读。

（1）马克思主义者群体是学界首先并主要关注的对象。如关于李大钊、陈独秀、瞿秋白、蔡和森、李达、郭沫若、翦伯赞、侯外庐等人对唯物史观的传播及贡献，学界着墨颇多。李大钊作为中国系统传播唯物史观的第一人，在学界受到了最多的关注。多数学者介绍了李大钊传播唯物史观的主要内容。学者指出，李大钊为中国史学界开创了唯物史观的新纪元。其主要阐述了以下几个问题，即从社会存在中去寻找社会历史变迁的原因；经济基础决定上层建筑，生产力的发展决定生产关系的变革；阶级斗争是阶级社会历史发展的动力；人民群众是历史的主人；唯物史观的意义等。学者认为，李大钊宣传和研究唯物史观是为了将其运用于社会实践，学者突出了李大钊在马克思主义中国化方面的贡献。④

---

① ［美］阿里夫·德里克：《革命与历史：中国马克思主义历史学的起源，1919—1937》，翁贺凯译，江苏人民出版社2005年版。
② 庄福龄主编：《中国马克思主义哲学传播史》，中国人民大学出版社1988年版，第57页。
③ 赵利栋：《20世纪20年代马克思主义历史理论传播中的唯物史观述略》，《中国社会科学院近代史研究所青年学术论坛1999年卷》，社会科学文献出版社2000年版。
④ 陈其泰：《"革命性与科学性相结合"——谈中国马克思主义史学的思想遗产》，《史学理论研究》2011年第4期。

关于李达，学界也有一定研究。学者一致认为，李达为唯物史观在近代中国的传播与解读作出了突出的贡献。李达1926年出版的《现代社会学》既是一部系统传播唯物史观的著作，也被学界称为唯物史观中国化的标志性成果，是"中国人自己写的最早的一部联系中国革命实际系统论述唯物史观的专著"[①]。其1937年出版的《社会学大纲》一书更是历史唯物主义理论的重要成果，标志着中国特色唯物史观的形成。[②] 它的出版立即轰动了当时的思想界，至1933年4月共印行14版之多。[③] 学者指出，在这本书中，李达提出了唯物史观的几个重要观点，如对社会存在与社会意识、生产力与生产关系、经济基础与上层建筑关系的论述，等等，较之早期有许多不同。

还有学者对郭沫若在唯物史观传播与阐释中的贡献进行了考察。郭沫若1930年出版的《中国古代社会研究》在学界评价颇高，被认为是中国马克思主义史学形成的标志。学者认为，这是中国学者用马克思主义理论系统阐述中国历史的第一部书，在中国开辟了人们以唯物史观认识中国历史的道路。[④] 谢辉元指出，当时的马克思主义者们对郭沫若的研究自然抱着天然的认同感，郭沫若的研究常被马克思主义史学界看作起点。原因在于，李大钊、李达、蔡和森、恽代英等早期马克思主义者都曾在郭沫若之前研究过中国历史，但他们用以指导研究的唯物史观还没有将经济基础与上层建筑关系理论、阶级斗争论、历史发展阶段论整合为一体，他们仅是将其中的某一个或几个元素运用到学术实践中。郭沫若则不同，他运用的是苏联历史唯物主义研究的最新成果，而这些最新成果又恰恰是后来的马克思主义者的共

---

① 汪信砚：《马克思主义哲学在中国的传播与马克思主义哲学中国化》，《马克思主义研究》2013年第8期。
② 吕希晨、何敬文主编：《中国现代唯物史观史》，天津人民出版社2003年版。
③ 汪信砚：《马克思主义哲学在中国的传播与马克思主义哲学中国化》，《马克思主义研究》2013年第8期。
④ 王学典、陈峰编：《二十世纪中国史学史论》，北京大学出版社2010年版；瞿林东等：《唯物史观与中国历史学》，上海人民出版社2013年版。

同认知。①

（2）关于国民党人与唯物史观传播的研究。马克思主义者的唯物史观传播史一直以来是学术界关注的主流。但近年来，学界对国民党人的唯物史观传播问题开始有所关注，为唯物史观传播史研究提供了新的视角。学者认为，国民党人在唯物史观的兴起和演变的过程中也担任过重要角色，其代表人物包括朱执信、胡汉民、戴季陶、徐苏中等。有学者指出，20世纪初，资产阶级民主派人士是最早在中国传播唯物史观的主体。但其传播和研究唯物史观，目的是为资产阶级民主革命服务，这与马克思主义者的目标根本不同。② 还有学者将20世纪20年代国民党人与唯物史观传播的关系划分为几个阶段，即五四时代对唯物史观的热烈探讨、20年代中期对唯物史观的批评及创立民生史观、20年代后期民生史观与唯物史观全面对抗三个阶段。③ 还有学者探讨了20年代以来国民党人传播马克思主义的原因、内容及其影响。向伟在其博士学位论文《国民党视野中的马克思学说研究（1927—1937）》介绍了国民党人对唯物史观的基本看法。在国民党人看来，唯物史观是马克思实行共产的哲学基础。若想真正削弱中共在国内的影响，必须集中批判唯物史观。④

（3）还有学者考察了学院派知识分子与唯物史观的关系。如有学者对冯友兰、顾颉刚的学术研究中的唯物史观取向进行了研究。尹媛萍以吴恩裕为例，考察了学院派知识分子对唯物史观的党外传播贡献。⑤ 尹媛萍认为，马克思主义不仅具有政治性，还同样具有强烈的学理性。作为马克思主义理论基石的唯物史观也一样具有这一特点。

---

① 谢辉元：《民国时期的唯物史观史学与马克思主义史学》，《天府新论》2015年第4期。
② 王培利：《20世纪早期唯物史观中国化意义的建构方式解析——以资产阶级民主派唯物史观意义建构为例》，《历史教学》2012年第9期。
③ 王贵仁：《二十年代国民党人的唯物史观探析》，《时代人物》2008年第5期。
④ 向伟：《国民党视野中的马克思学说研究（1927—1937）》，博士学位论文，中共中央党校，2016年。
⑤ 尹媛萍：《学院派知识分子与唯物史观的党外传播——以吴恩裕为例》，《近代史研究》2016年第3期。

"唯物史观在华传播史上出现了两大分支。其一，侧重于用唯物史观的党性及其对现实革命运动的指导意义，或可称为'革命派'；另一支，则侧重于探究唯物史观的学理本身，或可称为'学院派'。"当前，党外知识分子在中国人了解唯物史观过程中的贡献没有得到全面评估，影响到马克思主义在华传播史完整构图的形成，尹媛萍为这一研究做了有益的尝试。此外，除了从人物角度考察唯物史观传播史之外，有学者考察了报刊在唯物史观传播中起到的重要作用，如《新青年》《觉悟》《建设》等对唯物史观的传播。[1]

第四，关于唯物史观在近代中国的运用与影响。学界的研究主要集中在唯物史观对中国革命现实以及中国学术的影响两方面。一方面，对于中国革命现实的影响。主要体现在：先进分子由民主主义者向马克思主义者的政治立场转变；影响中国革命发展进程；从唯物史观与工农运动、马克思主义中国化的关系视角阐述唯物史观对中国革命的影响。[2] 另一方面，有学者探讨了唯物史观对史学、经济学、哲学、文学等学术领域的影响。指出，毛泽东、陈独秀、李达、李大钊、郭沫若、侯外庐、王亚南等马克思主义者运用唯物史观撰写了一系列政治学、史学、经济学、社会学等方面的教材和著述，构建起以唯物史观为指导的现代学术体系，产生了一系列丰硕的理论成果。"经过与各种思潮的论战，唯物史观充分体现了其科学性、革命性、实践性的特点，其理论和方法论原则在学术思想界崭露头角，逐渐成长为一种主导思想。学术界以此为指导，开拓出了新的学术视野，奠定了新的学术研究范式，展示了新的学术气象和风格。"[3]

2. 对1927—1937年唯物史观传播与阐释的研究

前述可知，学界对唯物史观的中国传播史的考察重心在于早期，

---

[1] 参见江巍、张正光《〈新青年〉与马克思主义唯物史观的传播》，《淮海工学院学报》（人文社会科学版）2014年第3期；孙张辉：《〈觉悟〉、〈建设〉和唯物史观的传播》，硕士学位论文，淮北师范大学，2010年。

[2] 蔺淑英：《唯物史观在中国的传播与创造性运用（1919—1949）》，博士学位论文，山东师范大学，2011年。

[3] 薛其林：《唯物史观对民国学术的影响》，《马克思主义研究》2008年第4期。

专注于考察大革命失败后的 10 年间知识界对于唯物史观理论本身的阐释不多。那么，我们再把目光聚焦在 1927—1937 年这一具体时间段唯物史观热的相关研究，学界研究主要集中在以下三方面：

第一，对于这一时期唯物史观热的描述与原因探究。1927 年大革命失败后，中国共产主义运动陷入最低潮，然而一个有趣的现象是，作为革命指导思想的唯物史观却掀起了传播的热潮，成为中国社会中最有活力的潮流。这一现象引起了学界的思考。学界认为，原因在于，其一，从国际环境来看，1929—1933 年经济危机使资本主义世界的经济、政治、信仰陷入深渊。几乎同时，社会主义国家苏联的第一个五年计划却取得了辉煌的成就，社会主义的魅力迅速彰显；在危机的打击下资本主义国家加强了对华经济掠夺，日本则悍然发动侵华战争，中华民族危机徒然增加促使人们寻找新的出路。[①] 其二，从国内客观环境看，一是面对严酷的革命形势，中国的马克思主义者和共产党人对中国革命的经验教训进行了深刻反思，痛切地感到党在理论准备上的不足是其在大革命中遭受挫折的重要原因。[②] 二是 1927 年后的几年间，国民党忙于内战与内部派系整合，对社会的控制还不严密，新闻监控既无能又低效，在思想领域为唯物史观传播留下较大空间。[③] 三是出于大革命惯性的存在与延续。国民大革命激发了大家对唯物史观这一"变革的社会学"的兴趣，并希望以自己的方式去理解、发挥相关理论。[④] 德里克也认为，1925—1927 年的国民革命才是理解马克思主义和唯物史观在中国兴起的钥匙——1925 年五卅运动之后群众运动在城市和乡村的快速发展，改变了中国知识分子对于变革的观念认识，取代此前的"政治问题"和"文化问题"，"社会问题"和整体

---

① 郑大华：《民国思想史论续集》，社会科学文献出版社 2010 年版。
② 程凯：《1920 年代末文学知识分子的思想困境与唯物史观文学论的兴起》，《文史哲》2007 年第 3 期。
③ 李红岩：《20 世纪 30 年代马克思主义思潮兴起之原因探析》，《文史哲》2008 年第 6 期。
④ 程凯：《1920 年代末文学知识分子的思想困境与唯物史观文学论的兴起》，《文史哲》2007 年第 3 期。

性的激进的社会革命成为中国知识界的中心关注点，中国知识界的这一转向，使得马克思主义和唯物史观通过"社会学"这一媒介得到了广泛传播。① 其三，从思想条件来看，30 年代的几次重要论战极大地促进了唯物史观的传播，扩大了唯物史观的影响。② 其四，从理论本身来看，唯物史观本身具有理论魅力。有学者援引贺麟的分析说，唯物史观既有实际的方案，又有十月革命成功的模范，国内又有严密坚固的政治组织，这种优势是其他理论无法比拟的。③ 还有学者指出，很多人选择唯物史观是因为对社会主义的好感，唯物史观指向了社会主义。④

第二，通过几次论战侧面考察唯物史观热潮。当前学术界对于这一时期唯物史观理论阐释的直接考察较少，多是通过唯物辩证法论战、中国社会性质和社会史论战等侧面展现唯物史观研究的热潮。如《多元理性的碰撞与选择——二十世纪三四十年代哲学论辩》⑤《中国现代唯物史观史》⑥ 与庄福龄主编的《中国马克思主义哲学传播史》等著作，李勇的《"中国社会史论战"对于唯物史观的传播》⑦、张越的《社会史大论战与中国马克思主义史学建立论析》⑧、戴晓芳的硕士学位论文《中国语境中唯物史观的运用及其"合法性"——20 世纪二三十年代中国社会性质问题论战的哲学反思》⑨，以及陈峰的博士学位

---

① ［美］阿里夫·德里克：《革命与历史：中国马克思主义历史学的起源，1919—1937》，翁贺凯译，江苏人民出版社 2005 年版。
② 瞿林东等：《唯物史观与中国历史学》，上海人民出版社 2013 年版。
③ 蒋海升：《"西方话语"与"中国历史"之间的张力——以"五朵金花"为重心的探讨》，博士学位论文，山东大学，2006 年。
④ 郭庆堂等：《20 世纪中国哲学论要》，中国社会科学出版社 2013 年版，第 321 页。
⑤ 方克立、邢贲思、黄枬森主编，乔清举著：《多元理性的碰撞与选择——二十世纪三四十年代哲学论辩》，百花洲文艺出版社 2012 年版。
⑥ 吕希晨、何敬文主编：《中国现代唯物史观史》，天津人民出版社 2003 年版。
⑦ 李勇：《"中国社会史论战"对于唯物史观的传播》，《史学月刊》2004 年第 12 期。
⑧ 张越：《社会史大论战与中国马克思主义史学建立论析》，《陕西师范大学学报》（哲学社会科学版）2015 年第 4 期。
⑨ 戴晓芳：《中国语境中唯物史观的运用及其"合法性"——20 世纪二三十年代中国社会性质问题论战的哲学反思》，硕士学位论文，北京大学，2013 年。

论文《社会史论战与现代中国史学》①等文章都以这一时期的重要论战为切入口考察了唯物史观在论战中的运用及其理论效用,探讨了论战背后的史观。这些论战"既是中国来自于不同党派、政治团体和社会背景的各方知识精英的思想大交锋,同时也是唯物史观成为学术公共话语的时代。争论的各方……都公开标榜以唯物史观为基本的理论和方法,都承认唯物史观的学术有效性,都是在唯物史观的问题框架内阐述他们对中国社会性质和社会史问题的不同看法"②。学者认为,这些论战具有很强的理论意义,论战密切结合中国实际阐发了马克思主义哲学、经济学和社会主义基本理论,特别是唯物史观的基本理论,极大促进了唯物史观与中国社会实践的相结合。

第三,对这一时期唯物史观著作传播途径的考察。如徐素华的《马克思恩格斯著作在中国的传播——MEGA² 视野下的文本、文献、语义学研究》、中共中央编译局主编的《马克思恩格斯著作在中国的传播》与《思想的历程——马克思主义在中国的百年传播》等介绍了这一时期唯物史观著作在中国的传播情况,对本研究考察这一时期唯物史观阐释的思想资源有很大帮助。学者指出,20 世纪 20 年代末至 30 年代中期,马克思主义著作的传播渠道由日译为主转向了英、德、俄、法、日译平分秋色的情况,马克思主义著作的翻译出版出现了第一个高潮。这一时期马克思主义主要著作都有中文全译本,中译本成为这个阶段马克思主义著作在中国的主要传播媒介。从 30 年代中期以后,俄文本成为中译本的主要依据。③

总体来看,学界已经形成了具有一定学术水平的、较为成熟的相关论著,已有研究成果为本研究提供了丰富的资料支撑与厚实的研究基础。但无论是综观近代民主革命时期,还是聚焦在 1927—1937 年

---

① 陈峰:《社会史论战与现代中国史学》,博士学位论文,山东大学,2005 年。
② 荣剑:《中国史观与中国现代性问题——中国社会发展及其现代转型的思想路径》,《中国社会科学辑刊》2010 年冬季卷总第 33 期。
③ 徐素华:《马克思恩格斯著作在中国的传播——MEGA² 视野下的文本、文献、语义学研究》,中国社会科学出版社 2013 年版。

这一时间段，都可以看出，对1927—1937年中国知识界对唯物史观的阐释的专门的、直接的系统研究不多。当前有几个方面的问题还有待推进。其一，对1927—1937年各方知识分子对唯物史观的解读与阐释。既有研究多是通过论战侧面展现了论战背后的唯物史观热。但是就这一时期各方知识分子如何认识唯物史观理论本身，围绕唯物史观的理论范畴又进行了怎样的论争和阐释的研究则相对有限。其二，通过与其他时期唯物史观的阐释比较，总结这一时期唯物史观的理论阐释的特点，同时，比较不同渠道的马克思主义传播路径对知识分子的唯物史观阐释所带来的影响，也具有重要的学术意义。其三，对这一时期唯物史观的理论阐释与"中国向何处去"的现实问题的关系研究。对唯物史观的阐释与论争绝不仅仅是学术问题，更重要的在于它密切关系到"中国向何处去"的现实政治。其四，这一时期唯物史观阐释与马克思主义中国化时代化的关系。即当时的唯物史观阐释是怎样与中国实践、中国历史双向结合，这对马克思主义中国化时代化有怎样的现实启示。本研究正是致力于回答以上问题，以对学界研究有所助益。

三 研究思路

本书的研究思路在于，从理论与实践互动的关系视角出发，以"中国向何处去"的时代之问为主线，试图全景展现大革命失败后的十年间，中国知识分子在对"中国向何处去"的追问中，如何认知、论争、阐释唯物史观基本理论论题的历史图景。本研究重点聚焦马克思主义者在面对现实需求与理论危机时，为坚决反击错误认识，维护唯物史观之理论地位，对唯物史观进行重新阐释的特点与趋向。进而探索马克思主义者的这种主流趋向又对"中国向何处去"的现实产生了怎样深远的影响。

第一章主要考察了1927年以前，中国近代早期知识分子对唯物史观的阐释特点。这一阶段，受唯物史观的传播渠道以及学者知识结构等因素的影响，学者对唯物史观的认识与马克思主义的原意差别较大。但从当时的历史情境来看，仍然是具有重大的进步意义的，并为后来大革命失败后知识分子对唯物史观的理解奠定了基础。第二章从社会背景、思想前提、主体条件三方面整体分析了土地革命时期，知识界对唯物史观阐释的历史情境。试图阐明中国知识分子是在大革命失败后，面临"中国向何处去"的现实追问，马克思主义思想资源的丰富与传播渠道的转变，以及各派知识分子尖锐的意识形态斗争的条件下来认知唯物史观的基本理论的。在这一背景下，马克思主义学人逐渐成长壮大起来，成为了唯物史观阐释与传播的主力军。第三章重点考察了马克思主义者、国民党御用文人和自由主义者因立场差异而引起的对于唯物史观基本性质的探讨和交锋。对于唯物史观理论的阐释，有一个基本前提，是对唯物史观基本性质的认识。土地革命时期，唯物史观阐释较之以往有一个重要特点，即主张唯物辩证法与唯物史观的结合，以唯物辩证法来解读唯物史观。但是对于二者的关系，知识界存在巨大分歧。由此，学界对唯物史观的基本性质认知呈现出截然相反的两种面貌，就此展开了激烈的思想交锋。这背后与学者们对政治道路选择的歧异有直接关系。第四章则从对唯物史观基本性质的两种认知出发，重点考察学界特别是马克思主义者在社会基本矛盾理论、人类社会历史发展规律、阶级斗争说三方面对唯物史观的基本理论的认知与阐释。其中，马克思主义者高举唯物史观大旗，有力批判了错误认识，使得唯物史观呈现出一种新的主流阐释趋向。而第五章则深入探究了这一主流阐释对"中国向何处去"的现实影响。学界对唯物史观的主流阐释呈现出鲜明的特点，但也存在一定的历史局限性。这种趋向从政治与学术两方面对"中国向何处去"有深刻影响。亦即其不仅对中国新民主主义革命理论的形成，也对中国学术的发展有着重要意义。第六章在回顾唯物史观阐释与运用历史的基础上，深刻总结历史经验，探索新时代中国坚持和发展唯物史观，推进马克思主义中国化时代化大众化的现实启示。

总体来看，1927—1937年间，在中国知识界对唯物史观的论争与阐释中，学术讨论与政治诉求深刻交织。各方学者都看到了唯物史观在社会现实中的巨大影响力,故而因立场不同,对唯物史观展开了激烈的思想交锋。学者们不同的阐释指向了截然不同的"中国之命运"。在马克思主义学人的积极努力下,其对唯物史观的阐释成为学界的主流,从而指示着新民主主义革命的光明道路。

四 创新之处

第一,从研究视角和内容来看,突破这一时期几次大论战的界限,以知识界对唯物史观的理论阐释为中心。既往对于1927年到1937年间唯物史观在中国发展的研究关注点多在于其间的几次重要论战,这些论战重点展现了学者对唯物史观的运用情况。但是就这一时期各方知识分子如何认识唯物史观理论本身,围绕唯物史观的具体理论问题又进行了怎样的论争和理论阐释的研究则有待加强。仅从论战出发无法构成整个知识界对唯物史观诸论题阐释的全貌。故本研究试图突破论战的界限,从这一时期包括论战在内的整个知识界的报刊、论著出发,深入细致地考察当时知识人对唯物史观的主要理论问题的具体认识与阐释情况,以图对当时国人关于唯物史观的研究有一全景式的把握和度量。

第二,从研究主线看,以当时知识界如何围绕"中国向何处去"来认识和阐释唯物史观,并对"中国向何处去"的现实产生影响这一主线出发。笔者着眼于当时中国社会现实的大背景,对学术与实践的互动关系加以深入考察。当时学界对唯物史观的理论阐释实际上是为了迎合现实需要,解决现实问题。国民党御用文人和自由主义者是基于各自的政治立场作出了与马克思主义者截然不同的理论阐释。而马克思主义者对唯物史观的主流阐释之所以在1927年后发生变化,和现实革命实践活动有密切关系。进而,这种建基于中国社会现实基础上的主流阐释又深刻影响着中国革命理论的构建和学术范式的转型。所以,对唯物史观的阐释与论争绝不仅仅是学术问题,更重要的在于,它密切关系到"中国向何处去"的现实意义。对于这一内在关系逻辑,既有研究较少给予具体的、专门的关注。故本研究将唯物史观的阐释与"中国向何处去"相联系,将"中国向何处去"的问题投射到1927年到1937年学界对唯物史观的研究中,史论结合,以图丰富与助益学界研究。

　　第三,从研究对象看,笔者力图全景展现中国思想界对唯物史观的理论阐释情况。以往研究多以马克思主义者为主,对其他非马克思主义者关于唯物史观的认识及其背后的政治动机的研究不多。不考察他们,我们则无法真正理解当时的唯物史观热潮的实质,以及马克思主义者何以能从理论交锋中脱颖而出,在斗争中坚决高举马克思主义的思想旗帜,有力推进马克思主义理论的创新发展。故笔者较为全面地梳理了各派知识分子的代表性报刊和论著,在此基础上试图全景考察各方学者对唯物史观的理论阐释与态度,而不仅仅限于以往以马克思主义者为主的单线叙述。同时,本研究试图避免以具体思想家进行串联的方式,而是将他们的思想融入各派的整体研究中,从宏观上把握各派学者的阐释特点。

第一章
中国知识界对唯物史观的早期阐释

20世纪初叶以来，面对前所未有的民族危机与文化挑战，为回答"中国向何处去"的时代之问，各种西方学说传入中国，中国思想界空前活跃、争鸣激烈。在这种"西风东渐"的大潮中，马克思主义作为社会主义学说的一种为国人所初识，但在传入初期并未引起中国知识界的太多关注，时人并不知马克思的社会主义之所谓。直至1917年十月革命的爆发，马克思主义学说才在中国逐步传播开来，人们对马克思主义的兴趣日益扩大。特别是在1921年中国共产党成立后，马克思主义的影响不仅仅在于中国理论界，在政治领域的影响明显增加。正如德国汉学家罗梅君所言："对于那些正在探索克服社会和意识形态危机的出路的知识分子来说，学习马克思主义主要不是因为对马克思主义的理论观点感兴趣，而是出于实践的考虑，他们希望从马克思主义当中发现一种即使在落后的中国也行之有效的科学和政治方法。"[1] 在马克思主义的传播中，唯物史观是首先被国人介绍的内容。当时无论是关于马克思主义的译文还是论著，在内容上几乎都是阐述唯物史观的。之所以如此，一是由于唯物史观本身的理论价值。唯物史观是马克思的两大伟大发现之一，是科学社会主义的理论基石。二

---

[1] ［德］罗梅君：《政治与科学之间的历史编纂——30和40年代中国马克思主义历史学的形成》，孙立新译，山东教育出版社1997年版，第55页。

是唯物史观特有的革命性和科学性能够直接满足中国社会改造的需要。三是与马克思主义在中国传播的渠道与思想资源密切相关。时至五四新文化运动时期，唯物史观在中国形成了传播的第一次热潮。这一时期，关注唯物史观的学者成分十分复杂，既有马克思主义知识分子，如李大钊、陈独秀、李达、蔡和森、杨匏安、施存统、瞿秋白、恽代英等，也有国民党理论家如胡汉民、戴季陶、顾孟余等，还有自由主义者和普通学者，等等。虽然他们传播唯物史观之目的各异，但客观上对国人广泛认识唯物史观起到了促进作用。

由于传播渠道与学者知识背景的局限，早期知识分子对唯物史观的解读与阐释，和马克思主义唯物史观原典相比差异较大。"唯物史观在中国的传播，并非单纯的理论复制，而是一个选择、理解和不断阐释的过程。"[①] 在唯物史观传播的第一次热潮中，早期知识分子的阐释主要受到了哪些思想资源的影响？他们到底注意到了、选择了唯物史观的什么内容，又是如何理解与阐释的？这是本章笔者欲重点探讨的问题。

第一节　唯物史观早期阐释的思想资源

一　唯物史观阐释的原典依据

唯物史观是马克思主义最重要的理论支柱之一，但马克思和恩格斯关于唯物史观的主要观点散见于他们的不同著作中。这给中国知识界直接从马克思和恩格斯原典获取唯物史观思想带来很大困难。1919年5月，渊泉（即陈溥贤）所译日本学者河上肇著《马克思的唯物史观》是国内第一篇系统介绍马克思唯物史观的理论著作，成为当时中国学者研究唯物史观的主要参考。在这篇文章中，河上肇指出："马克思社会主义的两大根柢之中，他的经济论，在那个最有名声最有价

[①] 王贵仁：《20世纪早期中国学者对唯物史观的阐释及其演变》，《史学理论研究》2010年第3期。

值的'资本论'里，就可以看得狠明白。但是他的历史观，却没有系统的著作。比较有系统的东西，只有一八四八年的'共产党宣言'，和一八五九年的'经济学批评'的序文。"① 1920 年，陈石孚在翻译美国学者塞利格曼的《经济史观》序言里也提到，关于唯物史观的学说，"我国向无专书。年来各杂志报章间有论及之者，然复以片碎不全为憾"②。当时中国知识分子接触到的唯物史观的经典理论表述主要来源于河上肇在《马克思的社会主义的理论体系》中引用的《共产党宣言》和《〈经济学批评〉序文》（即《〈政治经济学批判〉序言》）。后者的主要内容被河上肇作为"唯物史观的公式"而广为传播。除此二篇，李大钊在《我的马克思主义观》中还提到《哲学的贫困》③和《资本论》第一卷④中也包含唯物史观的基本原理。

但观时人论述，无论是支持者还是批评者，都以《〈政治经济学批判〉序言》为最重要的文本依据。正如李大钊在《我的马克思主义观》中说到，唯物史观"以一定的公式表出他的历史观，还在那一八五九（年）他作的那《经济学批评》的序文中"⑤。这篇序言首次为国人所知，也是通过渊泉所译河上肇《马克思的唯物史观》这篇著作。河上肇将《〈政治经济学批判〉序言》中"最重要的一节"加以翻译，认为以此"可以得其理论的要领"。⑥ 1919 年，胡汉民在《唯物史观批评之批评》中列举了《神圣家族》《哲学的贫困》《共产党宣言》《雇佣劳动与资本》《路易·波拿巴的雾月十八日》《〈政治经济学批判〉序言》《资本论》第一卷附注和第三卷中与唯物史观相关

---

① 渊泉：《马克思的唯物史观》，《新青年》第 6 卷第 5 号，1919 年 5 月 1 日。
② [美] 塞利格曼：《经济史观》上卷，陈石孚译，商务印书馆 1920 年版，第 7 页。
③ 李大钊在《我的马克思主义观》中提到，唯物史观"稍见于"《哲学的贫困》和《共产党宣言》。《李大钊全集》第 3 卷，人民出版社 2013 年版，第 10 页。
④ 李大钊在《马克思的历史哲学与理恺尔的历史哲学》中提到："在一八四八年的《共产党宣言》里和在一八六七年出第一卷的《资本论》里，都有唯物史观的根本原理，而公式的发表出来，乃在一八五九年的《〈经济学批判〉的序文》。"《李大钊全集》第 4 卷，人民出版社 2013 年版，第 423 页。
⑤ 《李大钊全集》第 3 卷，人民出版社 2013 年版，第 10 页。
⑥ 渊泉：《马克思的唯物史观》，《新青年》第 6 卷第 5 号，1919 年 5 月 1 日。

的论述后，就讲到，"最重要的为经济学批评序。是马克思唯物史观的纲领。马克思自称是他多年研究的结论。后来的学问都以这个为指导线。信从科学的社会主义的人，有拿他当做宗教上的经典一样贵重的"①。而批评唯物史观者费觉天也同样认为，这篇序言是"后人祖述唯物史底所认为唯一的经典"②。1925年，由中国青年社所编《唯物史观》中说："'经济学批评'中那一段为最重要，最完全"，"我们可以把他叫做'唯物史观纲领'……唯物史观全部意义，都包括在这寥寥数百字之中。"③ 可见，1927年以前，《〈政治经济学批判〉序言》是国人公认的了解和研究唯物史观的最为重要的文本依据。

这种文本来源比较局限的情况与当时马克思主义经典著作在国内译介情况有密切关系。从1900年至1927年间马克思主义著作中译本（文）第一版书目在中国出版情况看，《共产党宣言》《社会主义从空想到科学的发展》《雇佣劳动与资本》《家庭、私有制和国家的起源》《反杜林论》《〈政治经济学批判〉序言》《资本论》《哥达纲领批判》《工资、价格和利润》《中国革命和欧洲的革命》等篇目都被翻译介绍到中国。但除《共产党宣言》外，其他均为摘译。摘译虽然能够帮助读者短时间内把握唯物史观的要领，但却难以使读者对唯物史观理论体系有系统完整的理解。而且马克思和恩格斯关于唯物史观的其他主要著作，如《哲学的贫困》《政治经济学批判大纲》《黑格尔法哲学批判导言》等在当时都没有译介。这对知识界理解唯物史观造成了不小的影响。

因而，我们欲考察时人从唯物史观中汲取了什么，必须首先对中国学者唯物史观思想的最初来源——《〈政治经济学批判〉序言》作一探究。《〈政治经济学批判〉序言》是马克思于1859年为他的著作

---

① 钟离蒙、杨凤麟编：《中国现代哲学史资料汇编》第1集第8册，辽宁大学哲学系，1981年，第169页。
② 钟离蒙、杨凤麟编：《中国现代哲学史资料汇编》第1集第9册，辽宁大学哲学系，1981年，第47页。
③ 中国青年社编：《唯物史观》，上海书店1925年版，第12页。

《政治经济学批判》第一分册写的序言。这篇序言中，马克思以简明的语言高度概括了自己关于唯物史观的最重要观点，成为后人理解唯物史观的经典依据。列宁曾评价这篇序言对"推广运用于人类社会及其历史的唯物主义的基本原理"作了完整的表述。[①] 正因为这篇序言本身重要的理论价值，才成为日本学者河上肇等人在研究马克思的唯物史观时重点关注，并为中国学者当作主要文本依据的根本原因。

这篇序言的主要观点对早期国人理解唯物史观产生了关键影响，其由日本学者河上肇摘译序言"最重要的一节"，并最早由国内学者渊泉引入中国。"最重要的一节"主要阐述了以下观点：第一，生产力决定生产关系，经济基础决定上层建筑。马克思在这篇序言里首次明确了"生产关系"的概念。表明生产关系是人们在自己生活的社会生产中发生的一定的、必然的、不以他们的意志为转移的关系，即同他们的物质生产力的一定发展阶段相适合的生产关系。这种生产关系的总和，即构成社会的经济基础。上层建筑是建筑在这一基础之上的政治法律制度、设施和社会意识形态的总和。这里非常明确地表明了生产力对生产关系、经济基础对上层建筑的决定作用。第二，不是人们的意识决定人们的存在，而是人们的社会存在决定人们的意识。旧的唯心主义者将历史发展的终极原因诉诸人的头脑或某种超越社会的神秘力量，而马克思这里明确提出物质生活资料的生产方法在历史发展中的决定作用。于此，马克思确立了"社会存在决定社会意识"这一唯物史观的基本原理，根本上划清了唯物史观与唯心史观的界限，实现了马克思在历史观上的深刻变革。第三，应从生产力与生产关系的冲突中寻找社会变革的根据。表明生产力发展到一定阶段必然会同生产关系发生冲突，当生产关系成为生产力的桎梏时，社会革命就会发生。第四，"两个决不会"的原理。即"无论哪一个社会形态，在它所能容纳的全部生产力发挥出来以前，是决不会灭亡的；而新的更高的生产关系，在它的物质存在条件在旧社会的胎胞里成熟以前，是

---

① 《列宁全集》第26卷，人民出版社2017年版，第58页。

决不会出现的"。这一原理进一步表明，革命的发生与发展有其客观必然性，非主观的人为因素所能造成。强调"人类始终只提出自己能够解决的任务，因为只要仔细考察就可以发现，任务本身，只有在解决它的物质条件已经存在或者至少是在生成过程中的时候，才会产生"[①]。进而，马克思还提到了人类社会会经历亚细亚的、古代的、封建的和现代资产阶级的生产方式这几个社会形态演进的时代。以上四点是《〈政治经济学批判〉序言》"最重要的一节"中最主要的观点。

可以看出，为了与历史唯心主义作斗争，这篇序言突出强调了经济因素在社会历史发展中的决定作用，表明社会发展是一个客观的、不以人的意志为转移的自然历史进化过程，使人们科学地认识社会历史发展规律成为可能，在马克思主义哲学史上具有里程碑式的意义。但该篇序言主要强调了人力变革要受限于"物质条件"，对生产关系、上层建筑的能动作用和相对独立性没有非常明确的阐释，很容易让人理解为经济因素是社会历史发展的唯一因素，从而误认唯物史观为一种"经济决定论"。恩格斯在其晚年也承认了序言中过分强调经济因素的决定作用对人们造成的这种误解。但在20世纪20年代的中国，《〈政治经济学批判〉序言》作为国人理解唯物史观最重要，甚至可以说唯一的经典文献来源，它的阐释逻辑趋向对国人理解唯物史观有着重要影响。

二　日本与欧美传播渠道的影响

《〈政治经济学批判〉序言》是当时国人了解唯物史观最主要的文本依据，但关于唯物史观经典原著的获取却并非通过直接译介，而是主要借助日本、欧美的渠道经"二手"甚至"三手"文献转译而来。其中，日本学者河上肇、美国学者塞利格曼和荷兰学者郭泰的著作是在20世纪20年代最具影响力的介绍与研究唯物史观的著作。在相当长一段时间内，他们的著作被大量翻译成中文，成为中国知识界

[①] 《马克思恩格斯文集》第2卷，人民出版社2009年版，第592页。

了解唯物史观的最主要和直接的思想资源。

第一，日本渠道是20世纪20年代早期唯物史观在中国传播的最主要渠道。近代以来，日本渠道一直是国人了解西学的主要窗口。从1895年甲午战争到1919年五四运动，日本译书占到了中国所译外国书籍总数的60%之多，明显多于来自西欧的著作。所译日本书籍，则又以社会科学为主，特别是政治、经济等为多。1912年至1937年间，"有关马克思和社会主义的译书特别多，日本这方面重要的著作几乎全被翻译"，且"一译再译"。[①] 像许多马克思主义传播者如李大钊、陈独秀、李达、胡汉民等人的思想都得益于日本学者研究马克思主义的思想成果。20世纪20年代早期到中期，在有关马克思主义的众多日本译著中，以日本京都大学经济学教授河上肇的著作为最。据杨奎松等学者不完全统计，从1919年5月到1922年，中国报刊翻译的仅河上肇一人研究的马克思主义的文章与著作就有近30种之多。[②] 而仅20年代，关于河上肇著作的全译本和节译本就有20余种。[③] 由此可见河上肇著作在当时中国思想界影响之广泛。

具体到唯物史观的阐释方面，从早期中国知识分子介绍和解读唯物史观的文本可明显看出河上肇著作的重要影响。李大钊在《我的马克思主义观》中就特别说明他关于唯物史观的论述采用了很多河上肇的说法。高一涵在新中国成立后也曾回忆道，李大钊接触马克思主义"就是通过河上肇博士的著作"[④]。胡汉民在其《唯物史观批评之批评》一文中反驳唯物史观与阶级斗争学说的矛盾时，也说其观点"本河上肇的解说"[⑤]。具体来说，河上肇著作在中国影响力最大的当属其1919年在日本《社会问题研究》上发表的《马克思的社会主义的理

[①] 谭汝谦主编：《中国译日本书综合目录》，香港中文大学出版社1980年版，第64页。
[②] 杨奎松、董士伟：《海市蜃楼与大漠绿洲》，上海人民出版社1991年版，第155页。
[③] 赵利栋：《20世纪20年代马克思主义历史理论传播中的唯物史观述略》，《中国社会科学院近代史研究所青年学术论坛1999年卷》，1999年，第197页。
[④] 《五四运动回忆录》（上），中国社会科学出版社1979年版，第340页。
[⑤] 钟离蒙、杨凤麟编：《中国现代哲学史资料汇编》第1集第8册，辽宁大学哲学系，1981年，第174页。

论体系》。该文在同年由渊泉将其中第二、三部分摘译，以《马克思的唯物史观》为名分别刊登在1919年5月《新青年》六卷五号和同年5月5日至8日的《晨报》上。后由陈望道以《马克斯底唯物史观》为名刊登在1920年6月《民国日报》副刊《觉悟》上。1921年1月，范寿康又将其翻译载于《东方杂志》十八卷一号上。这三篇文章虽在内容上有所差异，但都是根据河上肇《马克思的社会主义的理论体系》中有关唯物史观的论述，足可见河上肇关于唯物史观的阐释在当时中国思想界的权威性。

在由渊泉翻译的河上肇的《马克思的唯物史观》这篇文章中，河上肇开篇即指出了唯物史观在马克思主义中的重要地位。他说，"马克思的社会主义，在学问上，有两大根柢。其一是历史观，其一是经济论。现在我要谈的，是他的历史观，普通所谓'唯物史观'就是了"①。在引用了《共产党宣言》和翻译并逐句解释了《〈政治经济学批判〉序言》中关于唯物史观的论述的基础上，河上肇主要阐释了以下几个观点：一是应称马克思的"唯物史观"为"经济史观"。河上肇说，马克思的唯物史观"普通称他为唯物史观，我想称他为经济史观"。因为"观察社会的变迁，以物质的条件，再适切说起来，以经济的事情为中心，这就是马克思的历史观的特征了"。在河上肇看来，马克思的历史观可以称为"社会组织进化论"。社会变迁之根本原因都在"经济事情的变动"。而在种种经济因素中"根本的重要的东西"即是"社会的生产力"。"所以马克思的经济史观，毕竟是关于社会组织与社会生产力的一个学说。"②河上肇在此高度肯定了生产力在社会发展中的根本作用，并认为唯物史观是立于经济一元论基础之上的。1922年，河上肇在《唯物史观公式中的一句》一文中进一步认为，马克思屡把"社会的"一语，用作和"经济的"一语同义，"社会的生活过程即物质的生产过程"，他反对将社会的生活过

---

① 渊泉：《马克思的唯物史观》，《新青年》第6卷第5号，1919年5月1日。
② 渊泉：《马克思的唯物史观》，《新青年》第6卷第5号，1919年5月1日。

程与政治的、精神的生活过程并在一起。可见，河上肇非常注重从经济角度解读唯物史观，明确马克思的唯物史观是立于经济一元论基础上的经济史观。河上肇此解抓住了马克思唯物史观的主要特征。但只从经济学出发而脱离哲学探讨唯物史观也存在缺陷。如当时日本学者栉田民藏就批评河上肇的研究存在的一个非常严重的问题是缺乏对马克思主义哲学，尤其是对辩证法和唯物论的关注与研究。①二是河上肇提出了20世纪20年代在中国颇为流行的"唯物史观公式"。这个公式主要说明了生产力与生产关系、经济基础与上层建筑的关系问题，并由此导出"两个决不会"的思想。三是河上肇主张社会改造应该心物并重。他在文末就指出，马克思一面以改造个人的道德为直接目的，一面又以改造社会组织为直接目的。② 这便是河上肇关于唯物史观内容的主要介绍。他的观点，如对唯物史观在马克思主义理论中地位的看法，将唯物史观理解为"经济史观"，将其解读为"社会组织进化论"，重视生产力在社会发展中的根本作用，以及主张物心两面改造等的观点都对李大钊、陈独秀、李达、胡汉民等中国学者理解唯物史观产生了非常重要的影响。

第二，中国学者的唯物史观阐释还受到了来自欧美渠道的影响，其中以美国学者塞利格曼的《经济史观》和荷兰学者郭泰的《唯物史观解说》的影响最为广泛。美国哥伦比亚大学经济学教授塞利格曼所著《经济史观》在1920年由陈石孚翻译出版，这是国内第一本介绍马克思唯物史观的专书，在20世纪初年的中国具有相当的影响。陈石孚在译者缀语中就指出，在我国关于唯物史观的学说"向无专书"，报刊虽有论及，却分散不全，"爰译是书，以为研究哲学、历史、经济诸学者之一助焉"。③ 值得一提的是，这本书早在1905年就

---

① [日] 栉田民藏:《河上肇著〈近世经济思想史论〉批评》,《著作评论》第1卷第4号, 1920年7月。资料引自刘庆霖《"求道"与"传道"：民国时期国人对河上肇著述的讨论》,《河南大学学报》(社会科学版) 2014年第5期。
② 渊泉:《马克思的唯物史观》,《新青年》第6卷第5号, 1919年5月1日。
③ [美] 塞利格曼:《经济史观》上卷, 陈石孚译, 商务印书馆1920年版, 第7—8页。

由河上肇翻译，在日本以《新史观》为名出版，也是日本第一本介绍唯物史观的书，河上肇关于唯物史观的主要观点即深受塞利格曼此书思想的影响。塞利格曼开篇即指出"唯物史观"一名的不确切，力主以"经济史观"指称马克思的新史观。他说："这个学说普通叫做'历史的唯物论'或者'唯物史观'。不过这两个名词都不很精密。如果把唯物论看做拿物质的原因来解释所有的变迁，那么生物史观也是唯物的了。再则以为社会里的变迁，都是由于气候的影响和动植物的性质的学说，也是唯物的了。其实这样的学说和我们所讨论的，很少相同之点。我们所要讨论的学说不惟是唯物的，并且是经济的；所以与其叫做'唯物史观'，不如叫做'经济史观'。"[①] 塞利格曼认为"物质"并不能与"经济"同等看待，"物质"还包含有自然界的物质因素。若以"唯物史观"相称，则与马克思的本意相去甚远。但他也强调，马克思唯物史观没有否认阶级斗争、政治法律等其他因素的作用，他只是用极端的语言说明经济的重要。《经济史观》一书共分为上、下两卷。上卷主要论述了唯物史观从18世纪以来的发展历史、马克思唯物史观的创立及应用。下卷则主要阐释了唯物史观的基本理论，并反驳一些针对唯物史观的错误批判。如时人常谓唯物史观是一种宿命论，与意志自由论相冲突。塞利格曼对此加以否认，认为唯物史观肯定人的意志的作用。但他指出，个人意志的选择依赖于社会环境的影响，伟人对历史发挥重大作用也是因为全体社会的需要。"只要是属于社会的情形，就都是人所创造的，并且都是可以被人改变的；所以进步并没有什么宿命论的意味。但是终久还是因为'情形'对于个人上的行为或者个人上的反动，总产出某时代的社会思潮。"[②] 不过，塞利格曼否认唯物史观与社会主义的关系。认为经济史观和社会主义学说实在没有相同的地方。社会主义是"应当怎样？"的学说，唯物史观是"已过的事实是怎样？"的学说，前者是讲结局的，后者

---

① ［美］塞利格曼：《经济史观》上卷，陈石孚译，商务印书馆1920年版，第3—4页。
② ［美］塞利格曼：《经济史观》下卷，陈石孚译，商务印书馆1920年版，第10—11页。

是叙述的。前者是空幻的理想,后者是解释的准绳。总之,塞利格曼的思想对国内学者有着不小的影响,李大钊就曾在诸多文章中提到塞利格曼,如在《唯物史观在现代史学上的价值》一文中就表示赞同塞利格曼以"经济史观"代称"唯物史观"的主张。[①]

1921年由李达翻译出版的荷兰学者郭泰所著《唯物史观解说》对唯物史观理论进行了详细阐释,这部著作在20年代中国知识界也具有重要地位,它帮助国人进一步了解了马克思的学说。中共早期领导人沈泽民在看了这部著作后评价道:"一部重大著作译成中文介绍到中国来,不是思想界上一件小事。郭泰底'唯物史观解说'现在经李达君转译成我国底文字了;我知道二十世纪的中国读者中除我以外,一定还有许多人感谢李君为他们做完了这件工作。"[②] 这部著作中,郭泰主张唯物史观是以技术为中心的技术史观。其一,劳动技术即生产力作为社会的基础。在郭泰看来,劳动技术、劳动器具、生产力均是社会的根底,是社会组织赖以存在的根本基础。生产力决定生产关系。在分成阶级的社会中,生产关系同时又是财产关系。其二,技术继续发达,生产力、生产方法以及生产与财产及其阶级关系也随着技术继续变化。所以人的自觉即对于法律、政治、道德、宗教、哲学、艺术等思想观念,也和生产关系及生产力共同变化。其三,新技术在进步的某阶段上,与旧生产及财产关系相矛盾冲突,新技术所代表的阶级最终取得胜利。在此基础上,郭泰提出以上论点均正确地证明技术变化和思想变化之间的因果关系。唯物史观表明,社会生活决定人的精神。生产技术的进步不仅使得劳动者人数增加,并使他们产生团结的意识,让他们趋向战斗,他们将从无足称道的贫弱阶级变为精神的、道德的、物质的有力阶级。"因为劳动者要做世界的支配者,若得技术的和生产力的发展所许可,就可以成功,什么神的操纵力,什么人的超越的精神力都不能妨碍他,无论物质的方面或精神的方

[①] 《李大钊全集》第3卷,人民出版社2013年版,第274页。
[②] 钟离蒙、杨凤麟编:《中国现代哲学史资料汇编》第1集第8册,辽宁大学哲学系,1981年,第90页。

面，都可以由上述的证明，同时还证明这事能够成就。"① 所以，在郭泰看来，唯物史观为无产阶级提供了同资产阶级斗争的理论武器。唯物史观给予无产阶级以自信，让他们意识到随着技术的进步，他们自身所蕴藏的巨大力量。因此，郭泰称其著此书的目的，"在使劳动者成为战斗员，成为胜利者"。② 而与塞利格曼不同的是，郭泰承认唯物史观与社会主义的关系，他认为，社会主义专由生产力的发展而生，无产阶级所奉的社会主义正是生产技术的要求。

总之，无论是马克思唯物史观的经典文本，还是当时卓有影响的日本学者及欧美学者的论述，唯物史观的最主要内容和概念，如社会存在与社会意识、生产力与生产关系、经济基础与上层建筑的关系等均基本得到阐释。这些论述都有一个共同趋向，即非常注重经济因素，尤其是生产力在社会发展中的决定作用。从来自日本和欧美的"二手"转译文献来看，学者普遍把唯物史观理解为以经济为中心的经济史观或经济一元论。他们虽然也肯定人的意志作用，但在着重强调经济决定作用的情况下，对人的意识的主观能动性和独立性并没有过多清晰的阐释。这无疑对早期中国知识界阐释唯物史观产生了重要影响，我们从中国学者的阐释中均能找到这些思想资源的深刻烙印。

第二节 唯物史观早期阐释的主要观点

一 唯物史观是马克思主义理论的基础

唯物史观究竟在马克思主义理论体系中占据怎样的地位，有怎样的理论价值？这是学者认识和了解唯物史观必须首先解决的问题。学者都将唯物史观视为马克思主义理论的核心与前提，是马克思其他一切理论的根基。如前所述，日本河上肇博士将唯物史观看作马克思的社会主义学说的两大根柢之一。国内学者也都认同此说，对唯物史观

---

① [荷]郭泰：《唯物史观解说》，李达译，上海中华书局1921年版，第16页。
② [荷]郭泰：《唯物史观解说》，李达译，上海中华书局1921年版，第128页。

的理论地位进行了进一步阐发。如李大钊在《我的马克思主义观》中就认为，马克思的社会主义理论可分为三个主要部分：历史论、经济论与社会主义运动论。亦即我们今天所说的唯物史观、政治经济学与科学社会主义理论。三个理论密不可分，由阶级斗争学说从根本上贯穿起来，而唯物史观则是前提。"离了他的特有的史观，去考他的社会主义，简直的是不可能。"[①] 名为"逖生"的学者也将马克思主义的理论分为三个系统：唯物史观、经济学批评和社会主义的社会组织。他认为三个系统密切相连，而唯物史观则是经济学批评和社会主义的社会组织的前提。即"唯物史观是马克斯学说底全思想底根基"，"马克斯学说底重心点，就在唯物史观"。因而，要研究马克思主义必须先明白唯物史观的意义。[②]

更进一步讲，陈独秀等学者认为，唯物史观是马克思的科学社会主义与空想社会主义的根本区别。科学社会主义运用唯物史观来说明资本主义生产方法及其制度成立、发达以及崩坏的原因都是经济发展的自然结果，是客观上必然的因果关系，不是主观臆想。[③] 施存统在探讨科学社会主义时也特别强调这一点，认为"忘记了唯物史观就没有了马克思主义"。他认为，一个社会组织一定要建立在一定的经济组织之上，共产主义社会的实现必须先找到这个社会必要的"物质的基础"。而科学社会主义就是依照唯物史观，将共产主义的社会理想建立在经济组织之上的，空想社会主义者的弊病就在于不顾唯物史观，空谈社会革命。"我们如果真要使社会革命成功，除了遵守唯物史观之外，没有别的办法。"[④] 在 20 世纪初叶的中国，人们是将马克思主义看作一种社会主义学说而引入中国。中国知识分子因为对"中国向何处去"的现实追问而关注马克思的社会主义。为要实现科学社

---

① 《李大钊全集》第 3 卷，人民出版社 2013 年版，第 5 页。
② 钟离蒙、杨凤麟编：《中国现代哲学史资料汇编》第 1 集第 8 册，辽宁大学哲学系，1981 年，第 93 页。
③ 陈独秀：《马克思学说》，《新青年》第 9 卷第 6 号，1922 年 7 月 1 日。
④ 施存统：《马克思底共产主义》，《新青年》第 9 卷第 4 号，1921 年 8 月 14 日。

会主义，而重点研究唯物史观。因而，从一开始，中国知识分子对唯物史观的讨论就不是学理意义上的，而是基于其社会改造的意义。唯物史观作为科学社会主义的根基，学者对其的研究是指向共产主义的社会理想的。

从学者对唯物史观主旨的认识上也可以说明这一点。对于唯物史观的要旨，学界深受河上肇的影响。河上肇认为，唯物史观包含两个相互联系的学说：一是"人类之精神的文化之经济的说明"；二是"社会组织之经济的说明"。其中后者更为重要。河上肇认为，社会主义的中心问题在改造社会组织。唯物史观就是以社会组织进化为中心，马克思的研究就是要解决社会组织进化的问题。所以，"马克思的历史观，可以称为社会组织进化论"[①]。李大钊接受了这一观点，指出唯物史观的要点有二：其一是关于人类文化的经验的说明；其二是社会组织进化论。陈独秀也有此语，认为唯物史观要旨包括人类文化之变动和社会制度之变动两部分。前者是说明经济基础对上层建筑的决定作用，后者是说明生产力与社会组织的密切关系，即生产力发生变动，社会组织也会跟着变动。当生产力发展到与生产关系不能再相容的时候，社会革命就会发生。结局是旧社会崩坏，新社会组织才会产生。中国学者十分看重这一点，李大钊等学者直接将唯物史观称为"社会组织进化论"。可以见得，早期中国学者是将唯物史观的研究与现实中的社会变革紧密相连的。他们关注唯物史观是想要从中获知需要具备什么样的条件才能实现科学社会主义。因而，中国学者非常关注唯物史观中关于经济作用的论述，即"经济因素"对社会历史发展的决定作用。

二 应称唯物史观为"经济史观"

从早期思想资源来看，河上肇、塞利格曼等人都主张称唯物史观为

---

① 钟离蒙、杨凤麟编：《中国现代哲学史资料汇编》第1集第8册，辽宁大学哲学系，1981年，第133页。

"经济史观",认为马克思的新史观是以"经济的事情"为中心观察社会变迁。这种认识深刻影响了中国知识界对唯物史观性质的判定。

李大钊在《唯物史观在现代史学上的价值》中写道,对于马克思的新史观,通常有四种称谓在学者中通用。即"历史之唯物的概念""历史的唯物主义""历史之经济的解释"和"经济的决定论"。在李大钊看来,前两者泛称"物质",将历史上生物的考察,乃至风土、气候、动植物影响所生的社会变动都包括在内,与马克思的本意"不甚相符"。而经济决定论又有宿命论之嫌。相比之下,他认为"经济史观"一称更为合适。[1] 在《史学要论》中,他还说,"历史非从经济关系上说明不可。这是马克思的历史观的大体"[2]。胡汉民随后也指出,唯物史观简单说就是"以经济为中心的历史观",即"经济一元论的历史观"[3]。他认为,即使恩格斯在1890年关于唯物史观的两封书简中认识到"世上青年往往有过重经济方面之弊,我和马克思也要分一半责任",但恩格斯也还是主张"经济的生活占社会生活根本的重要地位"[4]。

这种认知下,经济因素的决定作用被提到了首要位置。因而,包括施存统在内的不少学者认为,要想实行社会主义必须先具备实现的"物质的条件"[5]。这种对经济因素在社会历史发展中的根本作用的强调是非常必要的。但由于过分强调经济因素,而忽视上层建筑的相对独立性,使得知识界在最初理解唯物史观时蒙上了"机械论""定命论"的色彩。反对者就借此攻击唯物史观,指出唯物史观"以为人类全为物质环境左右……随其所遇,而毫无意志选择之自由,实不啻为

---

[1] 《李大钊全集》第3卷,人民出版社2013年版,第274页。
[2] 《李大钊全集》第4卷,人民出版社2013年版,第520页。
[3] 钟离蒙、杨凤麟编:《中国现代哲学史资料汇编》第1集第8册,辽宁大学哲学系,1981年,第166页。
[4] 钟离蒙、杨凤麟编:《中国现代哲学史资料汇编》第1集第8册,辽宁大学哲学系,1981年,第179页。
[5] 钟离蒙、杨凤麟编:《中国现代哲学史资料汇编》第1集第8册,辽宁大学哲学系,1981年,第91页。

一种'经济定命论',而陷于哲学上之所谓'命运论'之议"①。费觉天表示,唯物史观"既是由经济上成立,我就要从经济上打倒"。他从唯心史观出发,一方面,主张物质不过是人类思想的材料,思想纯是主观作用。另一方面,强调"生产力是因人的意志而发生,而改造","因生产力所生的关系,也是依人的意志而决定"。"经济基础是不离人底意志而独立,是不会自家发生自家衰败","是人使用经济,而经济未尝支配人"。故费觉天认为经济史观否认人的因素的影响,相信社会主义可以自然发生,实是"无稽之谈"。② 1926年,也有学者批评,唯物史观忽视了除经济以外其他因素的作用。"其他的社会关系也可以影响经济的关系……我们不能单拿经济的原因来抹杀一切。"③ 作者认为历史是多方面的,不容一元的解释,人的意识也可以决定人的社会生活。

面对种种质疑,李大钊在《我的马克思主义观》中也承认,唯物史观以经济为中心,被外界"加上了一种定命的采色","这固然可以说是马氏唯物史观的流弊"。因而李大钊主张物心两面、灵肉一致的改造,寄希望于新理想主义、道德主义"救其偏蔽"。④ 可以说,将马克思的新史观理解为经济史观,是1927年以前中国知识界无论支持者抑或反对者都普遍存在的看法。当时也有学者对人们的误解予以澄清,指出马克思并未说过经济是社会历史发展的唯一因素,其只是强调经济因素对社会的根本作用,马氏唯物史观正是因此而成立。社会中除了经济关系之外,还有其他关系作用。⑤ 陈独秀也说,唯物史观并不抹杀知识、思想、言论、教育的作用。只不过他们是经济的"儿子",不是经济的"弟兄"。⑥ 但这种观点并不成为主流。

---

① 肖纯锦:《马克思学说及其批评》,《学衡》1922年2月第2期,第11页。
② 钟离蒙、杨凤麟编:《中国现代哲学史资料汇编》第1集第9册,辽宁大学哲学系,1981年,第49—52页。
③ 罗良干:《马克思学说的基础——唯物史观》,《大夏周刊》1926年第28期。
④ 《李大钊全集》第3卷,人民出版社2013年版,第19—22页。
⑤ C. T.:《关于马克思主义的一个误解》,《觉悟》1921年9月23日。
⑥ 《陈独秀文章选编》(中),生活·读书·新知三联书店1984年版,第349页。

进而，科学社会主义被理解为一种以经济为主的世界观。时人认为，马克思的社会主义其科学性正在于他的经济内容。如杨匏安指出："马氏以唯物的史观为经，以革命思想为纬，加之以在英法观察经济状态之所得，遂构成一种以经济的内容为主之世界观，此其所以称科学的社会主义也。"① 由于对经济因素的决定作用的极度关注，唯物史观被理解为一种经济定命论。仿佛不需要人的主观努力，社会主义可以随着经济变迁而自然到来。这种机械解读也带来严重的问题，即学者在马克思主义学说的解读中，无法调和唯物史观与意志论、阶级斗争学说之间的冲突。但这种误解也并非一无是处，定命的色彩使时人相信，随着生产力的发展，这种建基在"经济史观"之上的社会主义必然到来。如资耀华就认为，唯物史观是一种必然论，是马克思在考察社会历史时发现的一种自然科学的因果法则。他在分析资本主义经济组织生产力与生产关系发展的内在矛盾后指出，科学社会主义的实现，"乃是一种必然的运命"②。因而，学者强调，"要改造中国社会，只有实行社会主义；要实行社会主义，只有遵守唯物史观"，这是唯一的答案。③

三 生产力是社会发展的根本动力

早期知识界非常关注唯物史观中的"经济因素"，更根本上说，是特别强调生产力问题。他们把生产力看作是社会历史发展的最高动力和唯一的动力。例如，蒋光慈就认为，唯物史观的第一个原则就是：生产力发展为人类历史发展的"第一要素"，或者说"唯一的动力"。"生产力为唯物史观研究社会发展的出发点，非常的重要。"在谈到生产力与生产关系的关系问题时，他指出，生产力是人类社会的"唯一的、物质的、变动的要素"，"因为生产工具的改变，社会关系

---

① 林代昭、潘国华编：《马克思主义在中国从影响的传入到传播》下册，清华大学出版社1983年版，第68页。
② 资耀华：《亚丹斯密与马克思主义之关系》，《学艺》第5卷第7号，1923年8月。
③ 光亮：《唯物史观在中国底应用》，《觉悟》1921年9月8日。

亦随之改变"。① 这里学者着重强调了生产力对生产关系的决定作用。在知识分子的早期阐释中,生产力是与社会组织的变革直接相关的。唯物史观是"关于社会组织与社会生产力的一个学说"。如前所述,唯物史观被称为"社会组织进化论"。其主要即是说明社会生产力与社会制度的密切关系。陈独秀在谈到唯物史观要旨时就说:"手臼造出了封建诸侯的社会,蒸汽制粉机造出了资本家的社会"②,而当生产力发展到这种社会制度不能再相容的时候,旧制度崩坏,社会革命就会发生。另一位学者也说,唯物史观说明历史变迁是"依富底生产力变动而变迁的",即依照物质生产力而变迁。他这样分析道,"富的生产力变动(等于)经济及其他现象变动(等于)历史变迁",所以,"富的生产力变动(等于)历史变迁"。③ 亦即生产力是社会历史发展的原动力,"能够支配历史,使历史变迁完全是一个富的生产力;唯物史观即本此而成"。可见,当时学者把社会历史变迁归宿到生产力这一单一要素中。应该说,在生产力与生产关系的关系中,生产力固然是居支配地位、起决定作用的方面。但二者是一个相互作用的关系,生产关系对生产力也具有能动的反作用。二者共同构成社会的生产方式。社会历史的发展因生产力而推动,但根本动力源于社会基本矛盾,即生产力和生产关系、经济基础和上层建筑的矛盾。应从辩证的角度,而不是将生产力要素孤立看待。

而且,当时知识界还不能正确认识"生产力"和"生产关系"的概念。受河上肇和郭泰影响,学者常将"生产技术"与"生产力"、"生产关系"与"财产关系"相混淆。主张唯物史观是技术史观的荷兰学者郭泰就认为,劳动技术就是生产力,是社会组织赖以存在的基础。并认为,在分成阶级的社会里,生产关系同时又是财产关

---

① 蒋侠僧:《唯物史观对于人类社会历史发展的解释》,《新青年》(季刊)三期,1924年8月1日。
② 《陈独秀文集》第 2 卷,人民出版社 2013 年版,第 239 页。
③ 钟离蒙、杨凤麟编:《中国现代哲学史资料汇编》第 1 集第 8 册,辽宁大学哲学系,1981 年,第 93 页。

系。河上肇在《唯物史观中所谓"生产""生产力""生产关系"的意义》一文中就认为,生产力特指"吾人生活上所必要的物质的生产",是"单纯技术的概念"。① 在另一文中他又说:"生产力发展底主要原因,在于生产手段的发展,所以在影响到哪个社会底关系之点,差不多可以把生产手段底发展和生产力底发展,一同看待的。"② 可见,河上肇并未明确区分生产工具、生产手段与生产力,将三者相混淆。但河上肇本人也解释道,马克思、恩格斯对此"自己不曾加以说明,本来不免暧昧","不可捉摸"。③ 受此影响,高一涵等学者就顺着河上肇的说法,也认为,生产力是纯属技术的观念。④ 持这种看法的学者不在少数。其结果就是造成唯物史观的机械化理解,亦即只要生产工具、生产技术改良了,社会组织就会随之变革。生产工具、生产技术一变成为社会历史发展之原动力了。例如蒋光慈就认为,唯物史观以生产力为人类社会之唯一的、物质的、变动的要素,因为生产工具的改变,社会关系亦随之而改变。⑤ 这实与唯物史观的真意相去甚远,也招致学界不少误解。费觉天在批判唯物史观时就指出,按照唯物史观的说法,生产工具改良,生产力就随之变化,于是生产关系也跟着变化。实际上,生产工具却是人的作用,而马克思却忽略了人的支配因素。值得肯定的是,他们将非技术因素也包括在生产力内,是符合马克思的原意的。马克思认为,生产力是人类在生产实践中形成的改造和影响自然以使其适合社会需要的物质力量。生产力具有复杂的结构,其基本要素包括:劳动资料、劳动对象和劳动者三方面。而生产技术仅仅是劳动资料中最重要的一个因素,并不能因此而与生产力相混淆。但当时学者的论述仍显直观和浅显,并没有对生

---

① 中华学艺社编:《唯物史观研究》,中华学艺社1926年版,第62页。
② [日]河上肇:《译述:见于"共产党宣言"中底唯物史观(三)》,施存统译,《民国日报·觉悟》,1921年5月17日。
③ 中华学艺社编:《唯物史观研究》,中华学艺社1926年版,第54页。
④ 高一涵:《唯物史观的解释》,《社会科学季刊》1923年第4期第1卷。
⑤ 蒋侠僧:《唯物史观对于人类社会历史发展的解释》,《新青年》(季刊)三期,1924年8月1日。

力的复杂结构进行深入分析。而且劳动者作为生产力要素中最活跃的因素，也未在阐释中得到关注。除此之外，学者对生产关系也不能做准确的理解，常与财产关系相混淆。如施存统就将生产力与生产关系的冲突等同于生产力与财产关系的冲突。① 但实际在马克思看来，生产关系是人们在物质生产过程中形成的不以人的意志为转移的经济关系，包括生产资料所有制关系、生产中人与人的关系和产品分配关系。而财产关系仅仅是生产关系在法律上的一种表现形式，是一种思想意志关系，属于上层建筑范畴；生产关系则是一种经济关系，是经济基础。二者属于两个范畴，不能将生产关系与财产关系相混淆，将财产关系说成是社会制度的基础。

在马克思看来，生产力不仅具有客观现实性，还具有社会历史性。生产力具有复杂的系统结构，生产力的发展是由多种因素决定，生产技术仅仅是其中的一个因素。理解生产力这一范畴需要把握生产力的水平、性质、状况和发展要求等重要方面。因而我们需要对生产力的内在结构，及其与生产关系的相互作用做一深入的把握。由于当时唯物辩证法并没有广泛传播，所以时人没能从生产力与生产关系、经济基础与上层建筑的辩证运动的方面理解社会发展的根本动力。另外，当时在经济史观的解读路径下，学界对生产力格外重视，而对生产关系的关注不够。在1927年大革命失败后，知识界的关注点有了根本的转变。

四　唯物史观与阶级斗争说的冲突与调和

唯物史观在早期知识分子中呈现为一种具有"定命"色彩的经济史观。被"技术化"理解的生产力成为社会历史发展的根本动力。这种机械论与决定论不可避免地与马克思的阶级斗争说发生冲突。能否调和唯物史观与阶级斗争说之间的冲突问题也是当时思想界关注的一个焦点。

---

① 光亮：《唯物史观在中国底应用》，《民国日报·觉悟》，1921年9月8日。

学者主要通过《共产党宣言》的中译文接触到阶级斗争说。早在1920年以前，国内就有三种关于《共产党宣言》的节译版本，但影响最大的还是1920年9月由陈望道翻译出版的《共产党宣言》全译本。时人关于阶级斗争说的阐释依据多出于此书。毛泽东就曾多次提到《共产党宣言》，表示因此而知道人类有史以来就有阶级斗争史，阶级斗争是社会发展的原动力，由此找到认识问题的方法。[①] 因《共产党宣言》的广泛传播，阶级斗争说在当时的影响非常大，"一切历史都是阶级斗争的历史"，成为时人每每阐释阶级斗争说时必会提到的一句流行语。

"一切历史都是阶级斗争的历史"的阶级斗争说与当时人所理解的以"生产力发展是社会历史发展的原动力"为中心的唯物史观的冲突是显而易见的。这一冲突多为学者所质疑。首先需要指出的是，时人并不把阶级斗争说看作是马克思唯物史观的组成部分。他们认为二者是马克思主义理论中相互分立的两个学说。如李大钊就在《我的马克思主义观》中提到，马克思社会主义理论包括"历史论""经济论"和"政策论"三方面，而"阶级竞争说恰如一条金线，把三大原理从根本上联络起来"。1921年，李达将马克思社会主义的重要原则分为五个，即：一是唯物史观；二是资本集中说；三是资本主义崩坏说；四是剩余价值说；五是阶级斗争说。阶级斗争说并未纳入唯物史观体系中。[②] 恽代英认为，唯物史观和阶级斗争，一个是被马克思应用的方法；一个是被马克思发现的事实，二者有根本区别。[③] 进而，学者普遍指出二者间存在矛盾。李大钊指出唯物史观与阶级竞争说的矛盾冲突问题是马克思主义被人非难的一个要点。马克思一边说历史原动力是生产力，一边又说一切历史都是阶级竞争的历史。不过李大钊也说，"这个明显的矛盾，在马氏学说中，也有自圆的说法"。他认

---

① 《毛泽东农村调查文集》，人民出版社1982年版，第21—22页。
② 李达：《马克思还原》，《新青年》第8卷第5号，1921年1月1日。
③ 钟离蒙、杨凤麟编：《中国现代哲学史资料汇编》第1集第8册，辽宁大学哲学系，1981年，第44页。

为,马克思实际上是把阶级的活动归到经济行程的自然变化中。但是,"虽是如此说法,终觉有些牵强矛盾的地方"①。如前所述,时人认识的唯物史观是一种社会历史发展因经济因素而自然演进的学说。唯物史观具有机械决定论的色彩。由于学者主要关注经济因素在社会历史发展中的决定作用,对人的主观能动性、上层建筑的反作用鲜有关注。时人认为,从唯物史观出发无法解释,既然社会历史发展是依生产力自然进化,决不是个人的主观努力的作用,何以证明阶级斗争说的科学性?正如批判唯物史观者质疑的那样,马克思指出经济因素在历史发展中的决定作用是他的一大功劳,但"若说全部历史的发展,是完全依靠经济进化才能解释,这是大错"②。国民党御用文人顾孟余也认为,唯物史观的问题在于它忽视人的主观性,只重客观事实。"人的历史是人造的;人都有头脑,这头脑的状态,决不是一件机械的东西,专看经济的境遇而变迁的。"③

唯物史观与阶级斗争说的矛盾引起了不少人的关注和质疑。这使得马克思主义传播者认识到,在马克思主义的传播与阐释中必须解决这一矛盾,即在承认经济因素在历史发展中决定作用的同时,如何评价阶级斗争的作用?调和这一矛盾,学者主要是通过首先肯定人的主观意志作用来实现的。学者解释道,唯物史观并不否认人的作用,但人的作用必须建立在客观规律基础上。有学者以产妇分娩为例,"我们时常看见医生断定产妇早晚分娩,而产前和接生的准备,绝不肯放松……马克斯主张社会改造参加人间的努力,亦为促进或完成社会主义组织的意思罢了"④。这就肯定了人力在社会历史发展中虽不具有最终的决定作用,但却能够推动社会发展。陈独秀说,个人的意志虽然不能创造客观上不可能的东西,但在客观上可能的范围以内,却有个人意志回旋的余地,并且必须有此个人的努力及

---

① 《李大钊全集》第3卷,人民出版社2013年版,第19页。
② 常乃德:《马克思历史的唯物主义》,《国民》第2卷第2号,1920年6月。
③ 顾兆熊:《马克思的学说》,《新青年》第6卷第5号,1919年5月。
④ 林可彝:《唯物论与唯物史观》,《今日》1922年第1卷第4期。

天才的创见，这客观上的可能才能够适当的实现。人们的意志是人们物质的生活关系造成的。① 这即是承认人的主观意识可以能动地影响历史，但受客观规律制约。因而，蔡和森在此基础上进一步主张要"综合革命说和进化说"。他认为，马克思之所以是科学的，就在于进行革命运动时注意处理主观意志与客观实际的关系，既不不顾客观实际而盲动蛮干，也不在条件成熟时而消极等待。②

通过表明人的意志在社会历史发展中的地位与作用，学者试图调和阶级斗争说与唯物史观的矛盾。人的意志在社会变革中通过什么而体现？李汉俊给出了答案，他认为，阶级斗争是社会变革中人的意志的表现形式，从根本上说，也是建基于客观规律基础上的。"生产力与社会组织底变化之间有人类意志的媒介的"，"社会组织底变革是要人底意志——或为其表现的阶级斗争——来实现"，"我们离开了人类底意志来观察人类底进化，人类底进化就要成为不可思议，我们离开阶级斗争学说来解释唯物史观，唯物史观就要变为机械论"。③ 学者进一步认为，阶级斗争和唯物史观是一贯联络、可以相互证明的。陈独秀、胡汉民等人都认为，所谓阶级，"是指经济上利害相反的经济阶级。大抵一方是经济上压服掠夺他人的，一方是被人压服掠夺的"，"阶级争斗的历史，正所以说明他的唯物史观（社会组织随于生产变动而变动）的法则"。④ 阶级斗争是由社会生产力变化而来。随着生产力的发展，处于被掠夺和压迫的阶级就会产生一种阶级的觉悟，进而会有一种阶级的组织和运动，成为阶级斗争的行动，促进社会变革。所以社会组织改造常取决于阶级斗争的形式。阶级的产生和阶级斗争都是社会经济自然变化的结果。通过肯定社会历史发展中人的意志的地位和作用，并将阶级斗争阐释为人类意志的表现，从而阐明，

---

① 《陈独秀文章选编》（中），生活·读书·新知三联书店1984年版，第407—408页。
② 《蔡和森文集》，人民出版社1980年版，第77—78页。
③ 李汉俊：《我们如何使中国底混乱赶快终止》，《民国日报》1922年1月第1期。
④ 钟离蒙、杨凤麟编：《中国现代哲学史资料汇编》第1集第8册，辽宁大学哲学系，1981年，第174页。

阶级斗争说与唯物史观不但不矛盾，反而可以相互证明。如此分析，二者矛盾即可得到调和。其好处在于，根据唯物史观的逻辑阐释，阶级斗争成为一种历史的必然。认同唯物史观的学者相信，阶级斗争不是马克思的发明，而是"历史上的重大事实"，是从一切历史的社会关系里抽象了出来，因而阶级斗争从根本上是不可避免的。① 但当时的学者对阶级斗争的认识仅仅停留在对其必然性的把握上，而对怎样组织和运用阶级斗争，以及实行什么样的阶级斗争，仍旧令时人困惑。同时，虽然学者们都试图调和二者的关系，但仍旧是将二者作为两个独立的范畴分别进行阐释，唯物史观依旧被看作经济定命论，仅是认为阶级斗争说可以补足唯物史观之"流弊"罢了。②

综上所述，在五四新文化运动时期的第一次唯物史观热潮中，中国知识界对唯物史观的阐释深受日本、欧美学者"二手"文献的影响，在普遍认同唯物史观理论价值的基础上，将唯物史观阐释为经济史观，进而将生产力等同于生产技术作为社会历史发展之根本动力。这种机械论、定命论最终导致了马克思主义理论体系内部唯物史观与阶级斗争学说之间的矛盾，不少学者试图予以调和，促进二者从分立走向统一。当然应该肯定的是，虽然将唯物史观理解为具有机械论色彩的经济史观不失片面，但在当时却有进步意义。这一时期人们对唯物史观的阐释抓住了其最重要的特征，即强调经济因素在社会历史发展中的决定作用，开历史一新纪元。

唯物史观通过研究社会物质生产过程发现了人类社会发展的锁钥，这对当时的知识界来说是非常震撼的，它颠覆了以往中国人的历史观，让人们找到了"中国向何处去"的答案和实现这一答案的根本道路。所以李大钊主张，"应该细细的研考马克思的唯物史观，怎样应用于中国今日的政治经济情形……我们应该怎样去作民族独立的运

---

① 季陶：《新年告商界诸君》，《星期评论》32号，1920年1月11日。
② 这种观点在李大钊的《我的马克思主义观》中体现得最为典型。参见《李大钊全集》第3卷，人民出版社2013年版，第18—20页。

动,把中国从列强压迫之下救济出来"①。他说,从前的历史学家总是从神权、精神和个人的因素中去寻找历史的动因,认为历史是一个循环往复的过程。"普通一说历史,便令人想是说社会上的政治、法律和经济。再狭隘一点,只有政治的历史被称为历史,此外的东西似乎都不包括在历史以内。这样子一解释,历史哲学由范围上说是社会哲学,而由内容上说便是政治哲学,这未免把历史哲学的内容太弄狭了。"他认为仅从上层建筑说明历史无法真正理解历史,上层建筑的变革全靠经济基础的变动,所以历史只能从经济关系上说明。在中国内忧外患的现实条件下,以往的唯心史观无法真正发现历史发展的秘密,故而无法给予"中国向何处去"以正确的答案。马克思的唯物史观将经济因素置于历史观的核心,发现了历史发展的客观规律,它阐明社会历史发展是依生产力发展而自然演进。当生产力发展到无法与生产关系相容时,社会主义必将到来。所以时人认为,为了实现社会主义这一目标,必须从改造经济组织着手,然后才能实现社会上层建筑的全面改造,妄想藉改造人心来改造社会是徒劳的。唯物史观改变了中国学者分析问题的角度,颠覆了传统史观,让国人找到了改造社会的现实道路。故而李大钊认为:"自有马氏的唯物史观,才把历史学提到与自然科学同等的地位。此等功绩,实为史学界开一新纪元。"②

所以,即使反对唯物史观的人也不得不承认唯物史观的这一价值。曾斥责时人被"马克思列宁牵着鼻子走算不得好汉"的胡适虽不赞成社会主义道路,但也肯定唯物史观的学理价值。他说:"马克斯主义的两个重要部分:一是唯物的历史观,一是阶级竞争说……唯物的历史观,指出物质文明与经济组织在人类进化社会史上的重要,在史学上开一个新纪元,替社会学开无数门径,替政治学说开许多生路:这都是这种学说所涵意义的表现……这种历史观的附带影响——

---

① 《李大钊全集》第4卷,人民出版社2013年版,第516—517页。
② 《李大钊全集》第4卷,人民出版社2013年版,第424页。

真意义——是不可埋没的。"① 可见，对"中国向何处去"的追问和传统史观存在的缺憾，促使国人十分关注经济因素和生产力在社会历史发展中的决定性作用，而不是政治、法律和人的主观性因素。这也就可以理解"经济史观"的解读方式的时代价值了。但不得不指出，时人的研究仍相当直观、机械和肤浅，学者侧重于围绕"唯物史观公式"对唯物史观基本原理进行介绍而不是深入研究，内容还很不全面且对基本概念把握不清，同时对唯物辩证法也基本很少观照到。随着马克思主义传播的深入和传播渠道的转换，中国思想界对唯物史观的阐释在1927年大革命失败以后的第二次传播热潮中有了根本的改观。

---

① 耿云志：《胡适论争集》（中卷），中国社会科学出版社1998年版，第973页。

第二章
唯物史观再阐释的社会历史背景
（1927—1937）

  五四时期，唯物史观作为马克思社会主义学说的基础第一次为国人所阐释。当时无论是马克思主义者，还是国民党理论家，抑或民主党派、无党派人士都积极推动了唯物史观在中国的广泛传播，掀起了唯物史观传播的第一次热潮。但其时知识界对唯物史观没有坚实的把握，在认识上存在不小的偏差，也未将唯物史观与对中国社会的分析进行深度融合。早期知识分子对唯物史观的最初了解是源于少数可获得的马克思主义译著和将许多唯物史观的思想列为概念化工具的19世纪末20世纪初的欧美社会学著作。因传播文本资源和知识分子知识结构所限，当时的多数知识分子都没有足够的理论知识去深入解读唯物史观，只限于基本介绍与浅显分析，给唯物史观蒙上了机械论、决定论的面纱。五四以来，时人对唯物史观的兴趣保持平稳地上升态势。但直到1927年7月大革命失败后，当中国共产主义运动陷入低潮的时候，唯物史观在思想领域的影响力才反而骤然增加，第二次唯物史观热得以兴起。

  如果说第一次唯物史观传播热潮在思想界的影响还是星星之火的话，那么这次热潮则大有燎原之势。就连反对唯物史观者也不得不承认中国思想界"差不多每日吹得震天价响的，都是唯物史观的喊声"[①]。

---

  ① 薛剑光：《唯物史观及其批评》，《焦作工学生》1931年第1卷第1期，第A1页。

当时唯物史观在思想界受欢迎的程度由此可见一斑。这种现象的吊诡之处在于，大革命的失败不但没有使作为中国共产党革命指导思想的唯物史观销声匿迹，反而使其逆势而上，成为中国社会中最富活力的思想潮流。20世纪20年代末至30年代中期，唯物史观"像怒潮一样奔腾而入"①。当时包括李达、张如心、沈志远、艾思奇、郭沫若、翦伯赞、彭康、叶青、陶希圣、顾孟余、梅思平、张东荪、张君劢、高名凯等在内的各方学者，都参与到了唯物史观的研究与论争中，深入触及了唯物史观的基本范畴和理论价值，使其在思想界得到了广泛的关注和传播。那么，到底是什么因素促使这种"怪现象"的发生？较之五四时期，在大革命失败后的唯物史观传播热潮中，中国知识界又是基于怎样的历史情境而对唯物史观进行阐发的？

第一节 对"中国向何处去"的现实追索

一 大革命失败后的国内形势与传播热潮的兴起

大革命失败后，中国共产主义运动陷入低潮，但作为革命指导思想的唯物史观却成为30年代的"主干思潮"，这种历史现象令人费解。中国共产党的早期党员郑超麟便深表诧异。他表示，革命失败，但作为革命基础的马克思主义理论反而风行起来，这个离奇现象是颇难解释的。历史上没有先例。各国过去的革命，每次失败之后，革命理论总要消沉一个时候。他将这一时期唯物史观热的原因归之于中国"太过于地广人众而又交通不便"②。显然，这一解释不能使人信服。这种"怪现象"背后有深刻的现实原因。应该说，大革命失败后，唯物史观的传播与研究热潮是为迫切回答"中国向何处去"这一问题而兴起，中国知识界希望用唯物史观来解决当时的现实困境，寻找中国救亡图存的现实道路。

---

① 顾颉刚：《古史辨自序》上，商务印书馆2017年版，第179页。
② 《郑超麟回忆录》（上），东方出版社2004年版，第311页。

第一，"中国向何处去"的现实追问促使国人反思以往革命理论准备之不足。1927年7月，国民大革命的失败使革命形势急转直下。国共两党由合作转为军事对峙，中国社会为白色恐怖所笼罩。在这种情境下，"中国向何处去"再一次成为国人需要回答的棘手问题。时人急切想要改变革命低潮的现象，找到革命失败问题之所在，以力挽中国于危局。毛泽东在1928年写作的《井冈山的斗争》中感叹道："我们一年来转战各地，深感全国革命潮流的低落"，"红军每到一地，群众冷冷清清"，"我们深深感觉寂寞，我们时刻盼望这种寂寞生活的终了"。① 不只是以毛泽东为代表的中国共产党人，面对严酷的革命形势，知识分子也认识到有必要深刻检讨以往革命的问题。他们深深感到革命理论准备不足是造成今日危局的重要原因。当时很多知识分子产生了研究马克思主义理论的浓厚兴趣。谭辅之在《最近的中国哲学界》中就曾描述过这种现象。他说："自一九二七年而后，政治活动的路子碰了壁，于是有许多人就转到学术思想的路上来。的确，行动在先，而思想在后。及到加以思想、反审，则感觉做政治运动是离不了理论工作。这时又深深感觉到旧的理论已成窳腐，不堪使用，于是群起介绍新兴的哲学和社会科学。一九二八年至一九三二年这一短短的时期中，除了普罗文学的口号而外，便是唯物辩证法和唯物史观之介绍。"②

正是出于对检讨以往革命问题、探寻中国革命新道路的需要，中国共产党及先进知识分子痛感要加强马克思主义的理论学习，反思以往革命理论准备之不足。冯乃超就曾经说："1927年蒋介石叛变了革命，我们认为，这暴露了中国共产党在幼年期的弱点，主要是缺乏理论指导。因此觉得，很有赶紧向中国的读者——知识阶级，介绍马列主义理论和展开宣传工作的必要。"③ 在这种背景下，1928年7月，

---

① 《毛泽东选集》第1卷，人民出版社1991年版，第77—78页。
② 钟离蒙、杨凤麟主编：《中国现代哲学史资料汇编》第2集第1册，辽宁大学哲学系，1982年，第102页。
③ 冯乃超：《革命文学论争·鲁迅·左翼作家联盟——我的一些回忆》，《新文学史料》1986年第3期。

中共六届一中全会通过了《宣传工作决议案》。决议案提出要"发行马克思，恩格斯，斯达林，布哈林及其他马克思主义，列宁主义领袖的重要著作"[①]。自1928年开始，中国共产党为应对国民党的文化围剿，在国统区开展了以宣传马克思主义和力倡无产阶级文学为主要内容的革命文化运动。随即在全国范围内掀起了译介马克思主义理论著作的高潮期。至1930年，致力于"以马克思主义的观点，分析中国及国际政治经济，促进中国革命"[②]的中国社会科学家联盟和中国左翼作家联盟等文化团体也建立起来，又进一步推动了马克思主义经典著作的翻译出版。与此同时，大革命失败后，知识分子认识到要想破解以往革命难题，找到中国未来的出路问题，必须首先认清当下中国社会的性质。郭沫若强调，"对于未来社会的待望逼迫着我们不能不生出清算过往社会的要求"[③]。因而在1927年到1937年间，思想界爆发了关于中国社会性质、中国社会史和中国农村社会性质的大论战。论战需要理论武器，这促使其背后的史观即唯物史观成为各方知识分子普遍关注的焦点问题。如陶希圣的学生何兹全曾说："北伐战争之后，青年学生中最关心的问题是中国革命的反思和前途问题。由中国革命性质而联系到中国社会性质，由中国社会性质而联系到中国社会史的发展。最受欢迎的研究历史的方法是辩证法和唯物史观。"[④]虽然各方观点不一，对唯物史观的认识也不同，但都标榜以唯物史观为方法论，都是在唯物史观的话语体系下表述其观点，这就承认了唯物史观之有效性。持续激烈的论战使得知识分子更加热烈地欢迎与传播唯物史观。在哲学、历史学、经济学、文学等学术领域，唯物史观的影响愈益扩大，这也激发了时人去了解和研究论战背后的史观的理论兴趣。

[①] 中央档案馆编：《中共中央文件选集》第4册，中共中央党校出版社1989年版，第421—422页。

[②] 史先民：《中国社会科学家联盟资料选编》，中国展望出版社1986年版，第22页。

[③] 张岂之等编：《史学概论文献与资料选编》，高等教育出版社2009年版，第99页。

[④] 胡文辉：《现代学林点将录》，广东人民出版社2010年版，第169页。

第二，国民党严酷却低效的文化围剿反而激发了国人传播与研究唯物史观的兴趣。一方面，国民党政府残酷的文化专制行为反而促使知识分子对马克思主义产生好感。大革命失败以后，国民党政府大肆暴力镇压革命活动，血雨腥风密布全国。除对中国共产党的军事围剿外，还进行了残酷的文化围剿，极力鼓吹"思想统一"。1928年2月，国民党第二届中央执行委员会第四次全体会议在南京召开，这次会议的目标即是"共同一致反对共产党，同心协力铲除共产党的理论"[1]。同年9月18日，蒋介石还在北平发表讲话强调思想统一比什么都紧要，要拿三民主义统一全国的思想。凡是违反三民主义的人，都不容许活动。其时国民党政府将共产主义视为洪水猛兽。在这样的背景下，大量与马克思主义相关的书籍报刊被查禁，进步文化事业遭到了前所未有的摧残。在1929年1月10日国民党第二届中央执委会常务会议颁布的《国民党中宣部宣传品审查条例》中，凡是带有"宣传共产主义及阶级斗争者"均被视为"反动"。[2] 考察1931年国民党查禁的228种所谓"反动"书刊和1936年国民党查禁的676种社会科学书刊名单，可发现数量最多的当属"宣传共产主义""宣传阶级斗争"的左翼刊物。其中有些是关于唯物史观的书籍，如布哈林的《唯物史观大观》《史的唯物论》和郭列夫的《唯物史观的哲学》等，其查禁理由是"鼓吹阶级斗争提倡无产阶级专政"[3]。除了查禁报刊书籍外，国民党还取缔了进步书店和出版社，严厉惩罚印刷共产主义书籍的工人，并禁止人民群众结社的自由。可以说，国民党严酷的文化围剿给中国革命事业设立了重重阻碍，造成了巨大摧残，令不少知识分子痛心疾首。

但越在这种时刻，共产党和进步知识分子反而逆势而上，勇敢扛起传播马克思主义的大旗。如《太阳月刊》编者在被迫宣告停刊时的

---

[1] 瞿秋白：《国民党大出棺材》，《布尔什维克》第1卷第17期，1928年2月13日。
[2] 宋原放主编：《中国出版史料（现代部分）》第1卷下册，山东教育出版社、湖北教育出版社2001年版，第578页。
[3] 张静庐辑注：《中国现代出版史料》乙编，中华书局1955年版，第173—254页。

宣言中说，"强力虽能压抑我们于暂时"，但"我们的力量，在压抑的底下是愈会增长的"。① 当时共产党人和进步知识分子克服重重阻挠，翻译和出版了大量马克思主义经典著作，并采用伪装书、"挂名书店"、假作者名的方法在国统区开展反查禁斗争，积极推广发行马克思主义进步书刊，着力介绍马克思主义理论。而对于正在寻找中国未来出路的知识分子来说，他们对国民党的倒行逆施可谓深恶痛绝，对三民主义深感失望，转而对国民党极力禁止的革命理论产生了浓厚的兴趣，这反而扩大了唯物史观在知识分子中的影响力与认同度。他们不再对国民党政府抱有幻想，开始关心整个社会的变革问题。加之1924年到1927年国民大革命带来的革命惯性还在延续，知识分子对社会革命依然有着热忱的信奉。郑超麟就指出，当时很多青年知识分子被1927年大革命的失败和国民党的反动统治所唤醒，对革命都深表同情，纷纷表示希望了解大革命及其理论前提。罗隆基也称，"青年思想的左倾，红色刊物的增加，学校做共产领袖的训练所，书店做共产思想的媒介物，这是政府的飞机炸弹手枪快炮所不能摇动其毫末的"②。

另一方面，国民党的文化围剿实质上又是十分低效的。大革命失败后的三年时间中，国民党政府一直忙于内部派系斗争以及和共产党的内战，立足尚不稳，并没有建立严密的特务组织，社会控制和舆论把控能力十分有限。虽然当局也的确查禁了很多进步书刊，但奈何中国共产党人和进步知识分子的反查禁斗争日益发展，以及马克思主义思想潮流的涌动实难以政治强力遏制，思想界还是给唯物史观的传播和研究留有很大的空间。从1927年到1937年间各方公开以唯物史观为理论武器的大论战就可见一斑。而且我们看到，国民党对宣传品的审查条例以及对书刊查禁给出的理由，严厉禁止传播"共产主义"与"阶级斗争"一类的"反动"刊物的最多，而标明禁止传播"唯物史

---

① 《太阳月刊·停刊宣言》，《太阳月刊》停刊号，1928年7月1日。
② 罗隆基：《论中国的共产：为共产问题忠告国民党》，《新月》1931年第3卷第10期。

观"或"马克思主义"的书籍相对较少。这大概是因为前者直接表明了中国共产党的革命主张,与共产党人的政治实践活动紧密相关。而后者则较为间接,依然带有更为鲜明的学术性色彩。所以在国统区的大学里,教师依然可以公开讲授唯物史观。如30年代李达在国立北平大学讲授以唯物史观的社会历史理论为主要内容的社会学课程,何干之在广州的国民大学讲授社会科学课程,侯外庐在国立北平师范大学也开设了唯物史观的相关课程,等等。唯物史观就在这种国民党的政治强力与文化控制的不平衡中保有一定的自留地。

二 国际局势的变化推动唯物史观的研究热

除了深刻的国内现实原因,国际上西方经济危机的爆发和苏联"一五"计划的成功使国人倾心社会主义,也带动了唯物史观的研究热潮。一方面,1929年到1933年的世界经济危机使国人丧失了对资本主义的好感,失望之情弥漫中国思想界。当时有人感慨,"资本主义随着恐慌的狂潮,已一天一天走入没落的途中,美国如此,其他欧洲各国与日本都如此。'资本主义的末日!'这凄惨的呼声已响彻全球了"[①]。时人对资本主义已经陷入了深深的绝望,对中国自己的前途深感迷茫。而另一方面,在资本主义世界陷入灾难深渊的同时,社会主义国家苏联给绝望的中国人带来一道曙光,让国人找到了未来的出路。1928年至1932年,苏联共产党和政府为摆脱落后的农业国面貌,实行了大规模的社会主义建设。苏联第一个五年计划的实施使得苏联从农业国一跃成为工业国,初步建立了现代化的工业生产体系。苏联"一五"计划期间所取得的经济成就超过了当时的资本主义国家,引起了全世界的瞩目与震惊,自然也引起了中国人的广泛关注。学者郑大华曾经对30年代初《东方杂志》《独立评论》《申报月刊》《读书杂志》《大公报》等33种报刊的文章进行不完全统计,发现有100多

---

① 叶作舟:《资本主义"计划经济"的检讨》,《东方杂志》第30卷第9期,1933年5月1日。

人曾经发表过200多篇谈论苏联尤其是"一五"计划,以及社会主义的文章。同时,以苏联为主题的报刊书籍也大量涌现。[①] 当时,苏联的成功和西方的资本主义危机使国人更加确信社会主义才是解决今日中国之困境的唯一路途。

30年代初,知识界曾经就"中国向何处去"问题有过多次讨论。其中不难看出他们对社会主义抱有极大的希望。如1933年《东方杂志》关于"新年梦想"征文中,梦想中国未来走社会主义道路的知识分子数量远胜于主张走资本主义道路的人。其中燕京大学的郑振铎教授就深信,未来"将建设一个伟大的社会主义国家;个人为了群众而生存,群众也为了个人而生存"[②]。在中国社会史论战中,也有不少知识分子主张社会主义的发展道路,例如陈邦国强调,"中国社会之历史的发展,只有一条可能的前途,即社会主义的"[③]。

可以说,自世界经济危机爆发和苏联"一五"计划成功实施以来,在这绝望与希望之间,社会主义成为不少知识分子的思想取向,一时间社会主义热潮兴起。而当时知识界认唯物史观为社会主义之基础,社会主义热潮的兴起带动了唯物史观的研究热。时人认为,苏联之成功除制度上的原因外,就是信仰层面的原因,是因为俄国人信仰马克思主义。张季同认为,"现在苏俄即完全依遵马克思主义的理论而实践,由新社会之确立,而创造新生活"[④]。他们进而还以唯物史观分析当时资本主义经济危机的根源"实在于生产力与生产关系之矛盾"[⑤]。这表明,西方经济危机和苏联"一五"计划的成功,一方面,强化了国人对唯物史观关于资本主义批判的科学性的认同,使唯物史观的基本理论更加深入人心。另一方面,国际环境激发了时人对资本

[①] 郑大华:《民国思想史论》(续集),社会科学文献出版社2010年版,第251、254页。
[②] 上海市出版工作者协会《出版史料》编辑组编:《出版史料》第6辑,学林出版社1986年版,第23页。
[③] 陈邦国:《中国历史发展的道路(续)》,《读书杂志》第2卷第11、12期合刊,1932年12月20日。
[④] 张季同:《辩证唯物论的人生哲学(续)》,《大公报(天津)》1934年3月8日。
[⑤] 仁:《欧洲经济之新趋势》,《申报》1932年8月14日。

主义的厌恶与对社会主义的向往，这又促使国人进一步去研究社会主义的理论基础——唯物史观。1930年3月，华兴书局编辑出版了《马克斯主义的基础》的小册子，收录了马克思、恩格斯的6篇论著，包括华岗新译的《共产党宣言》，恩格斯的《共产主义原理》，马克思和恩格斯为《共产党宣言》写的三篇序言，以及马克思《雇佣劳动与资本》一文。编者在序言中号召"劳苦群众的知识分子，革命的青年战士，迅速动员其伟大的科学研究精神，从社会经济进化上，从人类历史的发展上，从阶级斗争的规律上去认识无产阶级科学的社会主义的马克斯主义"。编者强调，马克思主义是时人思想上的武装，是"推翻资本主义及战胜资本主义辩护士的重要工具"。他寄希望于所编之书能够为当时正在热烈研究社会科学的知识界提供"很有力的帮助"。[①] 可见，在"中国向何处去"的历史追问下，当时的国际环境激发了知识界深入研究唯物史观的理论兴趣，他们将唯物史观看作是变革社会、探索社会主义道路的理论工具。1927年到1937年的唯物史观热正是在这种国际背景下产生的。

总之，大革命的失败使中国的前途命运陷入未卜境地，知识界发出了"中国向何处去"的时代追问。在国际情势的影响下，时人对资本主义大失所望，同时又深恶痛绝国内国民党的反动统治，因而人们普遍倾向于走社会主义的革命道路。这促使人们反思过往革命理论之不足，兴起了深入研究革命道路的理论基础——唯物史观的浓厚兴趣，遂在1927年到1937年间掀起了声势浩大的唯物史观热潮。正如恩格斯在《卡尔·马克思〈政治经济学批判〉》一文中强调，唯物史观的原理"不仅对于理论，而且对于实践都是最革命的结论"[②]。中国知识界研究和讨论唯物史观，不是为了满足学术研究的要求，而是希望用唯物史观来解决中国社会最为迫切的现实问题，是为了寻找中国救亡图存的现实道路。所以，他们研究唯物史观更主要是以

---

① 中共中央编译局编：《马克思恩格斯著作在中国的传播》，人民出版社1983年版，第278页。

② 《马克思恩格斯选集》第2卷，人民出版社1995年版，第38页。

政治诉求为主线。不同政治立场的知识分子因未来中国道路选择不同而对唯物史观有不同看法，唯物史观成为各派知识分子为其政治主张合法性进行辩护的理论工具。

第二节 文本资源的丰富与传播渠道的转变

出于中国现实的迫切需要，知识界认为有必要深入研究唯物史观，反思以往在理解阐释唯物史观理论时存在的不足。1927年后，大量马克思主义经典著作传入中国，为中国知识分子深入研究唯物史观提供了丰富的文本资源。同时，马克思主义传播渠道由日、欧转向苏联，使得知识分子得以使用科学的方法论即唯物辩证法来解读唯物史观，唯物辩证法的应用克服了以往知识分子阐释唯物史观时的不足，使得唯物史观的阐释呈现了新的特点，适应了实践需要。

一　唯物史观阐释的原典资源的丰富

早期传入中国的马克思主义经典著作非常有限，多是零散的摘译。知识界所能触及的唯物史观经典表述也主要是来自河上肇在《马克思的唯物史观》中所摘译的《〈经济学批评〉序文》，即《〈政治经济学批判〉序言》。这种十分有限的文本资源限制了知识分子的理论视野，造成了对唯物史观理解的浅显和曲解。但这种情况在1927年之后有了根本的改观，学界可供研读的唯物史观相关著作变得极为丰富。彭述之的话就可以证实这一点。他提及，"我们可以从共产党宣言，哲学的贫困，经济学批评的序言，资本论第二版的序言，费尔巴赫论纲，特别是昂格斯的反杜林……费尔巴赫与德意志古典哲学之末路，空想的社会主义与科学的社会主义之英译本序言以及资本论中之许多注解和马克思与昂格斯的许多通信中"获取马克思和恩格斯关于唯物史观的思想表述。[①] 而不是像早期只局限于从《〈政治经济学批

————————
[①] ［苏］布哈林：《唯物史观》上册，陶伯译，上海泰东图书局1930年版，第2页。

判〉序言》的摘译中形成对唯物史观的认识。综观这一时期发表的许多唯物史观阐释文章，都引用了上述著作中有关唯物史观的经典表述。再如李平心的《现代社会学理论大纲》一书，是以唯物史观为指导的社会学研究代表作。在序言中他提及该书主要理论是借鉴于《政治经济学批判》、《资本论》第一卷和第三卷、《家庭、私有制和国家的起源》、《反杜林论》、列宁的《唯物主义和经验批判主义》，以及布哈林的《历史的唯物论》诸书。作者认为由此"可以窥见著者新的见解"。①

这种唯物史观原典资源丰富的情况直接受益于当时马克思主义著作的广泛传播。出于对大革命失败的痛彻反思，中国共产党和进步知识分子在白色恐怖环境下坚持翻译出版和传播马克思主义经典著作，所译经典著作无论是规模还是质量都远远超过前一时期。据学者不完全统计，从1927年8月至1937年6月，翻译出版的马克思、恩格斯、列宁和斯大林的著作共计113种之多。而在大革命时期，译本却只有31种。②在质量上，这一时期的译者不满足于早期总由日文本转译的"二手的"，甚至是"二手的二手"的片断摘译。他们大大拓展了文本来源，以德文原文、法文本、英文本等为依据直译马克思主义经典著作，并参照了俄文本和日文本。他们力图避免早期因多次转译而造成的误解、误译的可能，译文较前期更为准确清晰、流畅通顺。

这一时期，上述那些为学者引用的有关唯物史观的马克思主义经典著作都有了较完整的、较高质量的中译本，并多次重印再版，同一篇著作还有多种中文译本出现，足可见其在知识界的受欢迎程度。

其中代表性的完整中译本著作③包括：

---

① 李圣悦：《现代社会学理论大纲》，光华书局1933年版，第2—3页。
② 王海军：《土地革命战争时期社会科学工作者对马克思主义经典著作的翻译与传播评析》，《马克思主义研究》2013年第6期。
③ 根据中共中央编译局编《马克思恩格斯著作在中国的传播》附录页《马克思恩格斯著作中译本（文）第一版书目》名单及相关资料整理得出。(中共中央编译局编：《马克思恩格斯著作在中国的传播》，人民出版社1983年版，第369—387页。)

第二章　唯物史观再阐释的社会历史背景（1927—1937）　　57

1. 《共产党宣言》。1930 年，由华岗重译的《共产党宣言》，以《宣言》为名在上海中外社会科学出版社出版。该译本是华岗根据经恩格斯亲自校译过的《共产党宣言》的英文本翻译而成，并首次采用中英文对照的方式出版，以弥补中文本可能存在的误译。该译本更为准确地还原了《共产党宣言》原意。内容上较陈望道版本又增加了 1872 年、1883 年、1890 年三篇序言，且文字更为流畅，质量较陈望道版有了很大提升。

2. 《政治经济学批判》。1930 年 3 月，刘曼依据 1904 年出版的 Stone 的英译本将其译为《经济学批判》，由上海乐群书店发行。这是国内出现的第一个中文全译本。第二年 12 月，《政治经济学批判》又由郭沫若参照德文版翻译出版，收录了正文、序言和《导言（摘自 1857—1858 年手稿）》。郭沫若在该书 1947 年再次印刷时曾说："本书的原序和导论在马克思主义的文献内是很重要的材料。所谓唯物史观的公式是包含在原序里面的。"①

3. 《哲学的贫困》。1929 年 10 月，由杜竹君译《哲学之贫困》在上海水沫书店出版，这是当时第一本中文全译本。1932 年 7 月，因不满前一种译本的翻译质量，许德珩又根据 1922 年巴黎 M. Giardsd 书店印行的第三版法文原文，并参阅相关英文译本和日文译本再次将其翻译，以《哲学之贫乏》在北平东亚书局出版。

4. 《关于费尔巴哈的提纲》。1932 年 10 月 15 日，张申府译为《佛耶巴赫论纲》，发表在天津《大公报》副刊《世界思潮》上。

5. 《反杜林论》。1930 年 11 月，由吴黎平根据德文本译出。

6. 《黑格尔法哲学批判》。1935 年 3 月，由柳若水译为《黑格尔哲学批判》，在上海辛垦书店发行。其中摘译了《1844 年经济学哲学手稿》的部分内容。

7. 《路德维希·费尔巴哈和德国古典哲学的终结》。1929 年 12 月，彭嘉生根据德国原文翻译，由上海南强书局出版。次年 4 月，由

---

① 马克思：《政治经济学批判》，郭沫若译，言行出版社 1947 年版，第 3 页。

向省吾译为《费尔巴哈与古典哲学底终末》，在上海江南书店出版。在1932年5月和11月，又分别经杨东莼、宁敦伍和青骊翻译出版。

8.《社会主义从空想到科学的发展》。1928年5月，朱镜我译为《社会主义的发展》在上海创造社出版部出版。同年8月，黄思越译为《社会主义发展史纲》在上海泰东书局发行。

9.《家庭、私有制和国家的起源》。1929年6月，由李膺扬（即杨贤江）译，周佛海校，在上海新生命书局出版了首个全译本。

此外，还有许多重要的马克思主义经典著作以摘译形式广泛传播。包括《资本论》第一卷第一、二、三分册，《德意志意识形态》第一卷，《神圣家族》第5章及第8章，以及《政治经济学批判大纲》的摘译，等等。

1928年5月，李一氓还编译了《唯物史观原文》一文。摘译了马克思的《〈政治经济学批判〉序言》《共产党宣言》和《资本论》中唯物史观的论述。这些丰富的高质量的唯物史观经典译作的出版使学界拥有丰富的文本依据深入研究唯物史观。

同时，这一时期还出版了一批马克思主义的专题集，收录了有关唯物史观的经典著作。代表性的有：

1. 1929年10月由上海沪滨书局出版的郑超麟的《宗教·哲学·社会主义》，集纳了恩格斯的《社会主义从空想到科学的发展》《路德维希·费尔巴哈和德国古典哲学的终结》以及马克思的《关于费尔巴哈的提纲》等。该专题集是根据法国马克思主义正统派理论家保罗·拉法格的直译本转译为中文。译文流畅明朗，乃当时翻译界少有。编者"相信这一巨著是研究马克思主义的必要读物"[①]。该书在同年12月由上海亚东图书馆修订再版。

2. 1929年10月出版的千香所译《社会进化的铁则》，收有马克思和恩格斯的《共产党宣言》《资本论》《社会主义从空想到科学的发展》等著作的摘译。

---

① 恩格斯：《宗教·哲学·社会主义》，林超真译，上海沪滨书局1929年版。

3. 1930年2月，李一氓译《马克思论文选择》在上海社会科学研究会出版。该文集收录了《哥达纲领批判》《雇佣劳动与资本》《〈导言〉（摘自1857—1858年经济学手稿）》《神圣家族》《中国革命和欧洲革命》以及《资本论》第1卷第24章第7节等9篇文章。

4. 由潘鸿文编《马克斯主义的基础》于1930年3月在上海社会科学研究会出版。文集收录了《共产主义原理》、《共产党宣言》及其多篇序言、《雇佣劳动与资本》等。编者写道："举凡科学的社会主义之主要的基本理论，唯物史观、阶级斗争、政治经济，都在这本宣言中有了原则上的说明。这是科学的社会主义者之一部最基本的系统的著作。"[①]

5. 1930年由向省吾译《马克思、恩格斯关于唯物论的片断》收录了《关于费尔巴哈的提纲》《自然辩证法》《〈社会主义从空想到科学的发展〉英文版序言》《神圣家族》《卡尔·马克思〈政治经济学批判〉》的摘译。

6. 1937年7月邹韬奋编译《读书偶译》，这是邹韬奋关于社会科学的读书笔记。收录有《唯物史观的解释》即马克思《政治经济学批判》摘译，《唯物辩证法》即《〈资本论〉第二版跋》，《恩格斯的自白》即恩格斯为《路德维希·费尔巴哈和德国古典哲学的终结》所写的脚注等。

还有一些马克思主义的丛书比较完整系统地翻译了唯物史观的有关著作。比如1929年12月起出版的"马克思学体系丛书"，共有四个分册，分别为《社会进化的铁则》（上）、《社会进化的铁则》（下）、《史的唯物论》（上）、《史的唯物论》（下）。该系列出现过多个译本，流行甚广；1928年至1930年上海泰东图书局还出版了"马克斯研究丛书"，共计10本。其中包括《马克斯的经济概念》《马克斯的阶级斗争理论》《马克斯的唯物历史理论》等；1930年起，上海

[①] 中共中央编译局编：《马克思恩格斯著作在中国的传播》，人民出版社1983年版，第278页。

明日书店还出版发行了一套"科学的社会科学丛书",包括《唯物史观的基础》《唯物史观的认识论》《唯物史观的辩证法》等22种书籍。[①]

以上可见,这一时期,马克思主义经典著作的译介工作得以全面展开。诸多唯物史观重要原典中译本、马克思主义专题集和丛书的出版发行,大大拓展和丰富了知识分子研究唯物史观的思想资源。学者对于这些丰富的马克思主义经典文献的研读,提高了他们的理论水平,增进了他们对唯物史观原典的了解,使得他们有足够的文本资料全面系统地解读唯物史观,为知识界的深入阐释奠定了坚实基础。他们不再仅以《〈政治经济学批判〉序言》中那段"唯物史观公式"认识唯物史观,以为它是一种机械决定论。而是研读了《共产党宣言》《反杜林论》《路德维希·费尔巴哈和德国古典哲学的终结》《关于费尔巴哈的提纲》等那些蕴含着辩证法思想和阶级斗争理论的经典著作,进而对唯物史观有了更加全面的认识。

二 "以苏解马"与唯物辩证法的广泛传播

1927年以前,唯物史观经典著作主要从日本和欧洲渠道引进译介,日本和欧洲尤其是日本的学者对唯物史观的理解对中国学者产生了直接的影响。但"以日解马"却造成了唯物史观阐释的机械论弊端。大革命的失败引起了国人对革命理论的深刻反思,他们认识到必须重新审视以唯物史观为核心的马克思主义理论。在分析中国现实问题时,不能生搬硬套、机械运用唯物史观,需要一种新的科学方法来研究解读唯物史观,审视马克思主义的理论体系,以解决现实革命的问题。20世纪20年代中期以来,随着留苏知识分子的陆续回国,中国共产党人的推动以及苏联社会主义在中国影响的日益扩大,苏联渠道逐渐取代日本和欧洲渠道成为马克思主义在中国传播的主要渠道。

[①] 中国社会科学院哲学研究所编:《中国哲学年鉴(1983)》,中国大百科全书出版社1983年版,第484页。

第二章　唯物史观再阐释的社会历史背景（1927—1937）

当时苏联文本诸如列宁的经典著作，以及普列汉诺夫、布哈林、德波林、米丁等苏联哲学界马克思主义权威的"教科书"形态的著作被大量传入中国，在30年代成为国人解读马克思主义的主流思想资源。苏联文本的广泛传播为中国知识界解读唯物史观提供了全新的视角和方法论——唯物辩证法。这一时期马克思主义传播的着力点由唯物史观转向了唯物辩证法，使得当时唯物史观的理论阐释呈现出一种新的面貌。

1923年到1930年，苏联哲学界发生了一场关于辩证论和机械论的哲学论战。以德波林为代表的"辩证论"一派与以季米里亚捷夫为首的"机械论"派进行了激烈的论争。"机械论"派主张"辩证法就是经院哲学"，坚决反对"辩证论"派。"辩证论"派则批判指出，唯物辩证法是对自然界、历史和人类思维的一般普遍的认识方法。如果对唯物辩证法加以否定，就会使马克思主义解除武装，使无产阶级在理论领域向资产阶级哲学投降。[①] 他们强调要以辩证的观点来理解自然与社会历史现象。这一派观点在论战中取得了绝对的胜利。而论战的情况经苏联文本传入中国，对中国知识界产生了直接的影响。中国知识分子由此开始高度关注唯物辩证法，随即在国内掀起了唯物辩证法的传播热潮。艾思奇就曾描述过当时唯物辩证法的热潮。1927年以后，"唯物辩证法风靡了全国，其力量之大，为二十二年来的哲学思潮史中所未有。学者都公认这是一切任何学问的基础，不论研究社会学，经济学，考古学，或从事文艺理论者，都在这哲学基础中看见了新的曙光"[②]。

这一时期唯物辩证法热潮主要表现在：第一，蕴含着丰富唯物辩证法思想的马克思主义经典著作都得以完整翻译出版。如《路德维希·费尔巴哈和德国古典哲学的终结》《反杜林论》《哲学的贫困》《自然辩证法》《唯物主义和经验批判主义》等都有了质量较高的完

---

① 张念丰、张奎良：《苏联二十年代德波林派与机械论者的论战》，《求是学刊》1982年第1期。

② 《艾思奇文集》第1卷，人民出版社1981年版，第66页。

整中译本。第二，大批介绍与研究唯物辩证法的国内、国外论著得以出版。国外学者方面，如苏联学者布哈林的《辩证法的唯物论》，德波林的《唯物辩证法与自然科学》《辩证法唯物论入门》《伊里奇的辩证法》与《哲学与马克思主义》等 4 本中译本，米丁的《新哲学大纲》《辩证法唯物论》《辩证唯物论与历史唯物论》《辩证法唯物论辞典》等，西洛可夫的《辩证法唯物论教程》和普列汉诺夫的《战斗的唯物论》《马克思主义的哲学问题》，斯大林的《辩证唯物论与历史唯物论》，以及日本学者山川均的《辩证法与资本制度》和河上肇的《唯物论纲要》，等等。其中，西洛可夫撰写的《辩证法唯物论教程》、米丁主编的《新哲学大纲》和《辩证唯物论与历史唯物论》三部苏联译著最为著名，对中国思想界影响最大，被视为马克思主义哲学教科书在国内广为流传。受此影响，中国学者研究唯物辩证法的著作也层出不穷。如张如心的《辩证法学说概论》和《苏俄哲学潮流概论》，郭湛波的《辩证法研究》，卢舜昂的《马克思主义世界观——唯物辩证法》，陈唯实的《通俗辩证法讲话》《新哲学世界观》等。这些著作既介绍了苏联哲学论战的具体情况，又叙述了辩证法思想的发展史，阐述了唯物辩证法的基本内容、特点，以及与黑格尔、费尔巴哈哲学的关系等，为国人了解唯物辩证法提供了丰厚的思想资源。第三，1930—1936 年的唯物辩证法论战则进一步扩大了唯物辩证法在知识界的影响力。从此，唯物辩证法成为中国思想界运用的主导方法。

这种由苏联渠道引来的唯物辩证法热潮对知识界关于唯物史观阐释的影响主要表现在两方面。

一是从宏观角度看，唯物辩证法成为中国学者解读唯物史观的唯一科学方法。中国的革命实践提出了许多亟待解决的新问题，诸如怎样认识中国社会的性质和主要矛盾、中国革命的对象与道路问题等等，现实呼唤正确方法论指导。从 20 世纪 20 年代末至 30 年代中期发生的几次大的论战都涉及一个根本的方法论问题。在恩格斯看来，只有辩证的眼光，才是历史的眼光。"唯物主义历史观及其在现代的无产阶级和资产阶级之间的阶级斗争上的特别应用，只有借助于辩证法才有可能。"① 知识分子意识到必须克服机械运用唯物史观的弊端，辩证认识中国社会发展规律。就在这时，知识界将唯物辩证法作为一种科学的方法论引入社会历史分析领域中。这种做法主要是受到了苏联渠道的影响，尤其是列宁将辩证法当作一种认识论来看的观点影响。1927年大革命失败后，除了马克思、恩格斯著作的广泛传播外，列宁的著作也在这一时期的中国广为流行，影响深远。据统计，大革命失败后的几年时间里，仅上海一地就出版了列宁著作达30余种。②当时流行的列宁的译介书籍主要有《帝国主义是资本主义的最高阶段》《唯物主义和经验批判主义》《共产主义运动中的"左派"幼稚病》等等。其中《唯物主义和经验批判主义》一书对中国学者的唯物史观阐释有很重要的影响。这是一部列宁批判经验批判主义思潮，主张辩证唯物主义认识论的经典著作。李达在《社会学大纲》中多次引用该书观点，他评价列宁这部书是其有系统的展开唯物辩证法的大著作。这部书中，列宁阐明了认识论领域的辩证法。在李达等中国学者看来，列宁在哲学上的最大功绩，正是他所发挥的"当作认识论看的辩证法"。李达还指出，列宁在《哲学笔记》和其他著作中，也都阐明了认识的辩证法，揭示了对立统一的法则是辩证法的核心，并总结出了唯物辩证法的"十六个契机"，即唯物辩证法的主要原则。③列宁的辩证唯物主义认识论认为，辩证法、逻辑学和认识论是"三同一"的，强调辩证法就是认识论。用这种认识论观察人类社会，便形成了辩证唯物主义的历史观。正是受列宁的这一主张影响，中国学者在解读唯物史观时都把唯物辩证法作为唯一的科学方法。1928年，朱镜我在《理论与实践》一文中曾分析说，现代理论家的任务，就在于认识使这个社会变得如此矛盾的本质究竟潜在什么地方，认识了问

---

① 《马克思恩格斯选集》第3卷，人民出版社1995年版，第691—692页。
② 杨金海、高晓惠：《列宁著作在中国的百年传播》，《高校马克思主义理论研究》2016年第1期。
③ 《李达文集》第2卷，人民出版社1981年版，第66页。

题之后需要设法解决。这是理论的根本重心。而要想获取这种理论，"非依赖唯一真正的科学的方法——唯物辩证法，是断断不能的"①。另一学者也指出，研究社会科学首先须从其基础——方法论着手。要想了解社会现象的实质，就必须严格根据唯物辩证法的思维方法。他还具体阐述了这一科学方法的基本原则，即一切存在都处于相互联系相互作用之中，一切存在都是变更着发展着的，其发展采取对立互斗、矛盾成熟发生突变的形式。其主要法则有三，即质量互变、对立统一、否定之否定的规律。他强调要用这些原则和法则来研究社会发展。② 因而，唯物辩证法的方法论运用就成为这一时期唯物史观阐释领域的新特点。

当然，这种改变不仅是因实践需要和苏联渠道的影响，日本学界这时对唯物史观阐释的变化也对中国思想领域有一定影响。虽然此时苏联渠道成为马克思主义传播的主要渠道，但是日本学者的观点依然保持着其不小的影响力。自1905年河上肇将唯物史观理解成"经济史观"始，在日本国内就受到一些学者的质疑。1920年，栉田民藏批评说，河上肇对马克思主义哲学，尤其是对辩证法和唯物论缺乏关注和研究，是其马克思主义经济学里非常严重的问题。③ 1924年，福本和夫发表了一系列文章对河上肇的解读弊端进一步提出质疑。他主张要用新的科学方法——唯物辩证法来解读唯物史观。他认为河上肇的解读是抽掉了唯物辩证法的唯物史观。在福本和夫看来，唯物史观的根底是唯物论，但不应是自然科学意义上的或者直观的唯物论，而是基于辩证法的唯物论即"战斗的唯物论"。只有这样，唯物史观才不再是本体论意义上的，而是进入了认识论领域，能够为人在现实中运用。因此他给唯物史观下了定义，即"唯物史观——历史底所谓唯

---

① 王慕民编：《朱镜我文集》，海洋出版社2007年版，第46页。
② 徐素华编著：《中国社会科学家联盟史》，中国卓越出版公司1990年版，第85页。
③ ［日］栉田民藏：《河上肇著〈近世经济史论〉批评》，《著作评论》第1卷第4号，1920年7月。资料引自刘庆霖《"求道"与"传道"：民国时期国人对河上肇著述的讨论》，《河南大学学报》（社会科学版）2014年第5期。

物辩证法的把握，是构成科学的社会主义及其运动底核心的历史观"①。这也就是说，唯物史观是唯物辩证法在历史领域的应用。福本和夫具体指出了河上肇解读的两大不足：一是河上肇误把马克思的《〈政治经济学批判〉序言》中的唯物史观论述当作唯物史观的公式，有机械论倾向。其错误在于"把《经济学批判》里所表现的简单的记述，解释为预先被决定，被证明乃至被充实的东西……底简单公式——即'公式'，所以否认那隐现于马克思及昂格斯底各种著述中的唯物史观的思想是由马克思自己底方法组织起来的"②。这造成了学者在研究马克思主义的唯物史观思想时只依照所谓公式进行有选择研究，不重视除公式内容以外的其他唯物史观表述。二是以经济史观解读唯物史观，忽视了唯物史观的构成过程和生成部分，具有决定论色彩。这种观点在当时成为日本学界的主流观点。

河上肇对此也承认了错误，对自己的看法进行了修正。1927年，其发表的《与唯物史观相关的自我清算——对过往发表之见解的更正兼回应福本和夫氏的批评》一文中，他在引用了《〈政治经济学批判〉序言》中关于唯物史观的经典论述后表示，"这是经济学研究的结果所获得的普遍结论。而此结论又再一次——辩证法地——成为了新的条件。所以一旦获得了这一条件，在马克思主义研究中它便进一步成为了更加有用的线索"③。在当时的河上肇看来，唯物史观不只是经济学的范畴，更应将唯物史观置于哲学范畴下，唯物史观是在辩证唯物主义的哲学基础上树立起来的，故应"有意识地站在辩证唯物论的立场上"④来解读唯物史观。中国知识分子也认识到了日本学界的这一转向，对

---

① ［日］福本和夫：《社会进化论》，施存统译，大江书铺1930年版，第223页。
② ［日］福本和夫：《社会进化论》，施存统译，大江书铺1930年版，第235页。
③ ［日］河上肇：《与唯物史观相关的自我清算——对过往发表之见解的更正兼回应福本和夫氏的批评》，《社会问题研究》81册，1927年7月。资料引自刘庆霖《"求道"与"传道"：民国时期国人对河上肇著述的讨论》，《河南大学学报》（社会科学版）2014年第5期。
④ ［日］河上肇：《第二贫乏物语》，改造社1930年版，第8页。资料引自刘庆霖《"求道"与"传道"：民国时期国人对河上肇著述的讨论》，《河南大学学报》（社会科学版）2014年第5期。

河上肇原来的唯物史观认识进行了反思。这一时期，不少中国学者在翻译河上肇的论著时都指出要注意书中作者观点存在的问题，以及河上肇的自我反思，如巴克译的《唯物史观的基础》[①]、雷敢译《新社会科学讲话》[②]中都有论及。1930年，施存统在译介福本和夫著《社会进化论》的序言中强调："本书所批评的河上肇氏，近来思想已大有进步，他关于唯物史观的研究，已经实行'自己清算'了。这是我应当代著者声明的。"[③] 郭沫若在1938年出版的《创造十年续篇》中批评指出河上肇"只强调社会变革在经济一方面的物质条件"令他十分不能满意。[④] 正是在这样的思想背景下，中国学界在关注唯物辩证法的同时，开始尝试运用唯物辩证法来阐释唯物史观。由上述也可见，这种转变是国内外学界解读唯物史观的共同趋势。这也可以说是理论本身发展的必然要求。唯物史观和唯物辩证法是不可分割的有机整体，只有完整把握马克思主义哲学，才能满足革命斗争发展的需要。

二是从微观角度即对具体阐释内容与观点的影响看，唯物辩证法的广泛传播使学者重新审视了唯物史观在马克思主义学说体系中的理论地位，诸如普列汉诺夫、布哈林、德波林、西洛可夫、米丁等苏联学者的思维方式深刻影响着知识界对唯物史观的阐释。尤其是他们创作的苏联教科书形态的哲学著作在中国十分流行，为唯物史观阐释的系统化作出了开拓性贡献。

时人认为，普列汉诺夫在唯物史观理论方面"特别有贡献"[⑤]。他的《战斗的唯物论》（杜畏之译，上海神州国光社，1929年）、《马克思主义的哲学问题》（章子健译，上海乐群书店，1930年）、《从唯心论到唯物论》（王凡西译，上海沪滨书局，1930年）、《近代唯物论

---

① ［日］河上肇：《唯物史观的基础·译者序》，巴克译，明日书店1930年版。
② ［日］河上肇：《新社会科学讲话·译者序》，雷敢译，朴社1936年版。
③ ［日］福本和夫：《社会进化论》，施存统译，大江书社1930年版，第3页。
④ 郭沫若：《创造十年续篇》，《郭沫若全集·文学编》（第12卷），人民文学出版社1992年版，第206页。
⑤ ［苏］布哈林：《唯物史观》上册，陶伯译，上海泰东图书局1930年版，第3页。

史》（王若水译，上海泰东书局，1930年）在当时影响非常广泛。"很长的一段时间，他的思想成为中国史学理论界的马克思主义的代名词。中国人把他对马克思主义的理解和运用当作了自己对马克思主义的理解和运用。"① 在普列汉诺夫看来，第一，唯物辩证法较之唯物史观，具有逻辑在先性。马克思主义是一个完整的世界观——辩证唯物主义，包括自然界，也包括历史。无论是自然界还是历史方面，这个世界观在本质上都是辩证的。历史唯物主义只是辩证唯物主义在历史领域的运用。二者不是并列的关系，前者只是后者的一个组成部分，是辩证唯物主义解释的一个领域。进一步讲，历史唯物主义以唯物辩证法和唯物主义自然观为前提。第二，普列汉诺夫在强调唯物史观是辩证法在历史领域的应用这一观点的基础上，指出，虽然唯物史观在本质上是"经济决定论"，但不是"经济解剖学"。唯物史观并没有忽略人的精神因素在历史发展中的作用。只承认社会发展是经济发展的自然结果，而否认其他因素对社会历史的作用是违背马克思主义的。经济因素对社会历史起到最终的决定作用，但是社会发展的诸因素间也有相互的作用。这就是历史领域的辩证法。普列汉诺夫重点论述了生产力与生产关系、经济基础与上层建筑之间的相互关系，并揭示了上层建筑内部的复杂性以及各要素之间的辩证关系。同时，普列汉诺夫对马克思主义的"五种社会形态说"表示认可，并做了具体阐释，将其作为其社会结构学说的核心。第三，普列汉诺夫把唯物史观看作一种科学。认为唯物史观是研究社会发展的一般规律和动力的科学。正是因为唯物史观的应用，才使历史学研究发生革命性变革，成为科学。同时，唯物史观还是马克思主义的一般社会学原理，是科学的社会学的基础。

布哈林1921年出版的《历史唯物主义理论》则是苏联第一本系统阐述唯物史观的教科书形态的哲学著作，曾被誉为历史唯物主义的

---

① 于沛主编：《马克思主义史学思想史》第2卷，中国社会科学出版社2015年版，第210页。

权威论著。这部书在中国影响巨大，对瞿秋白《社会科学概论》《现代社会学》等唯物史观著作的撰写有直接的影响。其先后有4种中译本流传，包括许楚生（即许德珩）的《唯物史观与社会学》（上海社会问题研究社，1929年12月）、伊凡和梅根译的《唯物史观大纲》（上海社会经济学会，1930年）、陶伯（即彭述之）译《唯物史观》（上海泰东书局，1930年）、刘伯英译《历史的唯物论》（上海现代书局，1930年）。彭述之评价这部书"在建立历史唯物论的系统方面确有相当的贡献"，"确然在马克思派的哲学著作界中建立相当的权威，正因为如此，我们不能不提醒读者留意"。[①] 在这部书中，他把唯物辩证法从认识论引入历史领域。在论述了物质与意识的辩证关系后，他强调社会领域也适用这样的定律，是"社会学中唯物论的观点"[②]。该书正面阐释了唯物史观的地位、范畴及其现实意义。第一，肯定了唯物史观的重要地位，强调它是马克思主义理论"根本之根本"。第二，认为唯物史观是"研究社会及其发展定律之综合的学说"，即是关于整个社会发展规律的一般学说，是在社会学范畴之内，而不是经济学抑或历史领域。第三，强调唯物史观是"马克思主义的社会学"，是"无产阶级的社会学"，具有鲜明的阶级性。布哈林并不只把唯物史观视为学术研究，而是看作无产阶级改造中国的思想武器。认为唯物史观可以帮助无产阶级去理解社会生活和阶级斗争中最错杂的问题，帮助社会主义者去预言战争、革命、无产阶级专政，以及转移人类的伟大革命中之各政党各集团各阶级的行动。受此影响，中国学者也将唯物史观视为现代无产阶级的社会观，也就是考察历史的过程与社会现象的一种方法论，是与资产阶级斗争的武器。但因布哈林是苏联"机械论"代表，因而学者对他的著作虽然十分注意学习，但对其机械论观点也有不少批评。比如批判布哈林将必然与意志自由论、原因论与目的论绝对对立起来就犯了机械论的错误。中国学者强调应将

---

① ［苏］布哈林：《唯物史观》上册，陶伯译，上海泰东图书局1930年版，第7页。
② ［苏］布哈林：《唯物史观与社会学》，许楚生译，上海社会问题研究社1930年版，第87—88页。

唯物史观当作一种方法论，在实际问题上灵活而正确地运用，以当作斗争的武器。①

德波林的《唯物辩证法与自然科学》（林伯修译，上海光华书局，1929 年）、《辩证法的唯物论入门》（林伯修译，上海南强书局，1930 年）、《伊里奇的辩证法》（任白戈译，上海新垦书店，1930 年）、《哲学与马克思主义》（张斯伟译，上海乐群书店，1930 年）在当时的中国也广为传播。与布哈林侧重唯物史观不同的是，德波林主要侧重于论述唯物辩证法。在他看来，辩证唯物主义是一个完整的世界观，由唯物辩证法的方法论、自然辩证法和历史唯物主义组成。其中历史唯物主义是唯物辩证法在社会历史中的运用。其不足在于，德波林有时将唯物辩证法与黑格尔的唯心辩证法相混淆。他认为，唯物辩证法和黑格尔的辩证法采取的是同样的方法，辩证唯物主义是黑格尔的辩证法和唯物主义的自然观与历史观的综合。这就抹杀了马克思主义对黑格尔哲学的"扬弃"，否认了马克思主义的创造性。李达就曾指出这一问题。他说，德波林的著作有不少地方"无条件的容纳了黑格尔"，暴露了德波林的黑格尔倾向，这是不能不注意的。② 德波林的这种观点在中国也有影响，以至于不少中国学者认为唯物史观是对黑格尔哲学的倒置，从而造成许多误解。

从 30 年代开始特别是 30 年代后期，有三本苏联的哲学教科书在国人研究马克思主义方面一直占据主导地位。其一是西洛可夫、爱森堡等人著《辩证法唯物论教程》，该书由李达和雷仲坚合译，于 1935 年在上海笔耕堂书店出版。另两本是米丁主编，艾思奇、郑易里合译的《新哲学大纲》，和米丁主编、沈志远译的《辩证唯物论与历史唯物论》（上册），于 1936 年分别由北平国际文化社和商务印书馆出版。这三部著作代表了当时苏联哲学家大论战后的最新成果，实现了对德波林主义和之前机械论哲学的总清算。它们首次以教科书形式将马克

---

① ［苏］布哈林：《唯物史观》上册，陶伯译，上海泰东图书局 1930 年版，第 8 页。
② ［苏］西洛可夫、爱森堡等：《辩证法唯物论教程》，李达、雷仲坚译，笔耕堂书店 1935 年版，第 3 页。

思主义的内容进行体系化的表述，为国人宣传和学习马克思主义提供了极好的文本资源。其最重要的价值就是确立了苏联马克思主义的哲学模式，该模式对中国马克思主义哲学影响持久且深远。马克思主义哲学的理论框架由此在国内得以固定。

其中，《辩证法唯物论教程》一书初步体现了将马克思主义理论体系分为辩证唯物主义和历史唯物主义的"二分结构"，标志着苏联马克思主义哲学模式的初步形成。《辩证唯物论与历史唯物论》一书则标志着苏联马克思主义哲学模式的基本形成。它将马克思主义学说分为辩证法唯物论的哲学、剩余价值论的政治经济学、科学社会主义三个组成部分。进而，首次明确把马克思主义哲学分为辩证唯物论和历史唯物论两部分，认为历史唯物论是辩证唯物论在社会生活领域的运用。在《新哲学大纲》中米丁还进一步说，唯物辩证法和唯物史观存在直接和不可分裂的关系。"（当作史的唯物论看的）唯物辩证法把对于意识和存在的关系问题的这种一般的解决推及到社会意识和社会存在的关系上去。"[①] 即唯物辩证法是以存在决定意识，而历史唯物论是以社会存在决定社会意识。除此之外，还认为，马克思主义学说不是经院主义式的教条，而是实践的。其不但是实践的指针，并且本身就是实践的产物。只有被无产阶级当作斗争武器和社会主义建设的工具，马克思主义才能真正成为彻底的唯物论哲学。这些著作的思想都可以在中国学者的相关论述中找到烙印。例如，《辩证唯物论与历史唯物论》译者沈志远就赞同苏联学者将马克思主义哲学分为辩证唯物主义和历史唯物主义，并表示"唯物史观，是辩证法唯物论之应用于社会历史之解释者"[②]。但他也强调，二者并非独立，而是一个学说的两面。从这一点看，中国学者并非单纯移植苏联学界的观点，也有自己的创新。

从以上分析我们看到，苏联马克思主义哲学模式的特点在于，第

---

① ［苏］米丁：《新哲学大纲》，艾思奇、郑易里译，北平国际文化社1936年版，第184页。
② ［苏］米汀：《辩证唯物论与历史唯物论》（上册），沈志远译，商务印书馆1936年版，第2页。

一，确立了马克思主义哲学的"二分结构"，即马克思主义哲学包括辩证唯物主义和历史唯物主义两个部分，而不仅仅是历史唯物主义。第二，以"推广论"作为唯物史观阐释的基本模式。即认为马克思是基于自然领域而创立了辩证唯物主义的世界观。它是马克思主义哲学的出发点，将辩证唯物主义推广应用到社会历史领域后即形成了历史唯物主义或唯物史观，实现了马克思在历史观上的革命。也就是说，辩证唯物主义与历史唯物主义具有逻辑先后关系。第三，唯物史观是研究社会发展的一般规律的科学，是马克思主义的社会学。进而认为，唯物史观是与实践紧密相连的，不是教条，是无产阶级的斗争武器。除此之外，苏联学者在唯物辩证法的指导下还具体强调了唯物史观内各要素间的辩证关系等。这些思维特点在 1927 年到 1937 年中国学者的唯物史观阐释内容中均可找到印记。但需要指出的是，苏联马克思主义哲学模式对中国知识界虽然有很大的影响，但是中国马克思主义者没有教条主义式地照抄照搬，对苏联学者的看法也不是完全认同。而是基于中国自身实践，在阐释唯物史观时依然保有其独立性和创造性，努力探索马克思主义中国化。例如李达的《社会学大纲》就是这方面的范例。

综上所述，1927 年大革命失败以后，一方面，马克思主义经典著作的大量翻译出版为知识分子的唯物史观阐释提供了丰厚的文本资源；另一方面，因马克思主义传播渠道由日本、欧洲转向苏联，唯物辩证法热潮在中国得以兴起。这给当时中国知识分子的唯物史观阐释带来的影响主要体现在方法论和内容阐释两点。一是为唯物史观阐释提供了科学的方法论——唯物辩证法。二是苏联的马克思主义哲学模式在国人的唯物史观阐释内容方面有着直接、具体的影响，使得阐释呈现出新的特点。唯物辩证法这一"动的逻辑"使得唯物史观不再是直观探讨社会历史本质的历史观，而是基于辩证法的历史观，是从人的主体性出发运用辩证法认识社会历史的历史观。这种历史观克服了以往对社会历史的机械决定论认识，看到了人的主观能动性，从而赋予唯物史观以实践性和战斗性，使其成为无产阶级的意识形态，满足了现实社会实践的需要。

第三节　阐释主力的成长与壮大

早期传播与解读唯物史观的主体构成非常多元，既有马克思主义者和中国共产党人，如李大钊、陈独秀、蔡和森、瞿秋白、李达、李汉俊、施存统、杨匏安等人；也有国民党理论家，如胡汉民、戴季陶等等；同时也包括一些民主党派和自由派知识分子等。虽然他们的政治立场各不相同，但是在当时的唯物史观阐释方面并没有表现出明显的学术分野，没有形成明确对立的学术阵营。到了1927年国共关系破裂后，以国民党御用文人与部分自由主义学者为主要代表的知识分子意识到了唯物史观在中国革命中的巨大力量，遂从阐释群体中分化出来转而极力批判唯物史观，理论阐释的主要工作就由马克思主义者承担了。阐释主体的这一变化给唯物史观阐释新面貌的形成提供了可能性。

一　唯物史观阐释力量的分化与对立

1927年大革命失败以前，国民党人与自由主义学者并没有表现出对唯物史观的强烈排斥，反而利用唯物史观建构自己的意识形态，他们与马克思主义者一起成为唯物史观阐释的主力。一个明显的例子就是，当时的国民党人对唯物史观也持欢迎和赞同的态度，在积极传播唯物史观方面扮演着重要角色。瞿秋白曾说，"戴季陶先生，胡汉民先生及朱执信先生，都是中国第一批的马克思主义者"[①]。他们曾在《民国日报》及其副刊《觉悟》《建设》《星期评论》等报刊上发表大量文章介绍、宣传唯物史观学说。如戴季陶在《马克思资本论解说》、胡汉民在其长文《唯物史观批评之批评》中都曾摘译马克思和恩格斯关于唯物史观的经典论述，介绍唯物史观的基本观点，并主动

[①]《瞿秋白选集》，人民出版社1985年版，第310页。

运用唯物史观分析中国历史与现实。他们都肯定了唯物史观的学术价值和现实意义。戴季陶曾表示唯物史观是一种"精确的学理"①，他是"赞同唯物史观的"，认为唯物史观具有丰富的革命性。② 胡汉民则认为，在人类的思想史上，只有到马克思才找到了人类历史进步的原因。唯物史观学说一出，给经济学、历史学和社会主义都带来了巨大的改革，差不多划了一个新纪元。因而，胡汉民称其与当时盛行的达尔文的进化论有同等的价值。他还积极反驳他人对唯物史观的质疑，澄清相关误解。③ 不仅如此，唯物史观还曾受到孙中山的高度重视。孙中山认为马克思的历史研究"全凭事实，不尚理想"，唯物史观将人类社会历史发展归于物质原因，是一种"科学方法"。④ 可见，当时的国民党人非常重视唯物史观，希望藉此来解决现实社会问题。

但需要指出，他们研究唯物史观的目的与马克思主义者根本不同。他们只是把唯物史观作为一种帮助国民党分析社会历史的工具，只是接受了唯物史观中的纯粹经济的理论，对其中的阶级斗争和无产阶级专政等社会政治内容没有加以宣传。他们仅是用唯物史观辅助三民主义的意识形态，而不是将其作为革命的指导思想，在现实加以运用以实现共产主义的理想。戴季陶就曾评价过李汉俊、胡汉民和他自己在传播马克思主义中所扮演的角色。他说，李汉俊是"马克斯主义者"，胡汉民是"马克斯研究者"，而他自己仅仅是"马克斯主义的介绍者"罢了。他认为中国当时需要的仅仅是马克思的政治理论，而经济政策和政治纲领则应按孙中山先生的主张来。⑤ 这种描述非常明确地表现了国民党人阐释唯物史观的出发点，只是将其作为一种新鲜的学理加以解读和介绍，并不以此为信仰和治国方略。从这一时期阐释群体复杂的构成可以看出，当时的知识界对唯物史观的性质还处在

---

① 戴传贤：《从经济上观察中国的乱源》，《建设》第1卷第2号，1919年9月1日。
② 戴季陶：《致陈竞存论革命的信》，《建设（上海1919）》，1920年第2卷第1期。
③ 钟离蒙、杨凤麟编：《中国现代哲学史资料汇编》第1集第8册，辽宁大学哲学系，1981年，第169页。
④ 《孙中山选集》，人民出版社1956年版，第772—774页。
⑤ ［苏］考茨基：《资本论解说》，戴季陶译，上海民智书局1927年版，第1页。

初步认知阶段，国民党人对唯物史观理论的选择性阐释为之后与马克思主义学者的分化和对立埋下了伏笔。

1927年以后，随着国共两党在政治上的关系破裂，以及知识界对唯物史观认识的逐渐深化，尤其是经过30年代关于中国社会性质和中国社会史等几场大的论战的洗礼后，唯物史观阐释主体产生了巨大的分化，形成了截然对立的学术阵营。当时有人说："在现代，再没有一个理论比唯物史观这一理论，更受一部份人热烈的欢迎，和另一部份人热烈的排斥的了。唯物史观的拥护者及其排斥者的斗争，在文字上和口头上随时随地都在猛烈的进行着。对于唯物史观的价值的估评，已成了智识界的重要课题。"① 这种学术领域的激烈分歧是与政治性一直深刻交织着的。虽然很难将这一时期理论界的学术分歧全部归于政治原因，或将所有学者全部按照政治派别简单划分，但依政治立场而对唯物史观作出不同的认知与评判是当时学界的鲜明特点和主要趋向。故笔者从学术与政治的互动关系视角，主要选取了马克思主义者、国民党派御用文人和自由主义者这三派政治立场分明的学者为典型，考察他们对唯物史观的态度分歧及其背后的实践动因。

国共分裂后，国共两党在意识形态领域展开了激烈的斗争。随着唯物史观政治价值的日渐凸显，国民党派御用文人对唯物史观的态度由原本的维护和欢迎，转向因反对共产主义而对唯物史观进行强烈批判。这一派学者以顾孟余、梅思平、童行白、罗敦伟、瞿辉伯等为代表。虽然他们在国民党内部观点不尽相同，但在对待唯物史观的态度上基本一致，故笔者将其作为一体来考察。他们对中国共产党的意识形态——马克思主义，及其基础——唯物史观的广泛影响感到忧虑，对三民主义的影响力渐趋弱化感到失落，因而加紧建构起民生史观与唯物史观相抗衡。故时人说，"直至最近的最近，尤其是国共分家以

---

① 胡霖森：《从唯物史观到唯仁史观（续）——唯仁论历史哲学之建立》，《尚志周刊》1932年第1卷第23期。

后，共产党徒固以马克思之经济史观——通称唯物史观——为法宝，而中国国民党党员，也拿出孙先生的民生史观为武器了"①。他们出版诸多著作，并发表一批文章，通过重新评价唯物史观，以论证民生史观相较唯物史观的超越性与科学性。他们意识到，只有解构唯物史观，才能真正消除马克思主义意识形态的影响力，巩固三民主义的统治。罗敦伟指出，马克思主义完全是站在唯物史观上面的，如果打倒了唯物史观，马克思主义也就"寿终正寝"了。② 国民党中央大学教授梅思平进而强调，共产党的中心理论都是建筑在唯物史观上面，其无产阶级专政、共产主义等结论全由唯物史观演绎而来。三民主义者最重要的工作即是完善民生史观与唯物史观相对抗，将共产党的理论从根本上撵除出去。③

这一时期，国民党派知识分子同早期一样也非常注重研究唯物史观，但其出发点是为批判唯物史观，建构民生史观。童行白说，马克思主义在实践方面的结果已有苏俄的事实证明。在理论方面，唯物史观"究竟与本党的民生史观有何出入、有何同异，是值得我们研究的"④。但实际上，想真正认识唯物史观，进而对其进行批判，并不是一件容易的事。不少人无奈感慨道，"马克斯所主张的学说，都是很难懂的，唯物史观又是他的学说中最难懂的一种"⑤。因理论准备不足，很多国民党派的知识分子对唯物史观的批判流于形式，歪曲偏激者为多，这反而扩大了唯物史观在知识界的影响力。"直到现在，攻击唯物史观的汗牛充栋的著述中，公正的无偏私的批判，确可以说是绝无仅有。这些批评中，有许多是无的放矢，有许多是无内容的嘲讽，更有许多是错误的批评。""因为批评的不完善及不正确的结果，助长了被批评的东西——唯物史观的发展。"唯物史观"不但没有灭杀去丝

---

① 赵剑华：《反唯心论的民生史观：从唯心史观唯物史观社会史观到民生史观》，《新中国》1933年第1卷第1期。
② 罗敦伟：《马克思主义评论之评论》，上海大东书局1930年版。
③ 梅思平：《民生史观概论》，《新生命》1928年第1卷第5号。
④ 童行白：《唯物史观与民生史观析论》，南华图书局1929年版，第8页。
⑤ 方修第：《马克斯的唯物史观论研究》，《同光》1933年第5—6期。

毫的势力与地位，而且地位更形坚固起来，更把握了人众的意识"①。

而自由主义学者则以张东荪、张君劢、丁文江等为代表，他们也强烈批判唯物史观。例如，张东荪1934年主编的《唯物辩证法论战》收录了牟宗三、施友忠、魏时珍等多篇批评唯物史观的文章。另有其1930年所著《道德哲学》，在阐明其伦理观的同时，也主要批判了唯物史观。自由主义者还以《独立评论》为阵地，发表多篇批判唯物史观的文章。总之，国民党御用文人与自由主义者，由于政治现实，以及对唯物史观的进一步了解，都从唯物史观的阐释主体中分化出来，走入了与马克思主义者明显对立的学术阵营。

二 马克思主义学者成为理论阐释的主导力量

面对国民党派知识分子对唯物史观的攻击与批判，马克思主义学者进行了有力的斗争，力图维护唯物史观的理论价值与现实意义。这一派代表人物包括李达、艾思奇、张如心、吴亮平、翦伯赞、沈志远、朱镜我、王学文、彭康、林基路、雷仲坚等人，他们发表一系列反批评论著，澄清了他人对唯物史观的诸多误解，进一步深入系统地阐述了唯物史观的理论内容，成为宣传与阐释唯物史观的主力军。

以马克思主义学者为主体的唯物史观阐释力量是在20年代末到30年代中期的新兴社会科学运动中成长起来的。其特点在于，一是他们几乎都有留学背景，并广泛涉猎马克思主义经典著作，具有极高的理论造诣。其中，留学日本的有李达、艾思奇、彭康等，留苏的有张如心、吴亮平、沈志远，翦伯赞则有留美背景。他们都在1927年大革命失败前后相继回国，将日本和苏联学界的阐释观点以及理论分歧带到国内，影响着国内思想界。同时，他们承担了马克思主义经典著作的主要译介工作。在中国共产党领导下，还创立马克思主义研究团体，积极研究与宣传马克思主义。二是这些学者掌握了重新阐释唯

---

① 胡霖森：《从唯物史观到唯仁史观（续）——唯仁论历史哲学之建立》，《尚志周刊》1932年第1卷第23期。

物史观的理论工具——唯物辩证法。20世纪30年代，由于马克思主义传播渠道由日本转向苏俄，以及理论自身发展的需要，唯物辩证法得以广泛传播。李达、沈志远、吴亮平、张如心等学者不仅积极译介唯物辩证法经典著作，还撰写了相关研究论著。他们对唯物辩证法有深入系统的研究，这为改变唯物史观的机械面貌提供了可能。三是这些成员以中国共产党为领导，以解决中国现实问题为导向。他们不仅将唯物史观作为学术研究方法，也视为一种改造社会的世界观，认同唯物史观所指向的革命手段和未来道路，积极配合中国共产党的斗争实践。翦伯赞强调决不能使理论发展落于实践后面，要使主观的斗争配合着客观的形势，使正确的活的历史原理成为这一现实的民族解放斗争的指导。他强调，进行历史研究决不是经院式的历史理论之玩弄，而是配合着伟大的现实斗争。[①] 可以说，注重理论运用于社会实践是20年代以来马克思主义者研究唯物史观的主要诉求。

李达的《社会学大纲》是这一时期马克思主义学者关于唯物史观阐释的主要代表作。该书是李达1935年在北平大学法商学院的授课讲义，1937年由上海笔耕堂书店出版发行。这本书的贡献在于，它首次以教科书形式系统论述了辩证唯物主义和历史唯物主义，将马克思主义哲学作为一个整体，而不是像苏联学者那样将马克思主义哲学内容分为几大块。在李达看来，辩证唯物主义和历史唯物主义是同时产生且不可分割的整体。李达以唯物辩证法解读唯物史观的基本原理，指出唯物史观所有内容都是围绕"社会存在决定社会意识"这一唯物史观的根本论纲而展开。书中李达详细论述了社会存在与社会意识、生产力与生产关系、经济基础与上层建筑的辩证关系，并深入阐释了各个要素的概念，回应学界质疑。该书出版后影响很大，在很短的时期内先后再版四次之多。这本书可以说代表了当时知识界对唯物史观认识的最高水平。毛泽东十分重视此书，称赞其为"中国人自己写的

---

① 翦伯赞：《历史哲学教程》，生活书店1938年版，第1—2页。

第一本马克思主义的哲学教科书"①。由吴亮平主编的《辩证法唯物论与唯物史观》在1930年由上海心弦书社出版,被称作"最好的唯物史观教本"。这本书原本由芬格尔特和薛尔文特合著于1929年冬天在苏联出版。中文本由吴亮平编译而成。这本书虽不能算作吴亮平的原作,但其在前言中说明,"编者对于原书增删修改之处颇多","不拘原文字句",所以他谓"不敢言译,只能说'编'"。②从后来吴亮平的学术实践看,他对这本书的观点是颇为认可的。1938年吴亮平与艾思奇在延安合写的《唯物史观》一书正是根据1930年编写的《辩证法唯物论与唯物史观》一书改写、补写而成。可以说,《辩证法唯物论与唯物史观》这本书间接反映了吴亮平关于唯物史观的主要观点。他坚信唯物史观是近代科学发展证实的"唯一正确的宇宙观",强调对其的研究已成为"普遍全世界的一种热烈的要求"。这本书较早将辩证法唯物论和唯物史观结合起来论述。其内容分为辩证法唯物论与唯物史观两部分,大部分内容主要阐明了唯物史观的社会历史发展规律、生产力与生产关系、阶级与阶级斗争、国家及政权意识形态等基本原理,并强调了唯物史观的意义。张如心在1930年由上海光华书局出版的《无产阶级底哲学》,虽是一本主要阐释唯物辩证法的书籍,但是其中涉及了不少关于唯物史观的基本内容。另有他于1930年发表的《评布哈林的唯物史观》等文反映了其对唯物史观的阐释取向。

随着新兴社会科学运动的发展,不少社会科学书籍也广泛地传播着唯物史观的基本主张。例如,杨剑秀《社会科学概论》(现代书局,1929年),高希圣、郭真《社会科学大纲》(上海平凡书局,1929年),赵一萍《社会哲学概论》(上海生活书店,1933年),陈端志《现代社会科学讲话》(上海生活书店,1934年),等等。除了上述唯物史观阐释的主要代表性著作外,艾思奇、沈志远、翦伯赞、朱镜我、王学文、彭康、林基路等左翼学者还以《新思潮》《社会科

---

① 李达:《社会学大纲》,武汉大学出版社2007年版,第2页。
② 吴理屏编译:《辩证法唯物论与唯物史观》,上海心弦书社1930年版,第2页。

学战线》《读书生活》《文化批判》《学术界》《生活周刊》等左翼期刊为阵地发表文章,与非马克思主义者进行论战,阐明他们的唯物史观主张。例如艾思奇在30年代其负责编辑的《读书生活》上就撰写多篇文章,诸如《生产力是什么》《生产力和生产关系的交互作用》等,运用唯物辩证法阐释了生产力与生产关系的辩证关系,批判了当时流行的胡适、张君劢等学者的观点,澄清了对唯物史观的误解。

应该说,这一时期关于唯物史观的学术研究和论争很难摆脱政治的影响,各派学术观点与政治立场相交织,很难定义为纯粹的学理之争,这是当时论争的主流。但也必须指出,知识界也存在学院派知识分子。他们只是将唯物史观作为科学的学理,不认同其在政治上的观点,例如吴恩裕、冯友兰、吕思勉等人。20年代末到30年代初,吴恩裕曾撰写《历史与历史哲学》《为研究哲学者进一言》《辩证唯物论的哲学》等文,对唯物史观的性质、唯物史观与唯物辩证法的关系,以及唯物史观中"物"的概念做了深刻的学理探讨,但他并不是马克思主义者。吴恩裕表示,他研究唯物史观"既不取感情上的赞成态度,也不取感情上的反对态度。我只是对马克思的学说,做纯粹的学术的研究"[①]。冯友兰也有许多关于唯物史观的论述,他在题为《秦汉历史哲学》的演讲中运用辩证法集中阐述了唯物史观的观点。他认为,唯物史观以为社会政治等制度是建筑在经济制度上,"实在是一点不错"。他还特地遵照唯物史观原理论述了人力的作用。[②] 他的著作《中国哲学史》曾被张岱年评价"很能应用唯物史观"[③]。史学家吕思勉在《史学四种》中也曾表示,唯物史观"对于史事的了解,实在是有很大的帮助的"[④]。学院派知识分子都接受了唯物史观的学理价值,但不像前述各派,这派知识分子对待唯物史观采取的是中立的

[①] 吴恩裕:《马克思的政治思想》,商务印书馆2008年版,第1页。
[②] 冯友兰:《三松堂学术文集》,北京大学出版社1984年版,第346—347页。
[③] 张季同:《冯著〈中国哲学史〉的内容和读法》,《出版周刊》新第126期,1935年4月27日。
[④] 吕思勉:《史学四种》,上海人民出版社1981年版,第40页。

态度，不参以任何的政治立场。

从总体看，这一时期的阐释主体发生了分化。由于国共关系的破裂，国民党派御用文人和自由主义知识分子不再认同唯物史观，而是以批判的态度对唯物史观重新加以阐释，以与共产党在思想上划清界限。马克思主义学者为此继续高举马克思主义旗帜，深入研究唯物史观，与前者做了坚决的斗争。这种分化与对立并非坏事。批评者对唯物史观的诘难引起了马克思主义者对其理论的进一步反思，使得以往的模糊认识在斗争中有了更清晰的界定，对其基本内容也有了新的思考。正是在激烈的反对声中，唯物史观的理论内容得以经过检验而日臻成熟和完善，为更多人所信服。还有一点与前一时期不同的是，该时期阐释主体的职能也有分化。前一时期的阐释学者基本是兼具革命家与学者的双重身份，但是这一时期，革命家从主体中抽离，专心于将唯物史观付诸革命实践，阐释重任主要由职业学者承担。这也使得该时期唯物史观理论探讨更具深度和学术性。

总之，1927年大革命失败后，因对"中国向何处去"的高度关注和解决中国革命实践问题的迫切要求，迫使知识界对唯物史观展开进一步的研究与思考。当时马克思主义文本资源的丰富与传播渠道的转变为学者深入系统研究唯物史观奠定了思想前提，他们因此找到了唯物辩证法的方法论以重新审视唯物史观，从而使唯物史观得以呈现新的理论面貌，焕发出新的活力。同时，以"中国向何处去"为主线的学术论争因学者政治立场不同必然导致阐释主体的分化与对立。国民党御用文人、自由主义者与马克思主义学者因各派在现实政治和意识形态领域的激烈斗争就唯物史观展开了思想交锋，论争各派都借唯物史观阐释表达其背后的政治诉求。1927年到1937年的中国知识界对唯物史观的阐释正是基于这样的社会历史背景、思想前提和主体条件而展开的。

第三章
关于唯物史观性质的探讨与交锋

恩格斯指出:"唯物主义历史观及其在现代的无产阶级和资产阶级之间的阶级斗争上的特别应用,只有借助于辩证法才有可能。"① 五四时期,由于马克思主义的传播局限,唯物辩证法并未在国内引起广泛关注。早期学者,无论是马克思主义者,抑或国民党背景的知识分子或自由主义知识分子,都将唯物史观视为马克思主义的基础与核心,而对唯物辩证法有所忽视。这导致了对于唯物史观以"经济决定论"为面貌的机械解读。但随着20世纪20年代末到30年代中期,苏联传播渠道逐渐占据马克思主义传播的主导地位,以及社会实践新问题的不断涌现,唯物辩证法作为一种科学方法论被广泛运用于社会科学的研究中,这促使时人对以往的唯物史观解读进行了反思。这种背景下,中国知识界重新审视了唯物史观在马克思主义学说中的理论地位。在马克思主义者看来,唯物辩证法,从发展的角度看,是"马克思主义的出发点"。而从理论上的意义来说,"简直是整个马克思主义学说的基础"。② 可以看出,这一时期随着唯物辩证法的广泛传播,时人对马克思主义的研究重心由唯物史观转向了唯物辩证法。原本被看作马克思主义理论基础的唯物史观,也由唯物辩证法取而代之。唯

---

① 《马克思恩格斯选集》第3卷,人民出版社1995年版,第691—692页。
② 张如心:《无产阶级底哲学》,上海光华书局1930年版,第103页。

物辩证法与唯物史观被时人并称为马克思主义哲学系统的两大支柱，前者由此开始作为一种科学方法论被广泛应用于唯物史观的研究中。然而，对于这一结合，不同立场的知识分子形成了截然对立的两种意见。由这两种意见出发，又使得对唯物史观的定性呈现出截然不同的面貌，表现出了中国知识界对于唯物史观的复杂态度。

第一节 唯物史观与唯物辩证法的关系之辩

一 "矛盾说"

许多知识分子都将唯物辩证法和唯物史观看作马克思主义哲学的两个重要组成部分。例如，国民党派知识分子顾孟余曾称唯物辩证法与"经济的唯物主义（笔者注：即唯物史观）"是马克思哲学系统的"中坚的支柱"。[①] 但对于二者的关系，他们与马克思主义者的看法却不尽相同，甚至可以说是对立。以国民党派御用文人和部分自由主义者为代表的学者主要通过三种路径论证马克思主义哲学系统存在内在矛盾。

第一，直接质疑唯物辩证法本身的科学性和合法性，坚称其无法作为一种科学方法解释社会历史。在这些学者看来，马克思主义的唯物辩证法来源于黑格尔哲学的辩证法，是对黑格尔辩证法的颠倒。但是黑格尔的唯心主义辩证法倒置成为唯物辩证法完全没有科学性。原因在于，其一，从黑格尔辩证法的性质来看，黑格尔辩证法没有倒置的必要。黑格尔的"哲学"高于唯物主义的"科学"。前者比后者更胜一筹。凡是哲学都是对科学有态度的，故哲学可以解释科学。学者进而认为，只有当一种学说无法解释经验或理论无法自圆其说时，才需要倒置。但是黑格尔哲学重视经验现象，并完全可以解释经验，无需再将哲学倒置去解释科学。将黑格尔哲学倒置为唯物辩证法，不过是社会改造者以哲学之名炫人之野心。其二，从黑格尔的辩证法具体

---

① 顾孟余：《论唯物史观》，《革命战线》1930 年第 8 期。

内容来看，黑格尔哲学不能倒置。黑格尔哲学要点在于整个自然、社会历史、思维发展的过程都是理性主义辩证发展的产物，即理性超越一切。故哲学之题材乃是理性，是通过有限的思想了解无限的理性。这完全是观念界，而不是现象界的事情。故而不能直接拿现象界的唯物主义来倒置观念界的辩证法。科学以现象为题材，而哲学以思想为题材，只有当现象为思想所认识，即科学成为一种理论，成为哲学的题材时，才能包括在黑格尔哲学体系中，进而将其倒置。因此，作者提醒马克思主义者，黑格尔哲学从方法上完全无法倒置。故而从唯物主义的"科学"出发完全无法认识黑格尔的"哲学"，试图对黑格尔辩证法进行倒置的努力是徒劳的。

同时，学者们还认为，黑格尔的辩证法乃是一种辩证历程，而非一种方法。"这是理性发展上的，而非吾人个别思想上的。更不是吾人用以测量考究事物的。"① 辩证法是黑格尔哲学的结论，其方法是形而上的思辨方法。有了这个形上的思辨方法才产生了辩证法的结论。同理，"唯物辩证法，在社会科学上，即退一步认为有道理，至多，亦仅可说是结论，决非是方法"②。张东荪也认为，唯物辩证法的困难实在太多。其一，唯物辩证法不可能既是方法，又是原则，因为对象和方法只能是两个东西，不可以合一。其二，也不能只是原则而不是方法。这样只能表明唯物辩证法是经验得来，没有必然性。其三，也不能只是方法而不是原则，这样也会回到经验论的路子上，唯物辩证法就只是对于过去经验的总结，而不适用于预测未来。总之，这些学者完全否认了唯物辩证法作为一种科学方法论的合理性与正当性。

张君劢在给张东荪的《唯物辩证法论战》所写的序中更是从唯物辩证法的核心法则角度直言，唯物辩证法根本无法运用于历史研究中。他先是指出，在马克思主义看来，辩证法是思想界、自然界与人类社会运动与发展的一般公律之科学。即在三界中有一贯之公式——

---

① 周志慰:《唯物史观的批评》，《国论》1935 年第 1 卷第 6 期。
② 周志慰:《唯物史观的批评》，《国论》1935 年第 1 卷第 6 期。

"正反合法"。他将"正反合法"也称作是用"三位一组"的方法来解释思想界、自然界和人类社会历史的发展演变。例如，在人类社会的历史中，马氏认为，"原始共产，'正'也，封建制度与资本主义之私产，'反'也，他日者取今日之私产而否定之，是为共产主义，是之谓'合'"。但是，张君劢认为，这种三位一组法在这三界中均无法运用。尤其是人类社会的历史，无法用"正反合"来解释。因为唯物史观认为，人类社会历史发展的最终动因在生产条件。因生产条件而发现三位一组的现象，依次形成原始共产、私产、共产的经济制度。而其他如法律、政治、学术等现象皆因生产现象的变化而变化，故其也应有"三位一组"的演变。但在这一问题上，马克思并没有明确阐释。他举例并质疑，罗马之法典的编成、世界宪政以英为独早、科学之发明起于欧洲，以及东方文化的落后和西方文化的先进这些现象，马克思都没有说明"前乎此者与后乎此者之三位一组为何"。故而不能像经济制度的三位一组那样"整齐而排列之"。因此，张君劢谓，"历史中之'达兰克铁克'，乃马氏对于社会革命之主观愿望，既非事实，更不足以语夫真理"。他还进一步从事实上说，按照唯物辩证法的推演，在欧洲国家中最早实行社会主义的国家，应为马克思所说的英法，抑或恩格斯所说的德国。但是历史已经验证，是俄国最早实行了社会革命。这与马克思主义的理论不相符合。故"其自身立言之无把握，即其历史中，'达兰克铁克'行列之不足恃，明矣"①。

顾孟余也认为，以唯物辩证法解释历史，与事实不相符。在他看来，马克思是通过唯物辩证法批判资本主义社会的矛盾。指出未来共产主义社会是取消了资本主义社会的矛盾而实现的进化，即"取消了矛盾，便是进化"。但问题在于，"否定"不一定就是进化之路。从历史的前例看，"有时破坏旧的可以产生新的有时破坏旧的不能产生新的。那些历史无数灭亡的国家，无数沉沦的民族，都是明显之例，破坏（否定）有时是进化之一条件，但破坏并不是进化之原因，我们

---

① 张君劢：《〈唯物辩证法论战〉序》，《再生》1934年第2卷第10期。

不能迷信'进化',进化并不是必然的"①。所以用唯物辩证法解释社会历史实不能自圆其说。总之,这方学者通过对"唯物史观之哲学基础"②——唯物辩证法加以否定,进而否定唯物史观。在反对唯物史观者看来,唯物辩证法不是科学,根本无法运用于人类社会历史发展的解释中。将唯物史观与唯物辩证法相结合完全是马克思主义者的主观臆想。

第二,唯物辩证法与唯物史观的内在矛盾说。张东荪在《辩证法的各种问题》一文中指出,辩证法与唯物史观是相矛盾的。这里他混淆了马克思的唯物辩证法和黑格尔的辩证法,混淆了唯物史观与达尔文的社会进化论。他以为,"马克思派一手拉着黑格尔,一手拉着达尔文"③。马克思是想用黑格尔的辩证法发现一个决定论的公式以说明一切历史。然而,在张东荪看来,这种统一不可能实现。因为"有辩证法即无进化,有化(笔者注:进化)即无辩证",二者相矛盾,不可以统一于一个哲学体系中。具体来说,辩证法的历程根本上没有丝毫进化的意思在内。因为"黑格尔的正反合只是一个。并不是一个正反合以后又接着来另一个正反合以继其后。所以黑格尔的正反合是空前与绝后的"④。亦即,经过正反合的演变,将来的社会变成共产主义社会以后,便不会有新的正反合的进化历程。只有这样才合于辩证法。但因唯物史观是一种社会进化论,到了共产主义社会依然是有进化的。这就与辩证法相矛盾了。所以,张东荪以为"要达尔文,便不能同时要黑格尔"⑤。其他学者也有类似观点。他们认为,辩证法到了共产主义社会就失效了。"社会主义实现之后,历史的辩证法的进化也终止了"⑥。辩证法的历史进化的结果就是止于一个"和谐"的境地,在其后便无进化可言,而进入一个新的自然秩序。"由此可见得,

---

① 顾孟余:《论唯物史观》,《革命战线》1930 年第 8 期。
② 周志懋:《唯物史观的批评》,《国论》1935 年第 1 卷第 6 期。
③ 张东荪:《辩证法的各种问题》,《再生》1932 年第 1 卷第 5 期。
④ 张东荪:《辩证法的各种问题》,《再生》1932 年第 1 卷第 5 期。
⑤ 张东荪:《辩证法的各种问题》,《再生》1932 年第 1 卷第 5 期。
⑥ 董人骥:《唯物史观与黑格尔辩证法》,《鞭策周刊》1932 年第 1 卷第 10 期。

在马克思思想里，辩证法绝非就是推进历史的力量，易言之生命不是由辩证法本身产生出来的，而辩证法仅仅是推进的方式，至于历史进化的力量则发生于经济。等到资本主义崩溃了之后，经济关系不会再有新的变化，那么全部社会生活自然也不会再有新的进化了。到了这时候，辩证法亦即失去用途，因为内容（进化）既不存在，方式自然无所依附。被弃置历史的博物馆里。"[1] 学者施友忠也认为，唯物史观就是黑格尔的辩证法加达尔文的进化论。即"马氏以进化论原理说明社会之流动不尽，以黑格尔之对演法，释社会进化所经之阶段"，二者是格格不入的。[2]

这些学者完全不清楚唯物辩证法与唯心辩证法的区别，他们以为马克思只是"窃取"了黑格尔的辩证法套在历史的解释中。其实，唯物辩证法与黑格尔的辩证法虽然有渊源关系，但是唯物辩证法是对黑格尔哲学的"扬弃"。根本区别在于黑格尔把历史的过程理解为"绝对精神"的异化的过程，是一种概念运动。唯物辩证法则是从客观的物质世界出发，探索整个世界的物质运动规律。唯物史观即藉此指明人类社会的根本动力是生产力与生产关系、经济基础与上层建筑的矛盾运动。即使到了共产主义社会，依然是有这一矛盾的，没有矛盾就没有社会历史的发展，世界就是一个矛盾集合体。并且，马克思所讲的共产主义社会并不是社会发展的"终点"，而是一种新的社会进程的"起点"。无论是黑格尔还是马克思所讲的辩证法，矛盾运动都不是一蹴而就的，而是一个周期接着一个周期。即经过一个"肯定、否定、否定之否定"周期后，不是矛盾发展的终止，而意味着一个新的矛盾周期的开始。世界是永恒发展的过程集合体，这种矛盾运动伴随人类社会发展始终。另外，这些学者还混淆了唯物史观和社会进化论的区别。二者虽然都主张社会历史有一个由低级向高级的发展过程，但前者是以生产力与生产关系、经济基础与上层建筑的矛盾作为判定

---

[1] 董人骥：《唯物史观与黑格尔辩证法》，《鞭策周刊》1932年第1卷第10期。
[2] 张东荪主编：《唯物辩证法论战》下卷，民友书局1934年版，第32页。

社会发展的标准,而后者则以财富的多寡;前者主张社会历史发展会有革命性的飞跃,而后者则主张社会历史发展是渐进的,不会有"突变";前者是站在无产阶级和最广大人民群众立场上的,批判资本主义社会,而后者则是为资本主义、社会不平等、种族主义和帝国主义等辩护。如此看来,若是社会进化论,自然是与辩证法相矛盾,但是唯物史观却是与辩证法相统一的。

新儒家代表人物牟宗三在《唯物史观与经济结构》一文中指出,唯物史观是具有时空性质的关系逻辑,但辩证法是矛盾逻辑,不具有时空性质。故不可以用矛盾逻辑来解关系逻辑之事。辩证法的"正反合,并不是先有正后有反,再有合,即便有,这先后也是逻辑的,而非时间的;所谓正反合乃是'同时'之意……唯此,始可谓矛盾"①。逻辑上的正反合之发展与转化不能移来用作事实上。但唯物史观正是讲事实上变动,是时空性的。所以马克思用错了辩证法。"马克思所用的名目是矛盾逻辑,而骨子里则与矛盾逻辑无关"。其实相是关系逻辑。"即是说马克思所对付的所意谓的事实,唯用关系逻辑始能解之;然而马克思却偏要矛盾逻辑,其全系统的毛病皆由此出"。② 学者魏时珍在《辩证法与唯物史观》一文中说,既然按照马克思的意思,经济的现象是随着正反合进行的,则经济也是变动不居的。而依照唯物主义,思想是存在的反映,那么作为思想理论的唯物史观应该也是这变动不居的社会历史的反映,那么即是说,唯物史观也是会按照辩证法的正反合法则而变化的。"若唯物史观是正题,则照着辩证法,不久即将变成负题,若我们以唯心史观为负题,现在甚嚣尘上之唯物史观,岂不是不久即将退却,为人唾弃之唯心史观,又将再行当令吗?"③ 因而,按照辩证法,唯物史观不能作为永恒的科学真理。学者以此证明,唯物史观与唯物辩证法存在自相矛盾之处。总之,学者通过塑造唯物史观与辩证法在逻辑上的矛盾,人为割裂了马克思主义的

---

① 张东荪主编:《唯物辩证法论战》下卷,民友书局1934年版,第115页。
② 张东荪主编:《唯物辩证法论战》下卷,民友书局1934年版,第116页。
③ 张东荪主编:《唯物辩证法论战》下卷,民友书局1934年版,第17页。

哲学体系，唯物史观便由此失去了辩证逻辑，成为一种带有浓厚机械色彩的命定论。

第三，贬低唯物辩证法的学术价值，斥其用于解释社会历史只是一种政治策略。张东荪谓，唯物史观"拿正反合来说明历史的演变，这当然是与他有利的。因为倘使古代社会是共产（正），而现在社会是资本制度（反），则将来社会必会变为含有资本制度生产工具的共产制度（合）。马克思及其徒党所以津津乐道辩证法的缘故，不外乎想向世人宣传他的共产主义在将来必可实现。所以他的'历史定命论'并不是纯粹地一种学理，乃是一种宣传上的策略"[①]。张东荪认为："我们研究学理本是无所为。不可另有用意而以学理为手段。"但马克思派学人是为了学问以外的东西而去研究学问，不是为了学问本身，于是学问就变成了手段。"其中大部分不是为真理而主张，乃是为战略而主张"。"他们先抱了一个社会革命的目的，一切研究不外乎想证明这个社会革命而已。"故而，其内容不过是"牵强，附会，诡辩"而已。[②] 同时，他还以为，马克思拿唯物辩证法解释历史，也是想说明阶级斗争。无产者对有产者，乃是"正"对"反"之争，其结果即是"合"，即有产者与无产者同没入共产主义社会而失去其原有的样子。"所以辩证法必须讲阶级斗争。讲阶级斗争亦必须讲辩证法。"[③] 辩证法是一总原则，而阶级斗争与历史发展都是辩证法的两个实例。故而马克思主义者皆将辩证法视为神圣，因为唯物辩证法若是立不住，阶级斗争则将减少其可靠性。张东荪认为这就是为什么马克思主义者大讲特讲辩证法，以及拼命反驳那些反对辩证法的人的缘故。张君劢也指责，"关于人类社会之'达兰克铁克'，为马氏鼓吹社会革命之武器，而为青年辈所欢呼鼓舞者"。唯物辩证法是苏俄革命的基础，社会主义的信条。无产阶级革命的实现正是通过对历史的辩证唯物的分析而论证的。他呼吁"不能不望青年诸君之少逞情感，

[①] 张东荪主编：《唯物辩证法论战》上卷，民友书局1934年版，第157—158页。
[②] 张东荪主编：《唯物辩证法论战》上卷，民友书局1934年版，第158页。
[③] 张东荪主编：《唯物辩证法论战》上卷，民友书局1934年版，第159页。

多增学识矣"①。

应该说，他们否认唯物辩证法研究历史的学术性，这是明显错误的。但是他们的评价也恰恰说明了其批判唯物辩证法与唯物史观结合的实质，即不单单是一场学理论争，更重要的是在于反对这一结合背后所指向的政治动机。"谁也知道唯物辩证法是马克思主义的斗争武器。"② 一些知识分子因害怕无产阶级掌握斗争武器，惧怕对现实社会的激进变革和改造而激烈阻挠唯物史观的辩证解读。没有了辩证法的唯物史观就是一种机械的命定论。这种史观说明，假若历史是不变的、自然演进的，那么阶级斗争也就不具有任何合法性，国人可以束手等待社会渐进的发展，现有政权也就能得以延长其寿命而继续存在下去。正因为此，这些学者才通过否定唯物辩证法本身的合法性，制造唯物辩证法与唯物史观的矛盾说，质疑唯物辩证法与唯物史观结合的学理价值等方式，试图从方法论角度，割裂唯物史观与唯物辩证法的密切关系，抽离唯物史观的辩证本性，从而解除无产阶级的"斗争武器"。这为他们机械解读唯物史观奠定了方法论基础。

二 "扩张说"

对于唯物史观与唯物辩证法的关系，马克思主义者与前述学者的认识截然相反。马克思主义学者把马克思主义哲学当作一块整钢看待，认为唯物史观与唯物辩证法之间具有极密切的关系。李达、张如心等马克思主义者特别强调，唯物史观如果没有唯物辩证法，它本身就不能成立。"历史唯物论之积极的意义，'只有阐明在辩证唯物论与历史唯物论之间的内的不可分的联系与统一'，才能得到正确的理解。"这二者的关系即体现在，唯物史观是"彻底的把辩证唯物论应用并扩张于历史的领域"。③

---

① 张君劢：《〈唯物辩证法论战〉序》，《再生》1934年第2卷第10期。
② 钟离蒙、杨凤麟编：《中国现代哲学史资料汇编》第2集第5册，辽宁大学哲学系，1982年，第1页。
③ 《李达文集》第2卷，人民出版社1981年版，第283页。

这一认识的形成受当时苏联哲学影响很大。苏联学者较早确立了马克思主义哲学的"二分结构"——辩证唯物主义和历史唯物主义。并以"推广论"作为唯物史观阐释的基本模式。即认为马克思将辩证唯物主义推广应用到社会历史领域后即形成了历史唯物主义或唯物史观，唯物史观是研究社会发展的一般规律的科学，是马克思主义的社会学。但不同的是，中国马克思主义者扬弃了这种"二分结构"，他们并不把辩证唯物主义与历史唯物主义看作完全独立的两个体系，而是强调二者必须密切结合起来。李达的《社会学大纲》可谓是整合唯物史观与唯物辩证法的典范了。其开篇即表明"社会学的唯一的科学的方法，是辩证唯物论"①。李达通过"实践的唯物论"概念的创立，实现了唯物辩证法与唯物史观的深度融合。他把实践看作马克思主义哲学产生的关键与核心，是辩证唯物主义与历史唯物主义统一的基础。所谓实践唯物论，是指"辩证法的唯物论，以劳动的概念为媒介，由自然认识的领域扩张到历史认识的领域，使唯物论发生了本质的变化，变成了实践的唯物论"②。与以往一切旧哲学相比，其创新性意义便在于李达将实践概念分别纳入了社会历史范畴和认识论范畴。

具体来讲，李达并不认为辩证唯物主义和历史唯物主义是分割开来且具有逻辑先后顺序的两部分，而是从实践概念出发，将二者看作有机统一体，共同构成马克思主义哲学的世界观。李达将唯物辩证法当作实践的唯物论来看待。指出"当作实践的唯物论看的唯物辩证法"是"科学的历史观与科学的自然观的统一，而两者统一的基础，是社会的——生产的实践"。"创始者们首先阐明了历史领域中的辩证法，其次由历史的辩证法进到自然辩证法，而在社会的实践上统一两者以创出科学的世界观的唯物辩证法。"③可见，与苏联话语不同的是，李达不赞同将辩证唯物主义仅理解为自然观，是可与历史唯物主义割裂，独立成为马克思主义哲学的世界观，历史唯物

---

① 《李达文集》第2卷，人民出版社1981年版，第9页。
② 《李达文集》第2卷，人民出版社1981年版，第60—61页。
③ 《李达文集》第2卷，人民出版社1981年版，第57—58页。

主义是辩证唯物主义在社会历史领域的简单推广和应用的观点。辩证唯物主义与历史唯物主义实际是马克思主义哲学世界观的一体两面。

李达指出:"只有彻底的把辩证唯物论扩张于人类社会或历史的领域,才能使辩证唯物论更趋于深化和发展,人们才能在世界变动的过程中去认识世界,改造世界。"① 结合前后文,李达提及的"扩张"不同于苏联话语中的"推广"。"扩张"是指在社会历史领域将"实践的唯物论"即唯物辩证法贯彻到底,克服旧唯物主义史观和唯心史观的弊端,不是说把辩证唯物主义自然观推广到社会历史领域,成为另一个唯物论。辩证唯物主义内在地包含着自然观与历史观,所谓实践唯物论、辩证唯物论、历史唯物论实际不是三个不同的主义,而是同一个主义,是马克思新唯物主义的三个不同称谓。从这一意义上来看,《社会学大纲》所创立的以实践为结点,主张辩证唯物主义与历史唯物主义有机统一的马克思主义哲学理论体系超越了苏联话语,对推进马克思主义中国化极具创新性意义。正如陶德麟先生所指出的,在李达的《社会学大纲》之前,"还没有出现以教科书形式全面系统地论述辩证唯物主义与历史唯物主义的著作……他能够正确地把握马克思主义哲学的实质,在当时的历史条件下达到了对马克思主义哲学最完整、最准确的阐述,在一些根本问题上超出了同时期苏联马克思主义教科书的水平,更没有1938年斯大林的《辩证唯物主义和历史唯物主义》发表后苏联哲学教科书中普遍存在的那些片面性的毛病"②。

马克思主义者为了申明唯物史观与唯物辩证法相统一的主张,着力反驳了以张东荪为代表的一批反马克思主义者试图混淆唯物史观与社会进化论、唯物辩证法与黑格尔辩证法,进而制造马克思主义哲学体系内在矛盾的观点,澄清了理论误解。针对张东荪所说"马克思是一手拉着黑格尔一手拉着达尔文"的说法,他们首先厘清了唯物辩证

---

① 《李达文集》第2卷,人民出版社1981年版,第283页。
② 李达:《社会学大纲》,武汉大学出版社2007年版,第2—3页。

法与黑格尔辩证法、唯物史观与社会进化论的根本区别。一方面指出，张东荪等人根本不了解唯物辩证法与黑格尔辩证法的区别。从黑格尔辩证法到马克思主义辩证法，是由观念论辩证法到唯物辩证法的一个决定性的进步。[①] 其不同在于，其一，黑格尔是以思维即概念中的矛盾之解决而运动，马克思则是以概念中之矛盾不过是现象运动之反映。其二，黑格尔哲学是以神学为基础，马克思则是以自然科学为基础。其三，黑格尔以绝对观念为现实的创造主，马克思则以为观念不过是现实物质状态及其运动的抽象。另一方面，唯物史观与社会进化论之不同在于，其一，社会进化论是在自然淘汰即外因中寻找历史进步的动力，而辩证法则是在内在矛盾的斗争发展中寻找历史的动力。其二，达尔文的进化论是渐进的、循环的，忽视由量变到质变的突变。而唯物史观则是以进化为突变和飞跃的。[②] 因而，唯物史观与唯物辩证法是统一的。在马克思主义者看来，矛盾统一律是唯物辩证法最重要的法则，将其运用于历史研究，便从生产力与生产关系、经济基础与上层建筑的矛盾运动中说明了社会历史"动"的不断演进的原理。这种矛盾不会如张东荪等人所言到了共产主义社会即失效，"将来的社会，仍是有进化的"[③]。

而针对张东荪、张君劢等人认为的马克思是从观念出发生硬地制造出一个唯物辩证法的"正反合"公式与人类历史相对照的错误观点，马克思主义学者坚决批驳道，唯物辩证法并不是一个人为的公式，不是在人的脑袋上所制造的主观的东西，"如同制成一个四方架一样，去套在历史、事物、社会进化的颈上"[④]。反而，唯物辩证法是

[①] 钟离蒙、杨凤麟编：《中国现代哲学史资料汇编》第2集第3册，辽宁大学哲学系，1982年，第86页。
[②] 钟离蒙、杨凤麟编：《中国现代哲学史资料汇编》第2集第3册，辽宁大学哲学系，1982年，第100页。
[③] 钟离蒙、杨凤麟编：《中国现代哲学史资料汇编》第2集第3册，辽宁大学哲学系，1982年，第103页。
[④] 钟离蒙、杨凤麟编：《中国现代哲学史资料汇编》第2集第3册，辽宁大学哲学系，1982年，第99页。

自然、人类社会及思维的一般运动及发展的法则，是对现实的运动及其发展的反映。其是拿事物本身固有的变化法则去认识、分析事物，因而是考察事物的最正确的客观的方法。所以说，唯物辩证法与唯物史观不存在所谓的矛盾，唯物辩证法是可以运用于唯物史观中的。

在此基础上，马克思主义者进而尖锐揭露了将二者割裂的政治目的。李达在《社会学大纲》一书中说，资产阶级学者试图分离唯物史观与唯物辩证法，是妄想以唯心论和机械论修正唯物史观，从而取消历史发展的飞跃性与革命性。唯物史观是进步阶级的实践斗争武器，同时又是资产阶级最大的敌人。所以资产阶级不能不集中注意去攻击唯物史观。他们站在观念论立场或从根本上否认唯物辩证法进而否认唯物史观，或将唯物史观修正成历史观念论，极力主张历史过程中精神的意义，否定了历史唯物论所主张的"历史的发展之物质的规定性"。并用逐渐的和平的进化的理论，代替历史的飞跃的辩证法。而现代机械唯物论者，也不能理解唯物史观与唯物辩证法的统一。他们主张用自然科学代替唯物辩证法哲学，并用自然科学的法则和范畴来解释历史，形成了社会的自然生长性的历史理论。① 这样，历史就是观念的和自然演进的历史，现存的社会制度即有继续存在的政治合法性。马克思主义者们说，因为唯物辩证法，是无产阶级的哲学，是无产阶级的意识形态，是无产阶级的阶级斗争的武器。这种唯物辩证法所具有的阶级性及党派性正是资产阶级学者所惧怕故而疯狂攻击的原因。但这种努力却是徒劳的，因为"现在无产阶级的世界观——'唯物辩证法，越发变成一个革命的力量'，是无产阶级斗争的武器"②。

通过以上两方关于唯物史观与唯物辩证法的关系论争可以看出，他们都从学理争辩出发，但终落脚于现实政治。正是因这一问题所暗含的政治指向，才成为各方关注的焦点。他们因各自的政治立场不同，对二者的关系作出了对立的两种认知。对马克思主义学者来说，

---

① 《李达文集》第2卷，人民出版社1981年版，第284—285页。
② 钟离蒙、杨凤麟编：《中国现代哲学史资料汇编》第2集第3册，辽宁大学哲学系，1982年，第103—104页。

他们基于现实，深刻认识到唯物辩证法与唯物史观相结合在那个时代背景之下的现实性和必要性，强调这一结合的确是革命实践的必然要求。1927年大革命的失败促使中国共产党人认识到革命斗争的重要性。而作为革命指导思想的马克思主义，时人认为只有凸显其能动性与斗争性，才能更有效地指导现实的革命运动。故以唯物辩证法解读唯物史观的潮流在中国应运而生。在中国共产党人看来，唯物辩证法是无产阶级斗争的伟大精神武器，它说明宇宙的变动，历史发展的规律性，指出无产阶级的地位和其未来重大的历史任务——推翻资本主义的剥削制度，变动宇宙。故唯物辩证法又因此被称作"革命哲学"和"革命逻辑"。资产阶级曲解唯物辩证的目的就是为了解除无产阶级的精神武器。[①] 因而国民党御用文人和自由主义者也正是因为担心革命力量的崛起和革命风潮的高涨，才疯狂歪曲唯物辩证法和唯物史观，阻挠二者的结合。论争双方以是否应该采用唯物辩证法的方法论为前提，对唯物史观的阐释呈现出机械的与辩证的两种认知面貌。

第二节　唯物史观与经济决定论之辩

一　以唯物史观为"经济决定论"

关于唯物史观是经济决定论的认识由来已久。自唯物史观传入中国以来，无论是马克思主义者还是资产阶级学者等，都十分强调经济因素在社会历史发展中的决定作用，应该说这在当时是有进步意义的。但带来的负面影响是不少人以为唯物史观是一种宿命论，即无需人力的主观作用，只要等待经济组织自然演进就可以完成社会的变革和发展，这导致了人们对阶级斗争作用的轻视。

到了30年代，在马克思主义者已经学会运用唯物辩证法这一无产阶级的理论武器解读唯物史观的时候，依然有一些学者对唯物史观有很大曲解，以为唯物史观就是一种经济决定论或者说历史宿命论。

[①] 张如心：《无产阶级底哲学》，上海光华书局1930年版，第103—104页。

如张东荪就称唯物史观即历史定命论。① 国民党文人顾孟余认为，唯物史观又名经济的唯物主义或经济史观。"近年以来，可谓脍炙人口了，在历史的事变中，处处找出经济的背景，使人注意到社会的物质基础，破除许多沿袭的玄思，这无疑的是经济史观的功劳，然而经济果然是占历史的最高地位吗？果然是最后决定一切的原素吗？这是一个很可疑的问题。"② 顾氏援引了马克思和恩格斯有关唯物史观的经典论述，如《哲学的贫困》中"有手碾（按：即用手推动的磨麦粉的碾）便有封建主人，有蒸气碾便有工业资本家"；《共产党宣言》中的"生产方法及交通方法发到一定阶段之时，封建社会中生产交易之方法，农业及制造之封建的组织，换言之，即封建的所有权制度，即与生产力不相称了，此时，封建的所有权制度，不但不便利生产，并且妨碍生产，它变成了许多羁绊，必须毁灭，而终于被毁灭了"；《〈政治经济学批判〉序言》中那段关于唯物史观的经典论述，等等。我们知道，这些著作所论述的内容并不仅仅限于强调经济的决定作用，同时也非常关注人的主观能动性、阶级斗争等问题。但是作者却只节选了描述"生产工具决定社会制度"的段落，塑造了唯物史观经济决定论的面貌，其是要证明，"唯物史观的错误，在只看见人类的经济环境，而忘记此经济环境仍为人力所造"③。

之所以如此认识，是由于他们强烈反对唯物辩证法与唯物史观相统一。在他们眼中的唯物史观，是马克思应用机械的因果律，而不是唯物辩证法解读历史的产物。如在反共的国民党政治教官瞿辉伯看来，马克思的唯物史观是持机械的因果律解读的，是"以为历史现象和自然现象都不是偶然的，都要受因果律支配的；至于支配因果律的，则是经济的条件"。他认为，在马克思看来，历史变化是经济制度变化的征象，历史的背景就是经济的组织。乃至不但个人行为的动机为经济条件所决定，即一切社会的组织、政治、法律的制度等等，

---

① 张东荪：《辩证法的各种问题》，《再生》1934 年第 1 卷第 5 期。
② 顾孟余：《论唯物史观》，《革命战线》1930 年第 8 期。
③ 顾孟余：《论唯物史观》，《革命战线》1930 年第 8 期。

无不是经济条件下的产物。故经济一时代一时代不同,而人类的种种,也就随之变迁。以此,"前者为今之因,今者为将来之果,因果如是,而历史自然一页页的不同了"。所以,唯物史观,"实就是经济史观"。① 国民党文人童行白也谓,马氏是以因果律推算历史的演进。马克思唯物史观的结论是经济原因决定一切,所以叫经济史观。"马氏说明历史在过程中一切变迁现象完全归结于生产的关系;而否认一切非经济的天灾、时变、人口、土地、欲望、伦理、性能、文化等相互作用;是立经济一元论的历史观。"他认为,历史是很多复杂的因构成的,仅以经济一因,是以偏概全。② 认因果律为唯物史观的根本方法的结果是,将本来只具有逻辑先后关系的诸因素视为具有时间先后关系。如国民党中央大学教授梅思平就以为,唯物史观,是以生产制度为社会成立的前提。以生产制度为因,以社会组织为果。③ 这即是说,在生产制度没有产生以前,社会组织是不存在的。这意味着,非得等物质条件完全成熟,产生了新的生产制度后,才能完成社会的变革。这其实是对马克思主义的误解。马克思并不认为具有前提、基础作用的事物就一定是时间先在的。因果律的解读带来的是一种对唯物史观的经济宿命论的解读。这是当时许多非马克思主义学者的普遍倾向。

早期马克思主义者也曾这样认识唯物史观,但是随着时代的发展,这些学者早已改变固有认知,开始以唯物辩证法作为唯物史观的根本方法。但在国民党派御用文人和多数自由主义者看来,马克思主义者的解读并不符合马克思唯物史观的原意。燕京大学青年学者高名凯举例称,包括胡适在内的反唯物史观者当时普遍的论调是,认为唯物史观是一种经济决定论,思想的变革只要等待经济组织自己变更就完了。但李季等人对此则持反对态度,谓"照适之先生上面一段话看

---

① 瞿辉伯:《共产主义基本的理论——唯物史观与民生史观之比较》,《党务月刊》1931年第9—11期。
② 童行白:《唯物史观与民生史观析论》,南华图书局1929年版。
③ 梅思平:《民生史观概论》,《新生命》1928年第1卷第5期。

来,他以为唯物史观仅认经济是社会发展中发生积极作用的唯一要素,至于思想,知识,言论,教育等等都是消极的,都不发生作用,而专待经济去促他们进步的。这种拙劣的见解与唯物史观的本意真是相去十万八千里!"在高名凯看来,他们两方的说法均没有错,前者是马克思的原意,后者是当今马克思主义者对马克思本意的修正。"马克思本人的意思毫无疑义的是认经济为唯一解释历史的元素,这可以于马克思的政治经济学批判序言及共产党宣言中看得出来。"因而胡适认唯物史观为经济决定论的观点没有错误。但因为"近年马克思派的学者已经把唯物史观的意义改变了,并不取一元论及决定论的主张。我们看最近俄国哲人对于布哈林史的唯物论一书的攻击,认为布哈林承认只有下层的经济建筑可以决定上层的建筑而上层的建筑不能决定下层的建筑是错误的,就可以知道近年俄国的哲人早已放弃唯物史观的一元论底及决定论底的观念了"①。这段论述从侧面反映了30年代马克思主义者对唯物史观的阐释确实从早期的机械命定论转向了唯物的辩证的历史观。

但是,在多数非马克思主义者眼中,马克思的唯物史观仍是一种命定论与经济决定论。高名凯指出,马克思那里的唯物史观与现今马克思主义学者的解读最主要的区别即是机械论与非机械论之别。他认为马克思那里的唯物史观是机械论的。机械论的特点在于:(1)仍旧保留本体学说的地位,不过认本体是物质,在物质之外的都是属性,可知本体是一元的;(2)本体可以决定属性,所以物质可以决定非物质,这种决定关系是机械的因果关系,不能有例外。而马克思的唯物史观恰恰也带有这两种色彩:(1)马克思以为只有物质或经济组织是本体,以一元的经济组织可以解释历史;(2)马克思以为只有物质可以决定精神,同时也以为历史的运行是决定论的。之所以如此,高名凯认为,因为马克思是机械论时代的人,他十分崇拜科学,因而主张以机械的因果律解释社会历史,但是"时过境迁,机械的因果律到了

---

① 高名凯:《从因果律问题说到唯物史观》,《自由评论》1936年第35、36期合刊。

现时已经失去它的尊敬，后来的马克思派哲人知道机械论之不可通，又见马克思本人对于机械论亦已反对过，于是力倡打倒机械唯物论之说，这是后来马克思派哲人的好处"①。高名凯的描述虽然为我们呈现了唯物史观阐释在中国的历时性变化，但对马克思的唯物史观的看法是片面的，殊不知并不是当时的马克思主义者改变了唯物史观的原意，而是因为他们对马克思唯物史观的认知更加深入与准确了。

因唯物史观是一种经济决定论，故而不少学者质疑"唯物史观"这一名称的合理性。认为"物"的内涵范围太广，唯物史观只是特指经济一元，故应称为经济一元论。牟宗三就主张在经济结构上不能用唯物论分析，因为"物"的概念不同。他称，这个"物"即是"经济"，不是自然科学家所对付的"物"。而"史"则是人类的社会史、社会进化史。唯物史观即是"经济史观"，换言之即是"历史的经济观"或"历史的经济解析"，即"社会进化史底经济的辩证之解析"。②童行白也指出，对于唯物史观中的"物"，胡汉民就曾谓不是哲学上纯粹与心对立之物，而是"所以资生之物"，即经济。"唯物史观乃言所以资生之物向前演进不已，则社会制度随之转变不已，非言世界一切皆唯物，而寻其自来之史迹也，故马氏所谓唯物史观，后有改之为'经济史观'者，于义近之。"③童行白称其并不否认经济在历史变迁中的影响，但"以特称名词的事实，而占据全称名词的地位；不论他与事实不符，而且实在论理上，名实上是不许可的"。因为"物"这一个概念，是概括一切的、多方面的，用广义的解释便是"一切环境"。历史过程中所表现的变迁现象，都是受环境互相变化互相推动的势力所支配，决不如马氏一元论那样简单。马氏取经济以概种种复杂相互的势力，偏而概全。故马氏之史观不得谓之唯物史观。④

正因为将唯物史观解读为经济决定论，故而很多学者对阶级斗争

---

① 高名凯：《从因果律问题说到唯物史观》，《自由评论》1936年第35、36期合刊。
② 张东荪主编：《唯物辩证法论战》下卷，民友书局1934年版，第96页。
③ 童行白：《唯物史观与民生史观析论》，南华图书局1929年版，第2页。
④ 童行白：《唯物史观与民生史观析论》，南华图书局1929年版，第15—16页。

的相关论述感到很矛盾。有论者谓,唯物史观说经济是社会的中心基础,法律、政治、道德等是社会的上层建筑,上层建筑不能改变中心基础,"这是比铁还硬的法则"。但是马克思又相信社会革命,必定要先由无产阶级夺取政权,再来摧毁一切资本主义的生产关系,进而实现共产主义社会,"这不是要用政治来改变经济吗?明明是以上层建筑,来改变中心基础,岂不是社会革命改变了唯物史观吗?"因而,马克思的唯物史观,固然自诩为科学的,但是一经用科学的尺度去测验,便立刻发现了许多"残缺、虚构、矛盾",故不能以科学相称。[①]还有学者谓,既然社会发展要受经济因素,即生产力与生产关系的矛盾支配,那么只有社会矛盾激化到一定程度才会发生社会变迁,因而社会变迁是间断的。但是马克思又说"一部历史,全是阶级斗争的历史",也即是讲社会变迁是不间断的。这二者相矛盾。[②] 可见,将唯物史观投入"经济决定论"的囚笼后,唯物史观与阶级斗争说的矛盾和冲突成为无解的难题。

二 以唯物史观为辩证唯物的历史观

在早期马克思主义者如李大钊及其他学者看来,法律政治伦理及人的精神现象等上层建筑"只能受经济现象的影响,不能与丝毫的影响于经济现象"[③]。但是,从20年代中期,尤其是30年代起,随着唯物辩证法作为一种科学方法被广泛应用后,不少学者改变了以往的态度,学会运用唯物辩证法来阐释唯物史观。他们将唯物辩证法当作"无产阶级斗争的伟大精神武器",是一种"革命逻辑"。[④] 学者们指出,唯物史观运用的并不是机械的因果律,而是克服了机械论的唯物辩证法。[⑤] 他

[①] 陶秉珍:《从三民主义立场来批评马克思主义(下)》,《浙江反省院月刊》1931年第5、6期合刊。
[②] 童行白:《唯物史观与民生史观析论》,南华图书局1929年版,第19—20页。
[③] 《李大钊全集》第3卷,人民出版社2013年版,第8页。
[④] 张如心:《无产阶级底哲学》,上海光华书局1930年版,第103页。
[⑤] 钟离蒙、杨凤麟编:《中国现代哲学史资料汇编》第2集第3册,辽宁大学哲学系,1982年,第102页。

们在坚持唯物史观与唯物辩证法相统一的观点的基础上，进一步阐明二者统一于实践的唯物论，或者说是能动的反映论的观点，从而解决了所谓的唯物史观内在的理论矛盾，确立了唯物史观的辩证的能动的面貌。这是这一时期唯物史观理论中国化的重要特点。

学者们首先澄清了唯物史观与经济决定论之不同。论者指出，将唯物史观当作机械的决定论或者宿命论，是国外资产阶级学者早在很久之前就一贯秉持的论调，马克思、恩格斯和列宁关于这个问题的答复的文献很多。现在国内的资产阶级学者又旧谱新作，不过是黔驴之技而已。论者认为，张东荪等资产阶级学者非要把唯物史观投入历史定命论的囚笼里，是不将唯物史观"整个"去了解，而是"生吞活剥"去了解。唯物史观与历史宿命论之分别在于，一个是"革命的学说"，一个是"神学的预言"。一个是"历史、社会的有定论"，一个是"历史常是真理"的"命运必然论"。马克思的唯物史观并不是把社会的发展看作固定的"形式"，而束手等待未来社会的降临，也就是说，并不是既知道社会主义的世界终将出现，而不去"努力"求"实现"。相反，马克思主义者是抓着现实而奋斗的，所谓"历史的必然性"，是要通过人们的意志和行动来表现的。"人类在某阶段里将要照着实现社会主义的倾向努力，在他们的必然胜利的条件下而努力。"而且，唯物史观从未忽视上层建筑，从未否认过"相互影响"的观点。即"筑物虽然在基础影响之下发生和发展，但转过来也影响基础本身，经济决定政治，但政治难道不转而影响经济吗？"论者援引了恩格斯致斯尔特的信，"我们所认为思想上的见解转而反应经济基础，并于相当限度之内，可以改变这个基础"[①]。

艾思奇也指出，唯物史观与经济决定论根本不同。经济决定论认为社会的物质生活条件是决定一切的，而唯物史观则认为社会的物质生活条件只是起"最后的决定作用"的东西。社会物质生活条件只是

---

① 钟离蒙、杨凤麟编：《中国现代哲学史资料汇编》第2集第3册，辽宁大学哲学系，1982年，第102页。

社会发展的物质基础，而在社会发展的运动中，精神生活对物质生活也起着很大的反作用并有着重大的意义。作为最后基础的东西和有着重要意义的东西是可以区别的。社会历史发展的最后基础固然是在于社会的物质生活的条件和要求，但要使这种要求表现为一种伟大的推动力量，形成一种社会运动，必须首先反映在人的意识中，首先要依据这种要求形成一种社会的观念、理论，并使这种观念、理论为广大群众所接受，这样才能动员和组织群众，经过有意识的自觉的群众的努力，而推动社会的发展。① 艾思奇明确地表示，用唯物辩证法研究社会历史，既反对唯心主义也反对机械唯物主义，应看到思想文化对社会发展的反作用。② 在他们看来，唯物史观只是说经济是社会历史发展中的重要的决定因素，但并未说是唯一的因素，并没有否认经济以外的其他因素的作用。也并不能由此得出，唯物史观是让人们束手等待经济发展的演进。吴乐平称，这种误解正"证明他们丝毫不了解马克思主义。马克思、恩格斯对于这机械的了解，对于经济'自动'造成历史的意见，是绝顶坚决地反对和指斥的"③。

与早期的阐释相比，这一时期学者突出强调了唯物史观的辩证的能动的性质，以与机械的经济史观相区别。李达在《社会学大纲》中将唯物辩证法的自然观与历史观统一的基础归于实践的唯物论。实践观念的引入，赋予了唯物史观以辩证性。"实践唯物论，将实践当做历史的——社会的范畴，解释为感性的现实的人类的活动，并把它作为认识论的契机，所以能够在其与社会生活的关联上去理解人类认识的全部发展史，因而克服观念论哲学的抽象性与思辨性，而到达于唯物辩证法。"④ 人类的实践的能动性，表现于意识的能动性，所以自然认识领域和历史认识领域都是能动的反映过程。其所谓实践的唯物论就是能动的反映论，不仅指唯物辩证法的认识论，还指唯物史观关于

---

① 《艾思奇文集》第1卷，人民出版社1981年版，第529页。
② 《艾思奇文集》第1卷，人民出版社1981年版，第533页。
③ 吴乐平：《马克思主义精粹》，《新思潮》1930年第4期。
④ 《李达文集》第2卷，人民出版社1981年版，第61页。

社会存在和社会意识关系的学说。因而唯物史观在主张经济基础和社会存在的决定作用的同时，也认为，上层建筑对经济基础、社会意识对社会存在有能动的反作用。可见当时马克思主义者眼中的唯物史观已经是蕴含了唯物辩证法精髓的历史观。

这种唯物史观强调两点，第一，这种历史观重在说明一切现存事物之相互联系性、变更性及发展性，突出人类的主观能动性。张如心、李达等马克思主义学者都认为，唯物史观虽然说明社会的发展由经济基础决定，然而这种决定并不是机械的，而是辩证式的。即是说，经济基础决定上层建筑的发展，同时在发展过程中，政治的法律的上层建筑与意识形态的上层建筑，不单是受动的社会现象。上层建筑是可以且应该影响于经济基础而成为能动的社会现象。例如，国家组织是由经济基础决定，但在某种条件下又可以影响于经济的发展，或者促进或者妨碍经济发展。这就说明了马克思的唯物史观不只是根据他的唯物的宇宙观，同时也是根据他的辩证的方法论。马克思主义学者认为，在这一点上唯物史观和一般形而上学的社会学者的理论完全不同。因为大多数资产阶级学者对于社会的观察总是缺乏变动的思想，把社会看作一种形而上学的范畴，而马克思的唯物史观则把社会看作变动的范畴。[1]

第二，唯物史观旨在说明，这种历史观首先是唯物的，其根本是社会存在决定社会意识。这一时期的唯物史观重点阐明了上层建筑的能动性，但是学者也申明，唯物史观决不是多元论或者唯心史观，所有的上层建筑的作用都有相当的界限，始终由经济基础决定。[2] 创造社的彭康指出，唯物史观的根本要旨是经济基础决定上层建筑。因为其根底是唯物辩证法，所以用唯物辩证法去把握历史，则说明社会的变化与进步，不必再用什么人类的精神的神秘的倾向，人类的生活样式足以充分地说明他的感觉及思维的模式。所以唯物史观告诉我们：

---

① 张如心：《无产阶级底哲学》，上海光华书局1930年版，第88—91页。
② 张如心：《无产阶级底哲学》，上海光华书局1930年版，第88—89页。

社会存在决定社会意识。一个变革的时代不能从意识判断，要从社会的生产力与生产关系的冲突说明。有这样关系的历史是进展的，进展的过程是辩证法的过程。[①] 学者如此即强调了唯物史观既是辩证又是唯物的历史观。这点从个别国民党人的描述中也可以看到。有国民党人就指出，马克思主义以为贯通唯物史观公式的东西，就是"物质条件的认识"和"辩证法的研究法"，因为这缘故，所以把唯物史观叫做"辩证法的唯物论"，是名实最相符的名称。[②]

上述马克思主义者对唯物史观性质的判断是更符合马克思和恩格斯的唯物史观原意的。将唯物史观理解为经济决定论或者说宿命论，其实是对马克思唯物史观的很大的误解。恩格斯在1890年致约·布洛赫的信中曾经强调过："如果有人在这里加以歪曲，说经济因素是唯一决定性的因素，那么他就是把这个命题变成毫无内容的、抽象的、荒诞无稽的空话。"恩格斯认为，经济状况虽是基础，"但是对历史斗争的进程发生影响并且在许多情况下主要是决定着这一斗争的形式的，还有上层建筑的各种因素：阶级斗争的政治形式及其成果——由胜利了的阶级在获胜以后建立的宪法等等，各种法的形式以及所有这些实际斗争在参加者头脑中的反映，政治的、法律的和哲学的理论，宗教的观点以及它们向教义体系的进一步发展。这里表现出这一切因素间的相互作用"。[③] 恩格斯多次说，经济因素的决定性，是在"归根到底"的意义上说的，指的是经济因素是社会发展的最终源泉和最后决定力量。从现实的历史发展看，经济因素不是唯一的决定因素，如果仅仅把历史发展归结为经济一个因素，那么历史进程就比一个最简单的一元一次方程式更容易了。恩格斯也承认，在早期宣传唯物史观时为了与唯心史观者战斗过分强调了经济的决定作用，但是他们从未否认上层建筑诸因素的反作用。如此看来，在马克思和恩格斯那里，唯物史观既坚持了彻底的唯物主义一元论，又坚持了历史的辩

---

① 彭康：《唯物史观的构成过程》，《文化批判》1928年第5号。
② T. C：《马克思唯物史观之批评》，《三民半月刊》1928年第1卷第3期。
③ 《马克思恩格斯选集》第4卷，人民出版社1995年版，第696页。

证法。30年代，马克思主义学者的理解与马克思、恩格斯的原意是基本一致的。恩格斯的这封信在当时也已为马克思主义者所认识到，例如翦伯赞的《历史哲学教程》、林为樑的《唯物史观研究大纲》、祝秀侠的《张东荪的哲学——对所提出"辩证法的各种问题"的驳复》中都曾将恩格斯的这段话作为反驳国民党派文人的重要依据。

第三节 理论认知分野与道路选择歧异

综合来看，对唯物史观的两种不同判定，与双方所持政治立场的歧异有直接关系。国民党御用文人与多数自由主义者虽批判唯物史观者多，但对唯物史观的具体态度还是有差异的。国民党御用文人因政治斗争需要，对唯物史观普遍持激烈的否定态度。而自由主义文人则不能一概而论，他们中很多人对唯物史观有误解和反对却也有一定的肯定态度，但其肯定又是有限的。马克思主义者一方，则在坚持唯物史观是一种辩证唯物的历史观前提下，坚决反驳前两者的理论诘难，主张这种辩证唯物历史观不仅具有学术价值，更当应用于中国共产党的革命实践中。

一 国民党御用文人全盘拒斥唯物史观

"因为所谓'反共'的关系，连死去了几十年的马克思，也就攻击得'体无完肤'。一般后知后觉的人，更连马克思的名字，望而生畏，专作那种以不通为通的文字，对于马克思哲学——唯物史观大加批判。"[1] 国共两党相争时期，意识形态领域斗争激烈。国民党人认识到只有彻底驳倒当时几乎一统天下的唯物史观，才能确立与巩固三民主义的统治地位。正因为如此，国民党人很多对唯物史观还没有深入了解，即站在意识形态立场斥责唯物史观之荒谬。当时"攻击唯物史观的汗牛充栋的著述中，公正的无偏私的批判，确可以说是绝无仅有。这些批评中，有

---

[1] 无我:《唯物史观研究》，《经济科学》1929年创刊号，第87页。

许多是无的放矢，有许多是无内容的嘲骂，更有许多是错误的批评"①。

国民党派文人多站在历史多元论或者唯心史观的视角片面批判唯物史观的宿命论倾向，认为这是唯物史观最大的不足。第一，从历史多元论立场出发，童行白、罗敦伟等一些国民党人虽不否认经济在社会历史上的决定作用，但其对经济基础的决定作用是有条件地承认有其相当的价值。他们认为唯物史观太偏重经济基础或生产程式，而忽视了非经济的要素和历史中复杂交错的事实。例如轻视人格及人类心理的倾向，包括轻视历史上伟大人物的价值，轻视社会习惯性，轻视非经济的热情，以及轻视意识动机的独立性，等等。② 唯物史观不明白历史演进的原动力的起源是多元的，互相影响的。断不能仅以一个经济的原动力来解释因果分歧的历史。除了轻视非经济因素，马克思对于与历史最有密切关系的地理环境与科学发明也没有十分注意，这是他的更大的缺点。论者主张，经济生活因环境而改变。而科学也不是生产程式的附属品。它们都在社会历史中发挥决定性的作用。③ 进而论者指责唯物史观是"挂一漏万"。认为支配历史的动力，不只是一种，"尤其不是马克思所说的生产情态"。生产情态是人类用智慧应付环境时所生的产物，是后进的力量。马克思以它为支配社会的基本力量，真是大错而特错。因为还有别的力量支配着它，"一是地理环境，一是人类特性……地理环境与人类特性是两个发动的创造力，互相影响，以成文明。抽开人类特性，则生产情态便死了，便无用了，所谓辩证法更要高卧起来了"。论者认为，马克思只知经济的力量大，而不知非经济的力量也非常之大，并且地理环境与人类特性是经济或生产情态的基础，所以"唯物史观实在是轻率挂漏没有得着社会生活的适当概念"④。总之，这些学者认为，地理环境、人类特性及其血缘

---

① 胡霖森：《从唯物史观到唯仁史观（续）——唯仁论历史哲学之建立》，《尚志周刊》1932 年第 1 卷第 23 期。
② 罗敦伟：《马克思主义评论之评论》，大东书局 1930 年版，第 117—136 页。
③ 夏晋熊：《唯物史观的批评》，《心声月刊》1930 年第 1 卷第 3 期。
④ 颠公：《共产党基本理论——唯物史观的批评》，《铲共半月刊》1930 年第 5、6 期合刊。

繁殖等等也都是社会历史发展的决定因素,经济基础并不是唯一因素,否则人就只是一个无意识的机械。

还有一种看法是不否认物质的决定作用,但认为这不是永久的决定因素,会逐渐为意志因素所取代。这类学者主张心物二元论。瞿辉伯认为,在现在唯物学说的泛滥时期,大概已皆知物的作用之伟大,但精神作用即意志也是伟大的。现在人类的思想日益自由,反倒有决定经济的势力和趋向。因为从前人类经济的动机受其他关系的限制,不能像现代一样自由发现。故经济的动机愈能自由发现,其势力则愈消沉,至于精神劳力,反能表现其强盛的功用。"社会进化,是由受动的自然的发生,渐次化为能动的人为目的论的进化。"① 即是说,一开始社会生活全由经济支配,但随着历史的发展,而经济渐由其他社会行动而决定。所以这些论者主张心物二元论。如果唯物史观认为经济与意志并重,则其"唯物"的名词就不成立。因为唯物显然是一元论的,"既对此一元论的主张,而认可有意志力的存在,这不是错误,也就是矛盾了。于其承认物质的偏执,不如采取心物二元说的融通"②。

第二,还有国民党人从唯心史观出发以为,经济的动因仍旧是为精神因素所决定的。论者谓,唯物史观之大毛病、大矛盾,便在于其忘掉物质亦是依倚于思想的。我们对物质仍是一种概念,只能包括于思想中,而后有意义。所以以物质解释人类历史的见解完全是太偏了,没有注意到问题的中心点。"须知我们谓历史是物质的支配,决定,这等于告诉我们说生活中有某种物质是不可缺的,但是对于历史之究竟,到底还未说明,还差得远呢!"③ 论者认为,唯物史观以生产力决定社会上的一切,完全是说不通。人类不能纯为物质之活动,纯

---

① 瞿辉伯:《共产主义基本的理论——唯物史观与民生史观之比较》,《党务月刊》1931年第9—11期。
② 瞿辉伯:《共产主义基本的理论——唯物史观与民生史观之比较》,《党务月刊》1931年第9—11期。
③ 周志慰:《唯物史观的批评》,《国论》1935年第1卷第6期。

以物质生活为依归，人类总是想超出物质活动之范围。即人可以凭思想活动，可以制出种种自圆的理论以为吾人之努力。所以，不但要承认人受经济活动之支配与决定，并且也要承认此种经济活动是由吾人之精神活动而来。经济仅是生活上的粗料，而不是决定者。因人类历史本身就是人类精神活动之总汇，除经济外，尚有其他更重要者。唯物史观以为生产关系是适应于生产力而独立于人的意识的东西。但事实是生产力尚未决定生产关系前，就已经受了人类意识的决定。"资本主义社会固然是由蒸汽机决定，但造成蒸汽机的是人类的精神。由此可见，生产力并不是社会的基础，也并没有成为社会的基础之优越性。"藉此，论者是为说明，"唯物史观所极力证明的社会进化的唯一的终极的因素的生产力，是怎样不是唯一的终极的因素"。[1]

除了从唯物史观理论本身加以批判外，国民党人还从唯物史观的理论独创性、方法及其理论指向与实践意义等多方面进行全盘否定。从理论独创性来说，国民党人列举了16世纪初期以来的几位欧洲历史学家对历史的唯物的解释，称马克思的唯物史观并非原创，只不过是集前人之成果，而使之公式化、系统化罢了；[2] 从方法论来看，唯物史观没有考察所有的事实过程并加以归纳，就开始演绎。国民党人认为，马氏不用归纳法求其因，却先用演绎法。但历史是很多复杂的因构成的，仅以经济一因，偏而盖全；[3] 从现实验证来看，很多国民党人都认为唯物史观"最好拿事实来证明"[4]。论者普遍将十月革命和俄国现实作为唯物史观的反例加以证明。例如，有学者便拿唯物史观的公式与事实相对照。认为唯物史观的公式说，物质生活的生产方式，决定社会的政治和一般精神生活的过程，即政治始终是由生产方式决定的，但苏俄的经济发展却是政治的作用。帝俄

---

[1] 胡霖森：《从唯物史观到唯仁史观（续）——唯仁论历史哲学之建立》，《尚志周刊》1932年第1卷第23期。
[2] 胡霖森：《从唯物史观到唯仁史观（续）——唯仁论历史哲学之建立》，《尚志周刊》1932年第1卷第23期。
[3] 童行白：《唯物史观与民生史观析论》，南华图书局1929年版，第22页。
[4] T.C.：《马克思唯物史观之批评》，《三民半月刊》1928年第1卷第3期。

时代到苏俄时代的生产关系之转变，完全是由于十月的政治革命的结果，即是由于政治权力的转移。这是由无产阶级的政治力量来保障无产阶级的经济利益，而不是马克思所说的，只要经济上取得胜利就不需要用鲜血做无谓的政治上的争夺。① 同时，按照唯物史观的说法，社会革命首先应该在发达的资本主义国家爆发，但俄国是产业十分落后的国家，资本主义发展程度并未达到马克思所说的程度，却出乎马克思意料率先爆发了社会革命。② 他们因而认为，"列宁才是唯物史观的叛教者"③。还有论者举了中国历史的例子。认为中国数千年来经历了很多种政治制度，但是生产方式一直没有变化，这与经济基础决定上层建筑的原理不相符。④ 从唯物史观的理论指向与实践意义看，国民党人认为，唯物史观不只是用以说明过去的一切历史演进过程，更是用来预先断定将来的一切社会关系。⑤ 他们错以为是唯物史观鼓吹阶级斗争，制造出阶级并普及人的阶级意识，进而促使阶级间斗争。认为这是唯物史观最大的错误，坚决不可将唯物史观用于实践。⑥ 这一时期，由于阶级斗争被纳入唯物史观的理论范畴，所以很多学者因为反对阶级斗争学说而拒斥唯物史观，主张此时唯物史观更有批评的必要。

总之，国民党派御用文人无论从学理还是实践上，都全面拒斥唯物史观。在此基础上，他们建构了民生史观试图与唯物史观相抗衡。他们认为，以上对唯物史观的批评和攻击还不够，尽管这些连篇累牍，但唯物史观的基础还是很巩固。只有国民党的民生史观才能击垮唯物史观。国民党人谓，"自从本党孙中山先生发明'民生为社会进

---

① 胡霖森：《从唯物史观到唯仁史观（续）——唯仁论历史哲学之建立》，《尚志周刊》1932年第1卷第23期。
② T. C.：《马克思唯物史观之批评》，《三民半月刊》1928年第1卷第3期。
③ 胡霖森：《从唯物史观到唯仁史观（续）——唯仁论历史哲学之建立》，《尚志周刊》1932年第1卷第23期。
④ T. C.：《马克思唯物史观之批评》，《三民半月刊》1928年第1卷第3期。
⑤ 陶秉珍：《从三民主义立场来批评马克思主义（下）》，《浙江反省院月刊》1931年第5、6期合刊。
⑥ 童行白：《唯物史观与民生史观析论》，南华图书局1929年版，第122—123页。

化底重心，社会进化又为历史底重心，归结到历史底重心是民生，不是物质'以后，而马克思唯物史观的立足点，才渐渐摇动而推翻。'民生是历史的重心'的发明，才是唯物史观的致命伤。所以我现在批评唯物史观，必须站在民生史观的立场上，才能中肯而切要"①。论者指出，马克思贸然说物质是历史的重心，却不知道政治、法律、文化的变动，固然和物质有关，可是物质本身，还是跟着人类求生存而变动。所以生存才是历史的重心。② 唯物史观的错误不在枝节，而在根本问题上。他们片面地认为唯物史观有两个根本问题：其一，社会上一切文物制度，是否依着单一的生产制度的变迁而变迁？这一点已由事实驳倒。其二，假如马克思所说完全成立，那么为什么生产制度会变迁？论者指出，孙中山给出了答案，即生产方法的改变是因为它不足以解决生存问题，民生问题才是社会一切活动的原动力。人类因为要有不间断的生存，所以社会才有不停的进化。因而是社会进化指挥经济进化。唯物史观只是解释社会进化的结果，并没有解释社会进化的因，马克思的理论是因果颠倒。最后论者引用孙中山的话做结论，强调民生是政治、经济和种种历史的中心。现在要解除社会问题的纷乱，便要改正唯物史观认物质为历史重心的错误。只有先把民生问题研究清楚，才能解决社会问题。③ 还有国民党学者比较了唯物史观和民生史观解决问题的方法后认为，唯物史观是从资本主义"破坏"方面着想，其阶级斗争、剩余价值说、资本集中说都是从"破坏"资本主义的立场而言。而民生史观则是从"建设"国家资本主义上着手，办法是平均地权、节制资本，以和平方法来推翻资本主义。故认为民生史观是科学合理的，对社会更有益处。④

从以上论述可以看出，国民党提倡民生史观而拒斥唯物史观的目

---

① T.C.：《马克思唯物史观之批评》，《三民半月刊》1928年第1卷第3期。
② 陶秉珍：《从三民主义立场来批评马克思主义（下）》，《浙江反省院月刊》1931年第5、6期合刊。
③ T.C.：《马克思唯物史观之批评》，《三民半月刊》1928年第1卷第3期。
④ 陆机：《唯物史观与民生史观异同论》，《血路旬刊》1928年第1卷第7期。

的正在于主张三民主义，杜绝社会革命和阶级斗争，维护其现有政权的统治。对于现存社会制度，国民党人只愿"建设"，不愿"破坏"。因而积极建构主张"建设"的民生史观，而疯狂攻击力主"破坏"的唯物史观。同时，他们将马克思主义的斗争武器——唯物辩证法从唯物史观中去除，将唯物史观定性为机械的经济决定论，从而使其丧失革命性和斗争性，正是为其维护现存统治而服务。他们认为："先总理所主张的三民主义，乃是根据中国现在的情形及迎合世界潮流而产生的。正是所谓'对症下药'的方法。而共产主义者，硬要坚持他们错误的不适于中国的偏见，向我们来捣乱，那我们就不得不向他们痛剿了！"① 所以国民党人号召不只要用枪炮向共产党人做武力的总攻击，并且要用笔和舌向他们做理论上的总攻击。

二 自由主义者部分肯定唯物史观

与国民党人全盘否定、激烈批判唯物史观的态度相比，自由主义知识分子则相对复杂。其一方面虽和国民党人一样指责作为经济决定论的唯物史观存在错误；但另一方面，却也承认唯物史观"也包含大部分的真理"②。

在批判唯物史观的自由主义学者中，张东荪算是表现最为突出的了。在其1930年出版的《道德哲学》一书中，就歪曲唯物史观是自相矛盾的理论。他谓唯物史观"根本上犯名学之数种谬误"。第一，为歧义之谬误。譬如马克思所谓的"社会之心意形态"，"其指一切思想学术文化乎；抑仅指社会上最得势之思想与主义乎？"张东荪认为，马克思表面上指的后者，但暗中却也指前者，因而存在歧义。第二，为"分合之谬误"。譬如"经济基础"一词，指生产关系之总和，故是合称名词。但是其产生的思想与主义又有种种不同，于是又变成分散名辞。因而犯了"分合之谬误"。第三，为"言辞之谬

---

① 异和：《共产主义适于现在的中国吗》，《黄埔周刊（广州）》1927年第6期。
② 丁文江：《评论共产主义并忠告中国共产党员》，《独立评论》1933年第51期。

误"。即社会存在决定社会意识之"决定"一词含有歧义。一开始是指"左右之"而言,其后又暗含"产生之"的意义,前者是"变易",后者则是"创造"。那么人的意识究竟是由社会存在所变化还是创造呢?第四,为居心不良之谬误。"盖彼自共产运动失败以后为坚其党徒之迷信计,不得不擅作预言,谓资本制度行将自行溃灭。而为证明此预言计又不得不创有此种史观。以已往之历史用测未来之变化。其用心虽苦,而仍止为一种手段。直与真理学术无丝毫关系。"①

丁文江和其他自由主义者对唯物史观的反对意见主要是两点:一是反对唯物史观所说历史存在规律一说;二是不主张用阶级斗争解决社会问题。第一,丁文江认为唯物史观是从辩证法得到的历史逻辑,但辩证法是一种主张不断变动的逻辑。他"不相信从马克斯的辩证论能找出不可变异的历史论理"。进一步说,他是根本不相信历史会有什么规律,认为硬把这种非常复杂多变且不可捉摸的历史做成刻板的规律,而且拿它来做革命的根据,是非常危险的。因此,他"极端的怀疑"按这种固定的历史规律所得到的结论的必然性。即他不相信通过阶级斗争资产阶级会灭亡,而共产党一定会胜利,同时,他也不相信共产党执政以后,这平等自由无阶级的社会一定可以实现。第二,丁文江和其他自由主义者一致反对阶级斗争说。丁文江谓其"对于共产主义表相当的同情,但是对他们的手段绝对的反对"。在他看来,既然历史的规律和预言不可信,就不应该根据由这种规律和预言所产生的历史逻辑。"实行共产主义——求经济平等——是否还有别的途径,至少是否要等别的途径都走不通再从事于暴动?""就是要暴动也得等到如列宁所说'革命机会成熟'方才可以着手。"②与丁文江在共产主义问题上有分歧的黄平凡,也同样反对实行阶级斗争。他以为,马克思的阶级斗争只是适于阶级已经成立,渐相矛盾、相冲突,

---

① 张东荪:《道德哲学》,上海中华书局1930年版,第637—639页。
② 丁文江:《评论共产主义并忠告中国共产党员》,《独立评论》1933年第51期。

到了不可调和之时才有必要。但是当下"中国无阶级之对立，更谈不到阶级意识——距'革命机会成熟'尚远。故中国不需阶级斗争之说"①。自由主义学人认为，共产党之所以主张阶级斗争，而且极端相信这种斗争的结果是劳动阶级一定胜利，其自信心是从唯物史观来的。因而有必要批判唯物史观，而批判的重心即在其阶级斗争说。

但即使这样，自由主义学人依然还是承认唯物史观在学理上有不小的价值。丁文江指出，共产主义的根本立场是马克思的价值论和唯物史观。他虽然不相信马克思的价值论，但"决不否认马克斯对于经济学和社会学的贡献"。"马克斯的唯物历史观也包含大部分的真理。许多思想制度都是经济制度的产儿，谁也不能否认。"②北京大学哲学系教授徐炳昶也表示："唯物史观的论理，我觉得它大体是对的。我说它大体是对，是承认它有个百分之九十几的是处。"③黄平凡说："马克斯之学说深入一般社会改造运动家之心，自有其理论之根据，科学之立场，绝非空洞之幻想所能同日语。"④胡适的学生顾颉刚也曾表示，"近年唯物史观风靡一世"，"他人我不知，我自己决不反对唯物史观"⑤。而胡适的其他学生罗尔纲、吴晗也都在实际的历史研究中运用唯物史观了。不过不得不指出，他们对唯物史观的肯定也只是限于肯定经济因素对社会历史发展的作用而言。

我们看到，自由主义文人一方面和国民党一样批判唯物史观，但另一方面也承认其有相当之价值。这种复杂的态度是与其政治立场分不开的。自由主义者们虽然反对国民党的一党专政，但还是主张应该"有政府"，表示"在外患危急的时候，我们没有替代它的方法和能力，当然不愿意推翻它。我们对于国民党最低的要求是在它执政之下……使政治的和平改革有逐渐实现的可能"⑥。他们和国民党人的共

---

① 黄平凡：《读〈评论共产主义并忠告中国共产党员〉后》，《独立评论》1933 年第 62 期。
② 丁文江：《评论共产主义并忠告中国共产党员》，《独立评论》1933 年第 51 期。
③ 徐旭生：《中国革命与欧洲革命》，《独立评论》1934 年第 87 期。
④ 黄平凡：《读〈评论共产主义并忠告中国共产党员〉后》，《独立评论》1933 年第 62 期。
⑤ 顾颉刚：《古史辨》第 4 册《顾序》，上海古籍出版社 1982 年版，第 22 页。
⑥ 丁文江：《中国政治的出路》，《独立评论》1932 年第 11 期。

同点是都极力反对阶级斗争和暴力革命。自由主义学者与马克思主义者最主要的观点分歧是社会改造的手段。"虽不敢说不经共产党式的革命，平等一定可以实现，至少我们可以说在某种环境之下和平的革命未必不可以成功。"① 自由主义者因为主张和平渐进的社会改良，所以坚决反对马克思主义的阶级斗争说，而且特别强调即使革命也要等待时机的成熟。这也就是为何自由主义者和国民党人都极力反对唯物史观和唯物辩证法的统一，欲剥夺唯物史观的斗争性与革命性，主张唯物史观是一种机械决定论、宿命论的缘故了。

但是，他们对共产主义和共产党却也抱有同情。张东荪在主编的《唯物辩证法论战》前言中曾提到，书中作者多是赞成社会主义的，他们只是攻击赤色哲学，不是对于共产主义全体而言。又谓，如果社会主义与共产主义有一部分相同，从这个意义上说他们不反对共产主义。② 黄平凡说，"吾人亦反共论者，然吾人之反共为反对今日中国之共产主义化而非反对其根本主义"③。丁文江甚至在解释当时不少青年都加入共产党的现象时表示，"平心而论，假如我今年是二十岁，我也要做共产党"④。所以，自由主义者并没有像国民党人那样因反对整个共产主义主张和中国共产党的实践而全盘批判唯物史观。相反，他们"对于共产主义表相当的同情"⑤。他们主要是因为阶级斗争的社会改造手段而反对唯物史观。丁文江谓，"我不希望中国共产党党员放弃共产主义，我只希望他们从实际政治立场……放弃暴动政策"⑥。故而自由主义知识分子对唯物史观的态度在批判的主调下又有肯定。

三　马克思主义者力证唯物史观为"行动的指导"

这一时期，马克思主义者担当起了维护唯物史观理论和实践地位

---

① 丁文江：《评论共产主义并忠告中国共产党员》，《独立评论》1933 年第 51 期。
② 张东荪主编：《唯物辩证法论战》上卷，民友书局 1934 年版，第 1—2 页。
③ 黄平凡：《读〈评论共产主义并忠告中国共产党员〉后》，《独立评论》1933 年第 62 期。
④ 丁文江：《中国政治的出路》，《独立评论》1932 年第 11 期。
⑤ 丁文江：《评论共产主义并忠告中国共产党员》，《独立评论》1933 年第 51 期。
⑥ 丁文江：《评论共产主义并忠告中国共产党员》，《独立评论》1933 年第 51 期。

的重任。在马克思主义者看来，唯物史观不仅是学术研究方法，更是变革社会的指南针。唯物史观是理论与实际相统一的产物。他们尤其特别注意强调和彰显唯物史观的现实意义，试图揭露外界批判唯物史观的政治目的，全面回击他们对于唯物史观的学术性与实践价值的攻击。

一方面，马克思主义者首先肯定了唯物史观的学理价值。李达把唯物史观看作一种科学的社会研究方法。认为唯物史观科学地说明了现代社会发生、发展及其必然没落的法则。而现代社会的这种特殊发展法则又是一切社会形态的一般发展法则的具体形态，所以唯物史观是现代最先进的阶级即无产阶级能动的推进现代社会发展的学说。张如心指出，唯物史观说明了社会历史发展的规律性，推翻过去一切旧式的社会哲学、唯心史观，第一次创造了科学的社会学，或者说是无产阶级的社会学，以唯物的、辩证的眼光说明社会发展的历史过程，及其内部联系和其发展之方向。因而"唯物史观是唯一彻底完满的社会科学方法，所有其他的社会科学如伦理学，心理学，艺术学，经济学等只有站在唯物史观的立场才能够正确的完成他们的任务"[①]。

另一方面，马克思主义者特别强调唯物史观的实践价值，反对抹杀唯物史观的革命性。这一时期由于国内实践发展的需要，同时也受30年代初苏联哲学界批判德波林的理论脱离实际的倾向的影响，中国马克思主义者很注重理论与实践的统一。李达不仅将实践的概念引入到唯物史观的解释中，还特别强调唯物史观的实践意义。李达把唯物史观看作是社会发展的理论、社会的研究方法、社会的实践的指南针三者的统一。他认为，"理论不是教条，而是行动的指导"这一原则像一根红线一样贯穿唯物史观之中。"人们如果不去研究社会的现实性的法则，不理解社会的理论与社会的实践之统一，就不能改造社会，这是很明白的事情。"[②] 有学者解释道，唯物史观除了强调经济

---

① 张如心：《无产阶级底哲学》，上海光华书局1930年版，第86页。
② 《李达文集》第2卷，人民出版社1981年版，第305页。

基础对上层建筑的决定作用以外，还强调了上层建筑之反作用，以及群众与个人的创造才能在历史上的地位与意义。这一点反过来又帮助时人科学地解决改造社会的实际任务，而建立科学的社会学和政治学。在唯物史观提出以前，人们总是以为改造社会的基本原则在于"永恒理性"和"永恒正义"，但这只是空想。直到唯物史观的理论才阐明了社会发展的法则，指示了新兴阶级的历史作用和改造社会的道路。所以这种理论不是从抽象原则出发，而是立足于工人运动的实践，是"理论与实际的结晶"。即在理论上，唯物史观是工人运动的产物，而在实际结论上，唯物史观更是这一运动的要素，是"行动的指导"。[①] 创造社的彭康认为，唯物史观比以往历史上的任何史观都要进步。现在唯物史观已经成为唯一的真正的历史哲学，有了它才能够解释历史，改变社会，推进人生。历史哲学最重要的问题是阐明历史的原动力。而以往的历史哲学或以神，或以理性，或以环境为历史发展之动力。但是这几种解释都没有阐明历史发展的原动力，历史哲学的问题没有解决，因而也就没有实践的意义。只有到了马克思和恩格斯创造的唯物史观，才告诉人们：人类自己创造自己的历史，其原动力是生产力，适应这生产力的有一定的生产样式，这生产样式又规定社会的、政治的和精神的生活过程一般。这就赋予了历史哲学以实践性。所以说唯物史观是一种"变更社会的理论"。统治阶级因对此感到恐惧，所以其理论家才不得不蔑视、唾弃和任意窜改。因而，彭康号召真正的唯物论者应勇敢地去驳斥错误观点，并发展理论。[②]

与国民党人和自由主义者针锋相对的是，马克思主义者始终是把唯物史观看作社会实践的指南。唯物史观是科学性与革命性相统一的学说。它通过揭示社会历史发展的根本动力源于社会内在的基本矛盾，从而指出资本主义必然灭亡、社会主义必然胜利的革命性结论，

---

① 吴理屏编译：《辩证法唯物论与唯物史观》，上海心弦书社1930年版，第319—320页。
② 彭康：《唯物史观的构成过程》，《文化批判（上海）》1928年第5号。

打破了人们对现存社会永恒不灭的幻想。由于社会变革的动因在于生产力的发展，所以唯物史观肯定了无产阶级的历史作用。唯物史观不仅仅把无产阶级看作一个受苦受难的阶级，而且认为无产阶级代表了最先进的社会生产力，是变革社会的主体力量。唯物史观唤醒了无产阶级的阶级意识，把社会历史变革和进步的重任落在了无产阶级的肩上，指出阶级斗争是阶级社会发展的直接动力。这就使得那些寄希望于统治者良心发现，以和平方式实现社会变革的幻想破灭。而这正是国民党人和社会改良论者所惧怕的。所以他们不惜一切代价批判唯物史观的学理性和实践意义。

但无论批评也好，赞同也好，都彰显了唯物史观在中国的巨大影响力，也让马克思主义者认识到深入研究与阐释唯物史观，维护唯物史观的理论与实践地位的必要性。有学者引用国外学者描述唯物史观在西方盛行的话说，"如果学说的价值和势力，由辩护或是驳击他的著作之数量来测定，那就唯物史观论者大可自豪。近年很短的时期中，论唯物史观的书，真多得很，对于他批评的标准，批评的内容，还有许多区别，才见得这个精神伟大的思想。不论什么崭新独创的学说，没有像马克思的史观，受这么多皮相的批评"。学者谓，那种肤浅荒谬的批评，在西欧犹然，在中国当然更不堪说了。因而，"在这个盛行马克思哲学——唯物史观的误解和曲论的时候，无论赞成与反对的人，都有明瞭马克思学说根本的理论的必要。——尤其是在这个学术荒芜而惯作谬误绝伦之批评的中国知识界里，特别是对于这种学说有精准的、系统的、严密的研究之必要"。在他们看来，唯物史观既然惹得一般人士的顾盼垂青，必然有其固有的理由存在。所以不能置之不理，或随便地唾骂，盲目地反对。而应该抱着科学的态度，以冷静的头脑、锐利的眼光，详细地去考察唯物史观的理论内容和意义，然后再去介绍或批评。①

1927年到1937年这段时期，对于唯物史观的定性与评价的纷争，

---

① 无我：《唯物史观研究》，《经济科学》1929年创刊号。

促使更多知识分子对唯物史观理论本身产生了极大的研究兴趣。其中，马克思主义者结合社会现实，重点从社会基本矛盾、运动规律和发展动力等几方面回应了学界的质疑，扛起了研究和阐释唯物史观理论的大旗。

第四章
以"革命逻辑"贯穿唯物史观的理论阐释

从对唯物史观性质的两种面貌的认知出发,学者们在对唯物史观理论中有关社会基本矛盾、社会发展规律和阶级斗争说的主要内容的阐释上表现出不同的观点和趋向。多数反马克思主义者依旧保持机械的经济史观的阐释路向,而马克思主义者一方则在与前者的论战中,以唯物辩证法这一"革命逻辑"贯穿阐释始终,突出了唯物史观理论的能动性与斗争性。马克思主义者在这一时期对唯物史观的解读,并非是对前期观点的全盘否定,而是在肯定前期研究的基本观点基础上,更进一步完善和发展了对唯物史观的研究,使得唯物史观呈现出崭新的理论面貌。

第一节 社会基本矛盾理论阐释"能动"因素的凸显

一 从"生产技术论"转向对生产关系的关注

(一)劳动者是生产力诸要素的核心

生产力是唯物史观理论中最核心、最重要的概念。马克思指出,生产力来自于现实的人的感性实践活动,是人类在生产实践中形成的改造和影响自然以使其适合社会需要的物质力量。在五四运动时期,学者对于生产力的概念认识是相当模糊的,将其与生产技术相混淆,没有重视"人"的因素在生产中的地位。30年代,随着社会实践的需要和唯物辩证法的广泛传播,学界对这种"生产技术论"有了不同的看法。

一方面,知识界仍有一部分学者坚持将生产力解读为"生产技术"或"生产工具"。持这种观点的学者以非马克思主义者和托派学者为主。自称"反共的马克思主义者"的叶青的观点最具有代表性,也成为马克思主义者重点批判的对象。叶青主张"生产工具论"。在他看来,生产力实际就是生产工具。生产工具产生生产关系,生产关系产生政治制度和意识形态,社会就是这样形成的。劳动对象和劳动力只是生产工具的条件,它们使得生产工具的积极性在生产过程中充分显出。但不能将生产工具与劳动对象、劳动力平等对待。他说:"有什么生产工具或生产力就有什么生产关系;有什么生产关系就有什么政治制度和观念形态。"这"完全是唯物史观底基本命题"。[①] 又说:"从技术的而言,那就是生产所用的力量如兽力、风力、水力、电力、蒸汽力、机械力、器具力等,叫做'生产力'。从社会的而言,即人在生产中的结合形式,叫做'生产关系'。"[②] 这就是说,生产工具决定一切。严灵峰等托派学者也持这种观点。他们在中国社会性质论战中,坚持主张技术即生产力,以技术规定生产方法,将生产技术作为社会经济结构的主要标准,因而他们认为中国已经进入资本主义社会,否认土地革命的必要性。除了托派外,郭沫若也十分看重技术因素在判断社会性质中的核心地位。他认为中国未至资本主义阶段的原因是缺乏蒸汽机。总之,这些学者认为生产工具决定社会制度,即是唯物史观的要旨。"手挽的纺纱车的生产便会构成封建制度,纺织机器的生产便会构成资本主义的社会","这是唯物史观的理论"。[③] 他们根本修正了生产力的概念,坚持认为生产技术与生产力是同一个东西。他们进而提出所谓"生产工具论",认为生产工具是"社会的起点",生产工具决定生产关系,极力否认人在生产力要素中的重要

[①] 叶青:《新哲学论战集》,上海辛垦书店1936年版,第139页。
[②] 叶青:《历史哲学概论》,《新中华》1935年第3卷第5期。
[③] 陶因:《发刊辞》,《经济(广州)》1929年第1期。

决定作用。

另一方面，马克思主义者则坚决批判这种认识，他们特别强调生产力中"劳动者"要素的重要性，改变了早期将生产力等同于生产工具的机械认识。他们首先批驳了"生产工具论"的错误观点。沈志远严厉批判了叶青对"生产力"概念的解读。认为虽然生产工具是生产力中非常重要的因素，但是不能将二者相等同。叶青的生产力观完全是机械论的。"唯物史观底首创者明明白白告诉我们，生产工具只有当它被人使用到生产对象（或劳动对象，即自然）上去而消费着一定的劳动力时，它才成为生产力底一个原素。生产工具、劳动力和劳动对象三者，只有当它们共同综合起来的时候，才成为一种生产力；假如各个单独地存在着，它们每一个都不配称为生产力，不但不配称为生产力，而且连生产力原素之一底作用都不会发生的。"[①]

沈志远进而揭露了将生产力理解成生产技术的政治目的。他们认为这种见解"跟我国的汉奸理论——'唯武器论'——底中心思想是完全一致的"。其中心思想就是抹杀社会斗争的伟大作用，抹杀革命实践的主观力量，目的在从意识上消灭斗争、消灭革命。"汉奸们高喊道：'我们底武器远不及敌人底精良……所以我们只好一味地屈服，无限地退让！'叶青先生则告诉我们：'有什么生产工具或生产力就有什么生产关系……'，这就是在说：革命的战士们，你们别太愚蠢，想在生产工具没有改变以前实现什么改变生产关系的社会革命；你们耐心等待吧，等到生产工具改变后，新的生产关系自然就出来了。"[②] 可见，在沈志远看来，叶青将生产工具、生产技术看成唯一决定的因素，这就必然会忽视生产关系对生产力、上层建筑对经济基础的反作用，这必然导致"唯武器论"和否认社会革命的宿命论。翦伯赞对此批判道，机械论者和观念论者异口同声鼓吹技术的重要性，其目的无非是要说明从一个低级经济制度进到一个较

---

① 叶青：《新哲学论战集》，上海辛垦书店1936年版，第119—120页。
② 叶青：《新哲学论战集》，上海辛垦书店1936年版，第121页。

高的经济制度,只能依照现存的技术,按步前进,因而认为技术落后的国家不能产生高度的经济组织,从而就否定苏联社会主义建设的可能性,以及一切技术落后民族之有从殖民地命运逃脱出来的可能性。"但是,可怜的机械论者和观念论者,他们忘记了在这些技术的背后,还有人类。他们忘记了构成生产力的,除了死的生产手段之外,还有活的人类的劳动力。""他们忘记了,同样的生产手段,同样的人类劳动力,在不同的生产关系之中可以发生完全相异的结果。"① 所以翦伯赞认为,单说生产手段,即把生产手段从劳动力及生产关系中抓出来是没有意义的。

在马克思主义者眼中,生产力不只包括生产工具,还应包括劳动者和劳动对象。他们特别强调劳动者在生产力中的核心地位。艾思奇、李达、沈志远、林为樑等马克思主义者普遍认为,生产力的要素应包括劳动者、劳动手段和劳动对象。生产力就是这几种要素的结合与统一。后二者结合又叫做生产手段。劳动力与劳动手段,常是一切时代的生产过程的基本要素。② 而其中最积极的要因,生产力的最决定的要素,应是劳动力即劳动者。劳动对象和劳动手段要依靠活的劳动,才能成为生产力的要素而发生作用。因此"从劳动手段来说,技术虽然是制约劳动力的发展,技术的一定的发展水准要求劳动者的一定的技能,但是,技术也还是作为延长劳动者的自然体格的'人工器官'而创造出来,补足人类的劳动力的,所以,并不妨碍劳动力之为最根源的生产力的要素"③。

他们针对将生产技术等同于生产力的片面观点,特别强调,生产力不仅有技术性的一面,还有社会性的特质。李达从"生产力是社会发展的原动力"这一命题出发,强调了生产力的社会性。所谓社会的生产力,即社会生活的生产及再生产过程中一切生产要素的总体,即

---

① 翦伯赞:《劳动生产力在历史发展中之社会主义的阶段》,《中苏文化》1937年第2卷第4—5期。
② 艾思奇:《生产力是什么 答张明生何凯君》,《读书生活》1935年第2卷第3期。
③ 林为樑:《唯物史观研究大纲》,《学术界》1937年第2卷第2—3期。

是人类应用劳动手段作用于劳动对象之时发生出来的生产物质生活的能力。① 生产力的要素包括劳动者、劳动手段与劳动对象。这些要素是不可以分散的。为要进行生产，必须把这些要素结合起来，才能转化为现实的生产力。所以，李达认为，唯物史观所说的生产力是指以这三种要素之统一说的。这一统一，是生产过程之物的要素与人的要素的统一，也即是生产手段与人类劳动力的统一。它具有两种属性，就其内容来讲，是技术的过程，技术的关系；就其形式来说，是社会的过程，社会的关系。从技术的方面看，生产力是劳动者与生产手段之物质的内容。从社会方面看，生产力是社会的人类及其创造的生产手段之社会的内容。"在特定历史的发展阶段上，单从技术方面观察的社会的生产力只是抽象的，不是现实的。所以我们必须把社会的生产力之技术的方面与社会的方面统一起来，它才是现实的，才是具体的。"② 因而，李达认为，生产力不能还原于技术，生产手段只是死的劳动，要依靠人类的劳动力才能发挥作用。生产手段只有和生产过程中的劳动力结合起来，才成为发展劳动生产性的现实的要素，即现实的生产力。而生产力的发挥，必须在社会的生产过程中才有可能。所以生产力是一个社会的范畴，决不是抽象的技术的范畴。翦伯赞也认为，历史发展的原动力，不单是由于那些死的物质条件，而是作为活的人类劳动力与死的生产诸手段之统一的劳动力。③

李达具体分析了生产力诸要素除了技术性一面之外，还具有社会性，这是特别值得重视的。首先，李达强调了劳动手段的社会性，明确劳动手段不是社会发展的原动力。因为劳动手段是归属于一定社会的一个可能的生产力，只有在特定社会中被人们利用于生产时，才能转化于现实的生产力。所以劳动手段的社会性，又必须在它与特定社会中的劳动者的关系上去考察，在它所属的特定社会的构造上去考

---

① 《李达文集》第2卷，人民出版社1981年版，第361页。
② 《李达文集》第2卷，人民出版社1981年版，第362页。
③ 翦伯赞：《劳动生产力在历史发展中之社会主义阶段》，《中苏文化》1937年第2卷第4—5期。

察。如果离开它的社会的方面而只考察其技术的方面,它就不能成为社会关系的指示器,也不能成为劳动力发展的测度器。"例如机械在它与资本主义的社会的关联上,它是资本主义生产的特征;但同一的机械,在它与社会主义社会的关联上,它就带有社会主义的性质。所以机械的利用虽是资本主义的特征,而利用机械的处所不一定有资本主义。"① 这就反驳了以往学者单一地以生产工具划分社会形态的做法。

其次,劳动对象也具有社会性。从社会性方面讲,劳动对象是归属于社会的东西。在特定的社会之中,它归特定社会集团所有,就显现出死的劳动支配活的劳动的现象;反之,当它归全社会所有,就显现出活的劳动支配死的劳动的现象。这是劳动对象依存于社会形态的证明。而同一种劳动对象,在一种社会中很迅速地转化于现实的生产力,在另一社会中往往因特定集团的利害而被弃置于无用之地。这就是劳动对象的社会性的重要意义。

最后,李达详细论述了劳动力的社会性。"劳动力即劳动能力,是存在于人类的活的身体之中、于活的人格之中的、当人类生产某种使用价值时而发动它的、物理的及精神的诸能力之总体。"② 劳动力的社会性表现于生产关系中。同一劳动者,在这一社会中不能充分地发挥其生产力作用,甚至不能变化为现实的生产力,但在另一社会中,却能尽量发挥其生产力的作用,而促进社会的生产力之发展。他进一步强调,上述劳动力与生产手段(即劳动手段与劳动对象)的统一,即活的劳动和死的劳动的统一,也是具有社会性的。其统一是在一定社会形式中显现的。在非敌对社会中,劳动力支配生产手段,即活的劳动支配死的劳动;在敌对的社会中,生产手段支配劳动力,即死的劳动支配活的劳动。李达这里所谓的"生产力的社会性",其实就是注意考察劳动力与生产手段相结合的社会性。他强调这样的社会性,

---

① 《李达文集》第2卷,人民出版社1981年版,第363页。
② 《李达文集》第2卷,人民出版社1981年版,第365页。

才是理解社会发展的各个阶段的特殊性的关键。所以，"当研究技术之时，决不可以忘记技术与特定社会经济条件的关系以及劳动者对于劳动手段的关系"。① 虽然技术的发展能促进社会生产力的进步，但是技术的成果却因不同的经济构造而显现不同的社会的结果。例如近代生产过程的机器化，使得社会的生产力获得了空前的发展，但由于机器被资本主义制度利用，却变为了资本增殖的工具，成为使劳动者苦痛的恶魔。这说明，只有机器在新的经济构造下被全社会利用，才能变为增进勤劳大众的幸福的工具。

上述论述表明马克思主义学者较早期学者及非马克思主义学者在对生产力概念的认识上存在着重大区别。一是不再将生产工具看作生产力构成的唯一要素，而是指出生产力是劳动者、劳动手段和劳动对象三者的统一，其中尤其突出劳动者这一"人"的能动因素为生产力构成的核心。二是在判定社会性质时，并不单以生产技术为标准，而是特别强调生产力与特定社会经济关系的结合。这表明他们开始将注意力转移到生产关系的问题上来了。这就克服了以往人们对于唯物史观的机械解读，突出强调了人的主体力量。翦伯赞曾解释这种阐释变化的现实意义在于，一切技术落后的国家不一定要依照机械的经济决定论的意思，必须要在殖民地的过程中等待资本主义国家去替他们提高技术，提高到与资本主义国家的技术相等的时候，才有走到社会主义的可能。只要他们的经济关系一有变革，这些尚停止在封建经济阶段的殖民地国家也可以跃过资本主义的阶段而走入崭新的世界。他解释道，在历史发展的各个阶段上，决定生产力提高的，不仅是技术的水准、生产阶级的技术程度，还有社会劳动的性质以及生产在各阶级间的相互关系、阶级的榨取形态和生产阶级的阶级意识的水准。因而生产手段固然无疑是劳动力发展的尺度，但生产力与生产关系之冲突更有重要的决定意义。②

---

① 《李达文集》第2卷，人民出版社1981年版，第369页。
② 翦伯赞：《劳动生产力在历史发展中之社会主义阶段》，《中苏文化》1937年第2卷第4—5期。

(二) 生产关系对生产力具有反作用

马克思主义者较早期更注重生产关系问题,从对生产力的关注转向对生产力与生产关系相互关系的研究中。他们认识到生产关系不是完全受动的,而是具有能动性。这一阐释的转变与当时的社会性质论战有很大关系。例如,在关于中国农村的社会性质论战中,王宜昌等学者认为因城市资本和外国资本对中国农村的影响很大,所以中国农村的社会性质已经是资本主义了。但是马克思主义者却认为,农村仍是半封建性质的。虽然帝国主义把商品引入农业生产,并借助商品交换支配了中国农村的经济,但是农村经济依然停留在从封建制度到资本主义制度的过渡时期。因而主张中国革命的任务是反帝反封建,而不是反资本主义。何干之认为,二者分歧是对生产力和生产关系在确定社会性质方面的意义的不同评估造成的。托派主张重点研究生产力问题,但是马克思主义者则主张首先研究生产关系问题,即所有制关系。何干之认为,在确定生产方式时,要以生产关系与生产力之间的交互作用为基础。① 当时,在学术领域,李秉衡重译的《对于经济史底两种见地》反复申言,研究经济史的人不宜只注意"生产技术",要紧的是抓住分配、交换等社会关系,特别是"劳动者与生产手段的关系",即"生产手段属于何人的问题"。② 经济学家朱伯康认为,中国经济的发展是生产关系的问题,而不是生产技术的问题。所谓生产关系的问题也就是走社会主义道路的问题。③ 可见,是否重视生产力与生产关系的相互关系,密切关系到中国社会的性质与中国革命的道路问题,因而成为这一时期唯物史观阐释者关注和研究的焦点。

学界就生产力与生产关系的关系问题展开了交锋。如叶青等列举了英、荷、俄的例子说明,社会发展归根结底是说生产力产生生产关系,否认生产关系对生产力的反作用。他认为倒过来说就是对唯物史观的曲

---

① 《何干之文集》第 1 卷,北京出版社 1993 年版,第 249 页。
② 王学典、陈峰编:《二十世纪中国史学史论》,北京大学出版社 2010 年版,第 63 页。
③ 刘镜园:《中国经济的分析及其前途之预测》,《读书杂志》1932 年第 2 卷第 2、3 期合刊。

解，是走向观念论的表现，是反对马克思主义的证明。针对这一观点，沈志远、李达、艾思奇、翦伯赞等人发表了一系列文章，揭露了叶青假马克思主义者的诡计，正确阐明了生产力与生产关系的辩证关系。

沈志远在《叶青哲学往何处去?》一文中指出，叶青的生产工具论完全没有生产关系对生产力的反作用。可实际上，不但一定的生产力能够促成一定的生产关系，而且一定的生产关系还能反过来促进生产力的发展。① 翦伯赞指出，机械论者总将生产力的发展与生产关系的发展分离，而且以为生产关系不过是生产力的发展所生出的消极的结果。他们的目的就是要论证资本主义的生产力可以永远在资本主义的生产关系中发展，因为它们是毫不相干的两个东西，它们两者的发展永远不会冲突。因而由社会的生产力与生产关系之冲突所发生的社会革命的时代，也是永远不会到来的。从而试图证明苏联这一社会主义社会的出现，也是反历史原理的。翦伯赞认为，他们忘记了生产力与生产关系之间的统一与对立之辩证法的发展。生产力与生产关系有时表现为发展之统一，即两者间之相互浸透，而同时又表现为相互排斥。判定社会的产生和消亡必须从生产力与生产关系的内在矛盾中去观察。②

在批判的基础上，艾思奇、翦伯赞、李达等马克思主义学者详细阐明了二者的辩证关系。他们强调，生产力不能离开生产关系去考察，二者是辩证统一的交互作用。即生产力的发展能够推动生产关系的进步，但是生产力的发展决不能独立于生产关系以外，其又是生产关系促成的。这样，生产力与生产关系的交互作用在社会的统一体中形成了不断的矛盾，整个社会因此而运动。一方面，学者们认为，在二者的辩证关系中，生产力具有优越性，即生产力是生产关系的内容，生产关系必须适用于生产力而形成。另一方面，生产关系是生产力发展的形式。内容必须藉着一定的形式发现出来，所以一定的生产力，总需要一定的生产关系，没有适当的生产关系，生产力就不能发

---

① 叶青：《新哲学论战集》，上海辛垦书店1936年版，第120页。
② 翦伯赞：《劳动生产力在历史发展中之社会主义阶段》，《中苏文化》1937年第2卷第4—5期。

挥出来。生产力的优越性并不是意指生产关系的受动性。适应于特定生产力的状态而形成的生产关系，在其发展上具有相对的独立性，有它本身发展的相对独立的内在法则。所以生产力对于生产关系虽占据优位，但生产关系对于生产力却是本质的东西，具有能动的积极的作用。生产关系的这种能动性、积极性，存在于生产关系对生产力的矛盾之中。在一定时期，生产关系能促进生产力的发展，给生产力以发展的余地；在另一时期，却成为保守的东西，阻碍生产力的发展。所以，"我们要找生产力发展的原因，不必到生产关系以外去寻求，更不能像机械论者一样把它单单看做技术的变化，尤甚不能把最后的原因归之于人类的思想，认识，欲望等等观念的要素"①。

进而有学者指出，社会发展的起动力，在于生产力与生产关系的矛盾。这种矛盾，在一切社会的构造中，不论是在非敌对的社会或敌对的社会中，都是存在的。不过，在敌对的社会中，这种矛盾带有颉颃的性质，而在非敌对的社会中，矛盾不至发展为颉颃。未来的新社会中，生产力、生产方法与生产关系虽都是平等的，但生产力与生产关系的矛盾依然存在。②

当时不少非马克思主义学者质疑说，既然唯物史观认为生产技术决定社会制度，即同样的生产技术应产生同一的社会制度，但为何历史上的事实却证明同样的生产技术不一定产生同样的社会制度？依据生产力与生产关系的辩证关系原理，马克思主义者们解释道，生产力并不是技术，技术只是生产力的要素之一。技术必须与活的劳动力结合，让劳动力将技术作用到劳动对象上去，生产力才会出现。所以，技术可以同样，而劳动力结合的方式不同，就可能有不同的生产力。故生产力不能消解在技术中，也不能排斥到社会范畴以外。③ 也就是

---

① 艾思奇：《生产力和生产关系的交互作用——答胡青君》，《读书生活》1935年第2卷第6期。
② 《李达文集》第2卷，人民出版社1981年版，第397页。
③ 艾思奇：《非常时的观念形态——答薛士融君》，《读书生活》1935年第2卷7、8期。

说，一个社会的特质虽以一定的技术水平为前提，但归根结底是看劳动者与生产手段结合的样式即生产样式问题。如果无视生产手段的分配，只从技术过程来考察，那就抹杀了生产关系的历史性。在考察社会制度时，"必须以生产、分配、交换为生产的必要条件，把人类间的一切社会关系作为生产关系来把握，使其全体一贯地穿着历史的、社会的、阶级的规定性，而在生产关系的光照之下来理解才行"①。所以，社会性质的问题不只是生产力的问题，还有生产关系的问题。这启示时人，"如果以为一定要等到技术有某种程度的成熟，才算是生产力已到了旧生产关系所不能容纳的程度，那是错误的"②。若想实现社会的变革，万不可消极等待生产力的自然发展，而应该主动通过人的力量促进生产关系的变革。

马克思主义者在这一时期正确认识了生产力与生产关系的辩证关系。社会发展的动力不再像早期学者认为的，生产力是社会发展的"唯一的、物质的、变动的要素"，"因为生产工具改变，社会关系亦随之改变"。③ 而是从生产力与生产关系的矛盾运动中寻找历史发展的动因。他们特别强调生产关系的反作用和相对独立性。这种关系的认知得益于唯物辩证法的传播。陈伯达曾谈到，唯物辩证法的一个根本的精髓，就是对立的矛盾之争斗，乃是事物自己运动的源泉。换言之，事物内部对立的矛盾之争斗，乃是一切事物发生、发展和消灭的源泉。他说，在社会历史范围内，我们同样地遇到这个不可抵抗的辩证法。唯物史观的发现者曾经指出：人类社会历史内部的根本矛盾，乃是社会生产力与社会生产关系的矛盾，以及由于这种生产力与生产关系的矛盾所引出的社会阶级之矛盾和争斗，而在阶级社会里，阶级之矛盾和争斗成了历史运动的动力。④ 由此，马克思主义者由对生产

---

① 林为楔：《唯物史观研究大纲》，《学术界》1937年第2卷第2—3期。
② 艾思奇：《生产力和生产关系的交互作用》，《读书生活》1935年第2卷第6期。
③ 蒋侠僧：《唯物史观对于人类社会历史发展的解释》，《新青年》（季刊）三期，1924年8月1日。
④ 李文海、龚书铎主编：《二三十年代中国社会性质和社会史论战》，百花洲文艺出版社2004年版，第248—249页。

力发展水平的注意，转向了对生产力与生产关系的矛盾运动，即对生产关系的主动变革上。

二　强调上层建筑对经济基础具有能动作用

在对唯物史观的早期阐释中，多数学者都特别强调社会发展中的经济基础因素，而对上层建筑的认识比较模糊，也没有重视上层建筑的反作用。这造成的后果就是不少学者将社会改造的目光主要投向经济变革，而忽视对于上层建筑的革命。进而认为在中国实行马克思的社会主义为时过早，因为中国资本主义不发达，还没有发展到一定的阶段，"鸡雏"还没有长大，还不到破壳而出的时候。① 1927年以后，国民党人和自由主义者依旧把唯物史观看作是一种经济决定论，不承认上层建筑对经济基础的反作用。这样的质疑，也让马克思主义者认识到以往对经济基础与上层建筑关系认识的局限，认为有必要对其进行重新审视，突出上层建筑的变革作用，以适应革命现实的要求。李达在《现代社会学》中就已经意识到这一问题。他在谈到社会革命问题时，将其分为经济革命和政治革命两方面。经济革命即是对社会基础之变革，而政治革命即上层建筑之变革。"经济革命之实现也以渐而进，非一朝一夕所能蒇事；政治革命之实现也可一蹴而几，固无须长久之年月也。惟经济革命与政治革命，必相须并进，而后社会革命始能完成。"②

1926年，李达在《现代社会学》中已经开始表现出对于上层建筑的反作用问题的关注了。他谓，"社会之政治的法律的上层建筑及其意识形态，皆依据经济关系而成立，复有维持经济关系之作用"。并且说，"上层建筑，由生产关系与生产力而造成……然上层建筑又能影响于生产力与生产关系，此不可不知也"。③ 并且，在该书的第八章和第九章分别关注了国家和社会意识问题，第十一章除了阐述经济

---

① 范寿康：《马克思的唯物史观》，《东方杂志》第18卷第1号，1921年1月。
② 《李达文集》第1卷，人民出版社1980年版，第268页。
③ 《李达文集》第1卷，人民出版社1980年版，第246、249页。

的进化外，还论及了政治、法律、道德、宗教、哲学、艺术的进化。第十四章关注了社会思想。这些都是对上层建筑的关注，较之同时期其他学者已是进步。但是不得不指出，由于这时李达还没有把唯物辩证法原理运用到对历史的认识中，所以，当时李达对于经济基础与上层建筑的辩证关系的阐释并不充分和深刻。

1927年以后，不少马克思主义学者都特别强调二者的辩证关系，尤其是上层建筑的反作用，以申明唯物史观不是一种经济决定论或宿命论。他们认为："史的唯物论并不把上层建筑认作经济基础之被动的结果，上层建筑以经济构造为基础而独立着，它自身同时就有相对的独立性和内的规则性，而反作用于经济之上，作成其发展的形式，可使其迅速或迟缓。"① 对于这一问题认识较为深刻和具体的当属李达。李达在《社会学大纲》一书中充分阐释了经济基础与上层建筑这一社会基本矛盾的辩证关系。李达将经济基础称为"社会的经济构造"，指与特定发展阶段上的生产力相适应的生产关系的总体。他认为，社会的经济构造是社会的基础，决定上层建筑。而上层建筑则包括"政治的法律的上层建筑"和"意识形态的上层建筑"两部分。其辩证关系就体现在，一方面，经济构造是社会的基础，政治的法律的上层建筑和意识形态的上层建筑都是建立在这一基础之上并受这个基础所规定。但另一方面，上层建筑对经济基础又可以给以一定的反作用。"在社会的发展过程中，政治的法律的上层建筑与意识形态的上层建筑，不单是受动的社会现象；两者互生作用，并影响于经济构造的发展而成为能动的社会现象。这就是上层建筑对于基础的反作用。"②

李达从政治的法律的上层建筑和意识形态的上层建筑两方面分别阐述了上层建筑的能动作用。从政治的法律的上层建筑来看，其对于经济的作用，可分为两个方向。第一，当政治作用于合法则的经济发

---

① 林为楫：《唯物史观研究大纲》，《学术界》1937年第2卷第2—3期。
② 《李达文集》第2卷，人民出版社1981年版，第292页。

展的方向时，它与经济相协调，经济即能向前发展。例如新的国家制定的适用于经济的各种制度，能够促进经济的发展。第二，当政治违背了合法则的经济发展方向时，其与经济相冲突，经济的发展就会受到阻碍。例如陈腐落后的国家，统治者为了维护自己的利益而利用政权苟延残喘，这就阻碍了经济的发展。因而，他主张在阶级社会中，一切经济上的问题要在政治的形式上才能解决。"阶级社会中，一切社会事变，都通过阶级的行动而出现，而构成这些阶级行动的顶点的东西，即是政治。所以历史唯物论，对于政治在社会发展上的积极的作用，是非常重视的。"[1]

从意识形态的上层建筑的能动作用来看，也分为两个方向。即正确地反映了经济构造及政治的法律的上层建筑的意识形态，能够暴露出经济及政治的发展法则，使人们能够顺应这些法则去改造经济与政治，促进社会的进步。若曲解了经济构造及政治的法律的上层建筑的意识形态，那就曲解或否认了经济与政治的发展法则，结果会暂时阻碍社会的变革。李达进而谈到了意识形态的相对独立性。意识形态虽适应于社会的经济基础，但一定的社会经济基础发展到另一个较高的阶段时，原本与它相适应的意识形态不能即时随之改变。即社会经济虽然更新了，而旧的意识形态仍残留着，同时又有新意识形态起来和它相对立。但这种意识形态到了与现存的社会经济发生冲突时，终将由新意识形态所克服。这里突出强调了意识形态的主观能动性与相对独立性，是为提醒时人若想变革社会，不仅要注重经济基础的变革，同时注意变革社会的意识形态。

值得注意的是，为了突出意识形态的社会改造功能，这一时期在探讨意识形态的时候，较之以往有一个明显转变。以往学者往往把意识形态看作个人层面的精神观念，但是这一时期知识界的一个普遍趋向是将之置于"社会"视域下。由此使意识形态不再局限于个人的思想意识中，而是成为社会历史发展的一个要素参与进了社会变革中。

---

[1] 《李达文集》第2卷，人民出版社1981年版，第293页。

例如，李达曾在《现代社会学》中把"意识形态"主要看作一种精神关系，而在《社会学大纲》中李达将其置于"社会意识"框架之下，指出意识形态是"社会意识的形式"，并在第五篇专门论述了"社会的意识形态"。

李达将社会意识即意识形态与个人意识相区别，指出社会意识不是个人意识之简单的集合。一方面，社会意识通过个人意识而存在；另一方面，个人意识常常只有当作社会意识的时候才能显现。署名"寒松"的学者也解释说，意识形态是"意特沃罗基"（Ideology）一词的意译，本来的解释应为观念学。但现在通常说的"意识形态"，"却另有它的意义"。除去原指的"个人意识"之外，还有一种是"社会的"，"个人都是必须生活在社会里面的"。论者强调，"我们在这里所要说明的是后者，不是前者。那就是说，是社会的意识形态，而不是个人的意识形态。事实上，个人的意识形态常为社会的意识形态所左右，所克服，而充分的表现于社会意识形态里面"。所谓社会的意识形态，是指"那些由人类表现出来的语言、文字、艺术、哲学、宗教、道德、习惯、法律、思想、科学等等的文化。也可以说，就是精神文化"[1]。朱镜我等学者认为，既然这种"意识形态"是属于社会的，即社会意识的形式，那么依据唯物史观"社会存在决定社会意识"的根本命题，则可以说明，意识形态并不能超越于现实的社会关系独立存在。应"打破对于意德沃罗基之旧的理解方法，以为一切的思想，观念等等是独立的存在，超越于现实的社会关系，远离于世俗的物质的利害关系之上的，自天上掉下来的东西。坚决地运用唯物史观的根本命题'不是人底意识决定人底存在，反之，是人底社会底存在决定人底意识'来说明一切意识形态的基础性质"[2]。总之，他们认为，"意识形态就是社会生产关系的表现和反映"[3]。

由此，马克思主义学者强调了这种社会意识形态的两大属性——

---

[1] 寒松：《意识形态是什么?》，《生活》1933年第8卷第8期。
[2] 朱镜我：《意识形态论》，《文艺讲座》1930年第1期。
[3] 寒松：《意识形态是什么?》，《生活》1933年第8卷第8期。

阶级性与斗争性。李达认为，因社会存在决定社会意识，所以在阶级社会中，一切意识形态都带有阶级的性质，是本阶级利益的体现。而在阶级斗争过程中，统治阶级不仅在经济上和政治上去压迫被统治阶级，而且在意识上去压迫被统治阶级。被压迫阶级，在对于统治阶级的反抗过程中，产生自己阶级的新意识形态。同时，他们又借助这新的意识形态，反抗压迫自己的阶级。这便是意识形态的斗争性。可以说，意识形态是阶级斗争的有力武器。意识形态斗争是社会变革的重要组成部分。如果轻视意识形态斗争，不对资产阶级的意识形态加以变革，便等于维护现有政权，取消社会革命。

有学者撰文揭露了资产阶级学者歪曲意识形态，试图抹杀意识形态阶级性和斗争性的危害。例如学者钧石在《叶青底"理论与实践"批判》中批判叶青不从现实的社会实践基础来考察人类认识的问题时，就指其不理解意识形态所具有的社会阶级性、党派性。其后果是在历史领域，必然会否认历史发展独立于人的意志之外的客观规律性，歌颂现实的合理性，提倡远离社会和阶级意识的客观真理的统治。这种理论显然是有利于统治阶级的。把理论实践问题放在生理学、个人的、自然的基础上去解决，抹杀理论实践的阶级性、社会性，其结果是闹出了把人类行动和动物行为混为一谈的笑话，形而上学地割裂了人类行动中内部心理活动和外部生活活动的统一性。[①] 可见，假如不对这种资产阶级的意识形态加以变革，实则等于取消了社会革命，维护现有政权的统治。故而，马克思主义学者意识到，无产阶级必须要注意掌握意识形态作为自己的斗争武器与资产阶级做坚决地斗争，这是社会变革的重要组成。这一时期学者从社会维度来考察意识形态，强调意识形态的主观能动性与相对独立性，是与当时的中国社会境遇有很大关系，反映了他们研究唯物史观的实践旨归。当时知识界普遍关注的是中国社会的改造问题，他们希望运用马克思主义来解决社会现实问题，主张实行社会革命。所以这种现实指向就反映

---

① 钧石：《叶青的理论与实践批判》，《文物》1936年第1、2期。

到了对意识形态的阐释中。除了社会实践的要求外，这种阐释也受当时苏联学者的影响很大。当时，无论是第二国际的理论家考茨基、普列汉诺夫，还是布哈林等学者，都是将意识形态置于社会发展的视域内来考察，将意识形态作为改造社会的工具。所不同的是，中国学者批判了苏联学者对这一问题的机械解读，而凸显了意识形态的辩证性。

总之，1927年以来，中国革命的发展对理论提出了更高的要求。其不仅要求革命理论能够准确深入地阐释和传播，更要求理论能与实践结合，使理论成为革命的实践指南，成为中国共产党制定政策战略的依据，成为社会革命的有力武器。所以这一时期的马克思主义学者学会运用唯物辩证法，克服了以往单从生产力的决定作用出发对社会历史发展的机械的、命定式的理解，指出生产力与生产关系的矛盾运动是人类社会的根本动力，特别强调了生产关系和上层建筑的能动作用，开始注重人力对这二者的主动变革。

第二节 "动的逻辑"成为社会发展规律的主要特征

一 社会历史规律阐释模式的转向

这一时期学者将人类社会历史发展的原动力不再归于某一单一元素，而是从生产力与生产关系的矛盾运动中探求历史发展的锁钥。与之相对应的是，学者在叙述社会历史发展规律时的转变。早期，学界一直以机械的因果律解释社会历史的变迁。他们以为对唯物史观的阐释应以"执因求果"的因果模式为重心。例如，李大钊称："马克思和今日的一史家，均以社会变迁为历史学的对面问题，以于其间发见因果法则为此学目的。"[①] 当"历史现象间的因果关系弄得明白的时

---

① 《李大钊全集》第4卷，人民出版社2013年版，第424页。

候，历史的法则便能建立"①。所以他在《史学要论》里指出，今日历史的研究，要把人事看作一个整个的，互为因果，互有连锁的东西去考察。② 这样侧重因果模式的目的在于，早期的唯物史观的传播与阐释主要是为证明社会主义的"果"必然到来。当时许多学者都认为科学社会主义是以唯物史观为根据的。李大钊曾谓，社会主义若是只以人的理性为根据，力量极其薄弱。根植于唯物史观，则社会主义"以其被认为历史的必然的结果，其主张乃有强固的根据"。唯物史观"依人类历史上发展的过程的研究，于其中发现历史的必然的法则，于此法则之上，主张社会主义的社会必然的到来。由此说来，社会主义的社会，无论人愿要他不愿要他，他是运命的必然的出现，这是历史的命令"③。

而到了 30 年代，社会主义思潮早已风起云涌，在多数人都相信社会主义必然到来的时候，唯物史观的阐释重心就发生了转移。再加之唯物辩证法广泛传播的影响，知识界对于唯物史观的阐释不再以"执因求果"的机械因果律探讨为目的。他们认为马克思主义的历史必然性，是不单只把它能做社会事件的因果连锁。④ 而是侧重用唯物史观将历史描述成一种具有辩证性质的发展过程，也就是将历史描述为处在不断变动、矛盾、联系和发展的过程，并特别突出了社会历史的突变性和飞跃性。⑤ 这一时期这样做的目的是在已相信社会主义必然到来后，突出为社会主义目标而努力的手段——革命的作用。

马克思主义者特别强调整个社会历史是处在不断变动的发展过程中的，而且将其推动力归于社会内含的生产力与生产关系的矛盾。论

---

① 《李大钊全集》第 4 卷，人民出版社 2013 年版，第 410—411 页。
② 《李大钊全集》第 4 卷，人民出版社 2013 年版，第 531 页。
③ 《李大钊全集》第 4 卷，人民出版社 2013 年版，第 408 页。
④ 钟离蒙、杨凤麟编：《中国现代哲学史资料汇编》第 2 集第 3 册，辽宁大学哲学系，1982 年，第 102 页。
⑤ 谢辉元博士在《民国时期唯物史观传播与马克思主义史学发展》（《史学理论与史学史学刊》2015 年第 00 期）中曾谈及过这种转变，认为早期学者主要将社会发展的普遍法则通过"社会进化"论的形式来呈现。20 世纪 30 年代后，学者更多将社会规律性和因果律视作辩证法的一部分。

者谓，辩证法最根本的东西，是"把一切事物都要看为运动的过程"①。彭康在《唯物史观的构成过程》一文开篇即描述道："历史底大轮不断地回转着，社会底现象继续地变化着，支配过社会使它合理地发展了的制度，到了一定的时候，我们可以看到它因负者消灭的运命不得不让位给别种更合理的新的制度。"他认为这是因为一切都不能存立在空间和时间以外，为着这空间性和时间性，一切都须被卷入在历史这个圈子里，随之变化、发展、消灭。所以，历史是进展的，它决不会停滞。强调历史的"动的逻辑"，"这是不能否认的事实了"。②

而这不断变动的原因即在于社会自身内含的矛盾运动。他们认为，唯物辩证法最根本的三点原则分别是矛盾统一律、质量互变律、否定之否定律。而其中最重要的是矛盾统一律，这是历史"动"的不断的演进的原理。③ 所以，学者特别强调整个历史是靠其内含的生产力与生产关系的矛盾运动来推动的。李达指出，唯物史观是在发展的过程上理解各种社会现象。一切的社会现象都是不断地向前发展的，一切社会现象的发展，都是由于其内在的对立物的冲突即矛盾，归根结底是生产力与生产关系的冲突（在敌对的社会中，显现为阶级间的矛盾）。所以研究一切社会现象的发展时，必须深入地去揭示其发展的根本动力，由此探寻其发生、发展及没落的趋向。

还有学者谓："一个变革的时代……要从物质的生活底矛盾，从社会的生产力与生产关系间的现存的冲突去说明。有这样关系的历史是进展的，它决不会停滞，其进展的过程是辩证法的过程。"④ 林为樑指出，社会亦和其他的自然一样，并不是不变的东西，是不断地发展着，而这发展又是辩证法地进行，即是，通过内在的矛盾，通过新旧

---

① 钟离蒙、杨凤麟编：《中国现代哲学史资料汇编》第2集第3册，辽宁大学哲学系，1982年，第101页。
② 彭康：《唯物史观的构成过程》，《文化批判》1928年第5号。
③ 钟离蒙、杨凤麟编：《中国现代哲学史资料汇编》第2集第3册，辽宁大学哲学系，1982年，第101页。
④ 彭康：《唯物史观的构成过程》，《文化批判》1928年第5号。

二者的斗争，由一个经济制度发展到另一个制度。唯物史观把社会存在与社会意识的关系作为不断地变化发展的东西来考察。[①] 张如心在批判布哈林的均势论时也表示，布哈林认为均势是静，均势被破坏了才需要斗争。这是根本否认矛盾的存在和作用，这种理论等于根本推翻唯物辩证法。张如心指出："否认矛盾的存在和作用在理论上便推翻辩证法的矛盾合一律（或译作对抗合一律）——这是布哈林最重要的错误，同时也就是他的整个修正主义理论底核心。"[②] 他强调矛盾合一律是唯物辩证法的基本规律和重心，它说明物体运动本身必然包含着矛盾。因为矛盾是一切的推动者，如果没有矛盾运动便不能成立，因此运动本身便是存在的矛盾。运动的发展便是矛盾的发展，它发展到某一个阶段，便要产生突变，把旧的矛盾破坏而代之以新的矛盾，这样不断地发展下去。除马克思主义者外，受唯物史观影响的哲学家冯友兰1934年在北大哲学会演讲的《新三统五德论》中阐释了他的历史哲学。他不仅阐述了经济基础决定上层建筑的原理，还强调，整个社会历史是变的，没有永存不变的社会政治制度。"各种社会政治制度，行之既久，则即'穷'而要变。"[③] 他还指出，历史之演变所遵循的规律是辩证的。"我们把循环与进步两个观念合起来，我们就得辩证的观念。"[④]

除了用对立统一规律和发展的观点强调社会历史的变动性之外，学者还运用唯物辩证法的否定之否定规律和联系的观点来描述社会历史。例如彭康便认为，所谓辩证法就是在存立物的肯定的理解中同时包含了它的否定的理解及其必然的消灭的理解。人们不应为任何物所眩惑，事物本质是批判的、革命的。社会处在流动的过程中，唯物史观是从经过的方面来理解一切生成的形态。所以整个世界一直处在生

[①] 林为楳：《唯物史观研究大纲》，《学术界》1937年第2卷第2—3期。
[②] 张如心：《评布哈林的唯物史观》，《社会科学战线》1930年第1期。
[③] 郭湛波：《近五十年中国思想史》，上海世纪出版集团2010年版，第140页。
[④] 郭湛波：《近五十年中国思想史》，上海世纪出版集团2010年版，第143页。

成——发展——消灭的运动中。① "在辩证法的哲学上没有永远被否定的东西,没有绝对的,更没有神圣的东西,辩证法哲学能够在一切之上,一切之中,看出它的不可避免的没落,除不在不断的发生与消亡的过程,除了从低级向高级无限的进展之外什么东西也不能成立。"学者还运用联系的观点强调:"各个事物就不能分开来观察,一切万物都有互相联系的关系和作用,不是拿来孤立地判断的。"②

论者强调,这种辩证法的"动的逻辑"是贯穿于历史发展始终的,具有普遍性。他们援引了恩格斯给唯物辩证法下的定义:"辩证法是自然、人类社会及思维的一般运动的法则。"所以认为,辩证法现象自然是普遍的,普遍于自然界与人类社会。一切自然、人类社会的进化,都是辩证式的进化,根本就没有不"动"的东西。"一切现象都是辩证法的存续",这句话是铁的事实。③ 学者强调这种社会历史发展的矛盾的法则是各种社会形态普遍存在的。"尽管各构成态的特殊法则之间有着深刻的质的差异,但历史过程的统一与联结,历史运动的一般的唯物论的法则仍然是存在的。那就是物质生产力与生产关系的矛盾统一。"④ 由于辩证法是普遍存在的,所以社会历史发展也不会停止在社会主义社会。他们认为,将来的社会,共产主义社会也是有进化的。

而国民党人和自由主义者因为看到了马克思主义论者改变了以往的机械因果论调,转而强调社会历史的变动与发展,因此极力批判这种辩证发展的"动的逻辑"。国民党人樊颖明指出,唯物史观现在是以辩证法来说明宇宙的现象。这并不是要说明其静止与否的问题,而是说宇宙的现象在于,生死不是绝对的观念,二者并存着或矛盾着。"生就是死的原因,同时也是死的结果;死就是生的原因,同时也是

---

① 彭康:《唯物史观的构成过程》,《文化批判》1928年第5号。
② 钟离蒙、杨凤麟编:《中国现代哲学史资料汇编》第2集第3册,辽宁大学哲学系,1982年,第101页。
③ 钟离蒙、杨凤麟编:《中国现代哲学史资料汇编》第2集第3册,辽宁大学哲学系,1982年,第101页。
④ 林为楳:《唯物史观研究大纲》,《学术界》1937年第2卷第2—3期。

死的结果。所以宇宙的现象,是循环流动不息的。其公式就是正——反——合——正……的形式。"① 自由主义者张东荪、张君劢等学者也指出,此时的唯物史观不再以因果律,而是以辩证法阐释社会历史,马克思的目的只在于用这个正反合的程式于社会变化。他们坚决反对这种主张。认为作为经济进化论的唯物史观不该采用辩证法逻辑。他们谓:"我们真不懂何以马克思不老老实实承认因果律而偏要采取辩证法。无实因果律亦不见比辩证法坏些。"②

张东荪竭力否定唯物史观坚持辩证地观察一切事物内在矛盾的观点。他重点否定了历史发展规律中的"否定之否定"规律,认为这只是马克思主义者斗争策略上的考虑。他又指责马克思将"对待""负面""矛盾"三个名辞的性质和意义相混,认为"矛盾与负面是名学上的,而不是事实上的或经验上的"。而且马克思错误地"把矛盾又一转变而成为'斗争',主张阶级斗争,主张社会革命"。张东荪斥责道:"马克思一流想把斗争变为普遍的,所以硬把负面与对待以及矛盾都当作斗争。这实在是一大笑话。"最后他还否定了这一系列辩证规律的普遍性。认为"辩证法只是变之一种,而决不是所有一切的变化皆为辩证","由冷变到更冷,依然只是冷,并没有热,所以不是矛盾;而没有否定,亦引不起质的不同"。③ 即只承认事物内部只有量的渐变,而不会有质的突变。学者牟宗三则根本否认人类社会中矛盾的存在。他以为矛盾只是概念上的而不是事实。经济结构自身不会有矛盾,它不是因为矛盾而变动,而是受各方影响。所以他不同意马克思所说资本主义有矛盾,其无法调和以至崩溃遂产生新社会。在他看来,生产力在发展,生产关系也会随着发展,二者不会有冲突。④ 这样一来,现存社会就是永恒存在的,这就从根本上否认了社会变革的

---

① 樊颖明:《倒果为因的唯物史观》,《新声》1930年第15期。
② 张东荪:《辩证法的各种问题》,《再生》1934年第1卷第5期。
③ 庄福龄主编:《中国马克思主义哲学传播史》,中国人民大学出版社1988年版,第342页。
④ 张东荪主编:《唯物辩证法论战》下卷,民友书局1934年版,第112—113页。

合法性。

　　除了以上所述几点外，这时学者格外关注质量互变规律在社会历史中的运用。其关注焦点在于社会历史是否存在突变即质的变化？对于渐变与突变问题的探讨实则就是时人关注的改良与革命的问题。在早期学者看来，唯物史观是一种"社会组织进化论"。他们依据唯物史观公式，认为"马氏之社会组织进化，乃是由果实而发芽，由发芽而成树，而开花，而结果的一步一步的进化"；"马氏的社会革命论，实在也就是社会演进论"。① 在时人看来，进化与渐变是同义语。达尔文的生物进化论主张的就是"自然界中无飞跃"②，他否定物种突变，认为物种进化是一种渐变的进化。斯宾塞的社会进化论也是主张社会领域的自然渐变。

　　但自20世纪30年代唯物史观与唯物辩证法更加紧密地结合以后，学者将质量互变规律运用到对历史的解释中，转而更加认同社会历史的"突变性"即飞跃性问题。学者区分了唯物辩证法与进化论，认为达尔文的进化论是忽视"突变"——由量变质的飞跃——的进化论，是主张渐进的、循环的，而马克思的唯物辩证法是以进化为突变的、飞跃的。③ 彭康指出，以往哲学家都以为"自然不会飞跃"。但辩证法打破了这种观念，说明了自然界里也有飞跃，即所谓质量转换。唯物史观更在社会里具体地把握了这个"飞跃"的观念。唯物辩证法告诉我们：世界上没有绝对的东西，一切都是有限的。这些有限的事物发展到某种程度，就会扬弃自身，推移到它的对立物。但这种推移不是渐进的，而是一种飞跃。他运用质量互变规律解释道："因为渐次的量的变动变为质的差异，这样的变化的契机就是使渐次性中断而到飞跃的契机。""社会底物质的生产力发达到了一定的阶段，必会与它从来在其中活动过的现存的生产关系，或者是只不过为它底法

---

① 高一涵：《唯物史观的解释》，《国立北京大学社会科学季刊》1924年第2卷第4期。
② [英] 达尔文：《物种起源》，焦文刚译，北京联合出版公司2015年版，第366页。
③ 钟离蒙、杨凤麟编：《中国现代哲学史资料汇编》第2集第3册，辽宁大学哲学系，1982年，第100页。

律的表现的所有关系相冲突。这种种的关系从生产力底发展形态，变为它底桎梏。这时候，社会革命的时代要到来。同经济的基础底变动一起，巨大的全上部构造也都缓徐地或急速地变革。"[1]

如果说在唯物史观传入初期，达尔文的进化论在中国影响很大的话，到了1927年，进化论的影响渐弱，不少马克思主义者都反对以进化论来解释社会历史变迁，认为这是改良主义者的阴谋。与李达合译西洛可夫、爱森堡《辩证法唯物论教程》的译者雷仲坚就揭露道，达尔文主义在现今通过两种方法被用作反对革命的工具。一种是利用生存竞争的原理，来拥护资本主义社会的人们。另一种便是利用演变的自然淘汰原理，去反对在社会改造过程中一切革命运动的人们。属于后者的即是像胡适这种改良主义者。胡适主张"一点一滴"的社会进化观，就是假借达尔文主义的旗帜，来作他们反对社会主义的护符。[2] 当时马克思主义者并不同意胡适所支持的达尔文的演变论，转而支持生物学家特佛列的突变论，以此论证唯物史观的科学性，突出革命的合法性。他们称胡适没有看到突变论，"胡博士不知道达尔文以前特佛列的生物进化论，更不知道科学社会主义的社会进化观。特佛列以实验告知我们：生物进化过程的变异，不仅有演变，而且有突变。适者生存由于渐变，而适者的出现，那新种的产生，却是一个决定的突变。科学社会主义告诉我们：一点一滴的改良，多少能把现存社会的内在矛盾消磨一点；但是根本改革现存社会的主要生产关系而达到更高度的社会组织，却非通过'突变'的革命不为功！"[3]

当然，论者并不认为渐变与突变是截然对立的，而是辩证统一的。雷仲坚称，突变论不否认量的变化，是承认在同一质态中有量变的。但认为从一个质态向另一个质态的飞跃时，则是突变。所以论者

---

[1] 彭康：《唯物史观的构成过程》，《文化批判》1928年第5号，第14页。
[2] 钟离蒙、杨凤麟编：《中国现代哲学史资料汇编》第2集第3册，辽宁大学哲学系，1982年，第91页。
[3] 钟离蒙、杨凤麟编：《中国现代哲学史资料汇编》第2集第3册，辽宁大学哲学系，1982年，第92页。

认为，渐变与突变不是绝对对立的。他们在时间上是对立融合，即辩证法的统一。辩证法决没有"根本否定演变的继续"，而是认为突变在发展中，与渐变同为必要的要素。没有渐变，决不能发生突变；没有突变，亦不能完成渐变。社会从这一存在形态转变到他一存在形态，尽管是渐渐的前进，然而到了"转变"的时候，却是一个飞跃，一个决定的突变。"这是辩证法的基本法则之一，——在术语上，名之为由量到质及由质到量的发展法则或运动法则。"① 这一法则普遍地适用于自然界及人类社会。这种解释也就调和了国民党人和自由主义者所谓的唯物史观与阶级斗争的矛盾说。一方面既承认社会受生产力水平约束而自然发展，同时也说明，不能被动等待社会的渐变，量变到一定程度是会发生质变的，所以应该以人力促进社会的质变的发生。这并不违背唯物史观的原理。

社会历史阐释模式由因果律向辩证法的转变，表明学者已经由对于未来社会主义社会必然性的论证转到对向这一目标迈进的过程和采取的手段的关注上，特别凸显了历史发展过程的"动的逻辑"。这种转变的作用体现在，一是使人们相信，社会历史是处在不断的变动、联系、发展的矛盾斗争过程中的。没有一个社会制度是永恒的，现存社会注定是不合理的，是要灭亡的。"任何的社会制度都是生产力的发展形态。它巩固自己，发展自己，到达隆盛的阶段。在这阶段，人们本能的恋着这制度；甚至视为神的或自然的东西。但因生产力的发展，人们相互关系的变动，这个神的制度也渐次地衰老而开始没落。一方面又因为生产力的发展，适应于此的制度也渐次地萌芽而具现，于是人们觉得这制度已不如从前那样合理，渐次地斗争，终于将它排除，而促进一种完全与它不同的新的制度。这便是唯物史观。"② 二是论证了主动实行革命以促进社会突变的可能性和必要性。这种阐释不再强调一种社会形态内部的渐变即量变，而是重在强调由旧的社会形

---

① 钟离蒙、杨凤麟编：《中国现代哲学史资料汇编》第 2 集第 3 册，辽宁大学哲学系，1982 年，第 92 页。
② 彭康：《唯物史观的构成过程》，《文化批判》1928 年第 5 号。

态向新的社会形态的突变即质变。也就是指出社会形态间的飞跃性，否认了进化论者所谓"无飞跃"一说。马克思主义者因此驳斥了自由主义者的改良主张。强调要达到社会主义社会，渐进的改良道路是走不通的，唯有政治革命一途不可。这进而说明，人们不能机械地束手等待生产力水平自然进化到极其狭窄的时候再行变革，而是要在即使物质条件还不够成熟，但是生产力发展已经没有多少余地的时候主动进行政治革命。这其实也就使十月革命这种社会主义革命为何首先会爆发在物质条件极不成熟的俄国的疑问得到了合理的解释。

二 "五种社会形态说"成为社会发展的普适法则

马克思的社会形态理论是唯物史观的核心问题之一。受30年代的社会史大论战影响，这一问题成为时人关注的焦点。当时部分学者以中国国情特殊而质疑马克思社会形态说的适用性。他们认为五种社会形态说不过是马克思依据英国一国之历史而主观推演出的社会规律，本身的科学性尚存疑，更不用说适用于全世界各国。例如，"新生命派"代表陶希圣在《中国社会之史的分析》一书中质疑社会形态说的科学性，他认为："世界上从来没有纯粹的属于某种社会型的社会，而毫没有驳杂的成分存在于其中。""共产主义者常以欧洲资本主义社会解剖所得的论断来应用于中国社会，所得的结论是中国已有尖锐化的阶级对立，又或因中国没有广大的无产阶级而主张制造无产阶级以求适合于社会革命的实行。"他批评马克思的社会形态论是只见树木不见森林。"社会现象固然有合法则性像自然现象一般，但是社会现象的合法则性并不能使我们作成一个公式，适合于地域不同、时代不同的多数社会，而毫无不合。"[①] 他在另一篇文章中进而强调："断定中国社会的过程，当从中国社会历史的及现存的各种材料下手。如果把史料抛开，即使把欧洲人的史学争一个流水落花，于中国史毫没用处。于今的学者不独把欧洲的史学当作中国史的自身，并且把中

---

① 陶希圣：《中国社会之史的分析》，商务印书馆2015年版，第13—14页。

国古代学者的史学当作古代史的自身。笑话太闹得悲惨了。"① 张君劢还曾举以历史事实反证人类历史不能像原始共产、私产、共产那样"整齐而排列之"②。当时的著名历史学者黎东方也曾质疑五种社会形态说的普适性问题。他质问五种社会形态说"是就大英国一国而言呢？还是就全世界而言呢？"若就全世界而言，现在不但尚有食人肉的原始共产社会存在非洲南澳，而且有废除了农奴的君主封建社会，例如英国在工业发达前就已废止了农奴制，种田尽为自由人的自耕农。并且有许多地方的封建社会兼包着各种生产组织。所以，他认为，复杂的社会现实不能被简单地用辩证法演绎出五个阶段，"分期是历史学上一件最难的事，可不能图简单就辩证法的完整啊"③。面对质疑，正统的马克思主义学者对五种社会形态说的解读特点是，特别强调五种社会形态说在各国社会历史上的普遍适用性。

马克思在《〈政治经济学批判〉序言》中指出，"大体说来，亚细亚的、古希腊罗马的、封建的和现代资产阶级的生产方式可以看做是经济的社会形态演进的几个时代"④。这是现今人们对"社会形态说"经典表述的翻译，被认为是迄今以来最符合马克思本意的。其中值得注意的是，"经济"一词在"社会形态"之前，"经济的社会形态"的译法主要是从经济角度，即是重在说明经济形态之演变，而不是说整个社会形态的变迁。但关于"社会形态"这一概念，在唯物史观传入中国后的相当一段时间内，国人都不是将其译作"经济的社会形态"，而是将"社会"一词置于"经济"之前，译为"社会的经济形态"。这种语义的转变显示出当时人们对于"社会形态说"的理解与现在有所不同。今人所译"经济的社会形态"的概念是从经济角度，即是重在说明生产方式之演变，而不是说整个社会形态的变迁。

---

① 陶希圣：《中国社会史丛书发行·缘起》，转引自刘道元《两宋田赋制度》，新生命书局1933年版。
② 张君劢：《〈唯物辩证法论战〉序》，《再生》1934年第2卷第10期。
③ 黎东方：《唯物史观之穷乏》，《再造》1928年第21期。
④ 《马克思恩格斯文集》第2卷，人民出版社2009年版，第592页。

第四章 以"革命逻辑"贯穿唯物史观的理论阐释　　145

但前人所译"社会的经济形态"则是从整个人类社会史的角度，重在考察人类社会所经历的几个阶段。

当代学者徐素华曾经对这一问题有过考察。[①] 1919年5月1日，渊泉在《新青年》上发表的《〈政治经济学批判〉序言》的第一篇中译文中，将序言中那段著名的"社会形态说"译作"就大体说来，我们可以亚细亚的、古代的、封建的、以及现代资本家的生产方法，为社会的、经济的、进化的阶段"[②]。这里将"社会形态"这一名词译为"社会的、经济的、进化的阶段"，"社会"一词在"经济"之前。在1930年3月，由刘曼翻译的《经济学批判》一书中，这一段的翻译是，"泛言之，我们得将亚细亚的、古代的、封建的和近代的资产阶级的生产方法，定为社会经济构成底如许多发展的阶段"[③]。这里也是"社会"一词在"经济"前。1931年12月，郭沫若在翻译的《政治经济学批判》序言中，提及"在大体的轮廓上，亚细亚的，古典的，封建的及近代有产者的生产方法是可以表识为经济的社会结构之进展的各个时代"[④]。这里虽然将"经济"放在了"社会结构"的前面，但是通过郭沫若译者序表明，郭沫若还是从社会史的发展角度来理解马克思关于财产的不同发展形态理论的。所以我们看时人的翻译，有个共同特点，即都是从整个社会史的角度来理解社会发展的阶段。

如前所述，马克思"经济的社会形态"原意讲的是经济发展的基本结构或形式，即只是从经济学角度研究社会发展。而当时的学者把这种经济学范畴的经济关系的变迁解释为整个社会发展阶段的前后相继的社会形态，并引申为人类社会发展普遍规律的"五种社会形态"的模式。也就是将马克思研究政治经济学抽象的"亚细亚的、古代

---

① 徐素华：《马克思恩格斯著作在中国的传播——MEGA^{2}视野下的文本、文献、语义学研究》，中国社会科学出版社2013年版。
② 钟离蒙、杨凤麟编：《中国现代哲学史资料汇编》第1集第8册，辽宁大学哲学系，1981年，第88页。
③ 马克思：《经济学批判》，刘曼译，上海乐群书店1930年版，第5—6页。
④ 马克思：《政治经济学批判》，郭沫若译，上海神州国光社1932年版，第4页。

的、封建的和资产阶级的生产方式"的经济范畴概念看作是原始社会、奴隶社会、资本主义社会的历史阶段的社会形态概念。这种译法也就突出了这几个社会发展阶段的普适性。当今学者认为，这是"用一个主观设定的、不变的人类社会发展模式公式去套用世界上所有的国家，认为世界上所有的国家和民族都必然要经过马克思所说的那几个社会历史阶段（这实际上是一种误读、一种主观附加，并不是马克思的本意），没有特殊和例外"[①]。除此之外，当时关于社会形态说的翻译还有一处与现今不同。早期译者主要用"阶段"或"时代"这样的历时性概念来表述社会形态的概念。其实"形态"与"阶段"在含义上是有差别的。形态侧重于表示社会的结构与形式，而"阶段"或"时代"突出的是过程性和历时性。该译法突出了几种社会形态是前后相继、依次演进的序列。

上述翻译的变化直接影响了30年代知识界对于"社会形态说"的解读。当时的马克思主义学者都是从整个社会历史发展角度理解"经济的社会形态"概念，并强调五种社会形态是顺次发展、前后相继的，是人类社会发展的必然规律和必经阶段，任何国家都不能违背这一基本规律，不能跨越其中的某个发展阶段。例如，李达就是将"经济的社会形态"理解为"社会形态"。他说，社会形态就是当作特定的生产关系总体看的社会。人类社会全部历史的发展过程，可以列成下述各个顺次的发展阶段：先阶级社会、古代社会、封建社会、现代社会、未来社会。他强调，这是历史发展之一般的正确的法则。[②]林为楔将社会形态称为"社会构成态"，从构成态的基础的经济结构出发，他区别出如下五个社会的构成态，即原始共产主义的构成态、古代的（奴隶所有者的）构成态、封建的构成态、资本主义的构成态、社会主义的构成态。[③]

---

① 徐素华：《马克思恩格斯著作在中国的传播——MEGA^{2}视野下的文本、文献、语义学研究》，中国社会科学出版社2013年版，第175页。
② 《李达文集》第2卷，人民出版社1981年版，第298页。
③ 林为楔：《唯物史观研究大纲》，《学术界》1937年第2卷第2—3期。

当时学者之所以特别强调五个社会形态的普遍性，是基于以下几个历史原因。第一，出于现实政治斗争的需要。1927年大革命失败后，中国的社会性质和革命性质问题成为时人亟待解决的问题，因而30年代爆发了中国社会性质论战、中国社会史论战。尤其是在中国社会史论战中，学者在"亚细亚生产方式"是否为东方社会所特有和中国是否经历过奴隶制社会的问题上有过诸多争论。其根本性问题就是中国历史的发展过程是否与其他国家相同，即马克思的五种社会形态理论是否适合中国的问题。在当时，"资产阶级学者谓私有财产是千古不易的社会制度，过去是，现在是，将来也是如此。又谓各国社会各有其发展的不同的路线……中国社会的前途未必与各国社会的前途相同，结论便是先进国的社会思想，必不能适合于中国"[①]。为了与此作斗争，不少正统的马克思主义学者才在这一时期特别强调五种社会形态理论完全适用于中国。强调中国没有任何与世界历史的一般发展不同或者相反的特殊性，无论过去、现在或将来都是如此，所以郭沫若说，"中国人不是神，也不是猴子，中国人所组成的社会不应该有甚么不同"[②]。经过社会史论战，中国社会历史发展经过五种社会形态的脉络由此初步确定下来。时人对人类历史"趋同"的倾向，大大超过了对"求异"的追寻。承认五种社会形态的普遍适用性，即是说中国社会也和西方社会一样有着共同的发展道路。其政治效用在于从整个人类社会发展规律的角度去论证中国革命的合理性。

第二，将五种社会形态看作各个社会都要经历的具有普遍性的社会发展规律这一倾向是受苏联哲学影响。德波林等苏联哲学家就把马克思的社会形态这一概念称作"社会经济形态"[③]。中国国民革命失败后，苏联党内和学界关于中国是否存在亚细亚生产方式的争论走向

[①] 陆一远编：《社会进化史》，光明书局1931年版，第2页。
[②] 钟离蒙、杨凤麟编：《中国现代哲学史资料汇编续集（第13册）社会史和社会性质论战（上）》，辽宁大学哲学系，1984年，第1页。
[③] 钟离蒙、杨凤麟编：《中国现代哲学史资料汇编》第2集第3册，辽宁大学哲学系，1982年，第232页。

直接影响了国内马克思主义派知识分子对社会形态理论的认识。1929年以后，因苏共党内的政治斗争，苏联政府将"亚细亚生产方式"的讨论与托派活动相联系，对主张俄国和东方国家属于"亚细亚生产方式"的学者进行了严厉的政治批判，他们被冠以托派分子或机会主义者的帽子。1931年，在列宁格勒召开的一次讨论会上，"亚细亚生产方式说"被正式定为一种非马克思主义的学术观点。当时苏联人认为，"亚细亚生产方式"理论是一种明显具有政治危害性的理论。一方面，会被用来反对共产国际对殖民地革命性质的看法，成为滋生托洛茨基主义的土壤；另一方面，也有可能被东方民族主义分子利用，借口东方社会的特殊性而拒绝马列主义对东方社会发展的普遍适用性。[①] 1931年，斯大林也撰文强调，"亚细亚生产方式"理论实际上是反马克思主义的。在这种政治强力下，苏联学界便不再主张各国社会的特殊性问题，转而强调五种社会形态理论的普适性。随后，斯大林在1938年出版的《论辩证唯物主义与历史唯物主义》中强调："历史上有五种基本类型的生产关系：原始公社制的、奴隶占有制的、封建制的、资本主义的、社会主义的。"[②] 除此之外，决无"独特的亚细亚生产方式"的存在。这样，"五种社会形态理论"被最终确立为正统与权威。其主张整个社会历史是按这种社会形态序列顺次发展的。所以说，中国学界对五种社会形态论的阐释倾向也是苏联学界论争结果的反映。

受这种趋向影响，多数学者都接受了"五种社会形态论"，由此对于社会阶段的划分趋向一致。早期马克思主义学者对社会历史的分期看法并不一致。例如，李大钊在《史学概论》里这样叙述历史的分期，指出社会历史过程是"由茹毛饮血的生活而渐进于游牧的生活，由游牧的生活而进于畜牧生活，而进于农业生活，手工业的生活，机

---

① 涂成林：《世界历史视野中的亚细亚生产方式——从普遍史观到特殊史观的关系问题》，《中国社会科学》2013年第6期。
② 中共中央马克思、恩格斯、列宁、斯大林著作编译局编译：《斯大林文选（1934—1952）》上册，人民出版社1962年版，第199页。

器工业的生活"①。陈独秀认为社会的进化分为五个时代，即原人时代、渔猎时代、游牧时代、农业时代、工业时代。② 瞿秋白在《社会科学概论》中把社会历史分为原始共产制、宗法社会制、奴隶或农奴制度（封建）、资本主义、共产主义五种经济关系的社会制度，并提出各阶段之间会有过渡形式。③ 可见，早期学者在社会分期上，一是划分标准不一致，二是对各个社会形态的认知也不同。30年代，唯物史观的"社会形态说"在社会历史分期问题上占据了主导地位，学界认识逐渐得以统一。李达在《社会学大纲》中便认为人类社会全部历史的发展过程，可以列成"先阶级社会、古代社会、封建社会、现代社会、未来社会的五个顺次发展的阶段"④。又如林为樑划分的原始共产主义的构成态、古代的（奴隶所有者的）构成态、封建的构成态、资本主义的构成态、社会主义的构成态。⑤ 普通学者黄菩生在《社会进化史》一书中，也认为应从生产力和经济基础间的矛盾入手，将社会变迁分为原始社会、古代社会、封建社会、资本主义社会。⑥ 可见，当时以马克思主义学者为主的知识分子都普遍认可马克思对于"五种社会形态"的划分。

综上，这一时期，马克思主义学者无论是在论述历史发展过程的辩证性，还是在社会形态的划分上，都突出唯物史观的社会发展规律的普遍适用性，这成为唯物史观的重要内容。其局限在于，这种阐释更多地强调了社会形态之普遍性，对中国社会的具体国情和特殊性不够重视，出现了裁剪中国史料以适应公式的现象。直到抗日战争全面爆发后，对于社会形态的普遍性和特殊性关系问题才有了认识上的较大转变。但应该说，这种解释在当时是有现实性的。翦伯赞在《历史哲学教程》中曾解释过这种阐释现象的现实背景，他说："自大革命

---

① 《李大钊全集》第4卷，人民出版社2013年版，第531页。
② 《陈独秀文集》第2卷，人民出版社2013年版，第379—384页。
③ 瞿秋白：《社会科学概论》，上海书店1924年版，第17—18页。
④ 《李达文集》第2卷，人民出版社1981年版，第298页。
⑤ 林为樑：《唯物史观研究大纲》，《学术界》1937年第2卷第2—3期。
⑥ 黄菩生：《社会进化史》，商务印书馆1930年版。

以来中国革命尖锐化。于是中国部分的历史学者，企图维持中国半封建半殖民地旧有的统治地位，害怕国际革命理论影响到中国民众，于是在历史上曲解中国为一种特殊的'亚细亚的生产方法'，中国两千年来就没有封建势力，中国是特殊的商业资本统治着。为要批判这些误解，并展开正确的现实斗争，因此，历史科学的研究，在今日这个伟大的现实斗争的时代，实为必要。"① 马克思主义者强调唯物史观社会发展规律的普遍性的好处就在于能够给处于革命低潮时期正在彷徨的中国革命者以信心和鼓舞，使他们坚定相信唯物史观对于中国历史和现实仍有着巨大的指导意义。

第三节　阶级斗争说被纳入唯物史观理论体系

一　从根本上调和唯物史观与阶级斗争说的矛盾

1927年大革命的失败给中国共产党人最大的教训就是因革命领导者对阶级斗争问题认识不足，放弃了无产阶级对于中国革命的领导权。这之后，中国共产党对阶级斗争和无产阶级领导权问题较之以往更加重视。1927年8月7日，中共中央在汉口紧急召开的"八七会议"上总结革命失败的经验时便特别强调，大革命时期中央的政策客观上不仅是让步，而是放弃领导权。"无〈产〉阶级在中国社会之中是唯一能引导民权革命到底的阶级。"② 布尔什维克的革命策略，在资产阶级的民权革命中，是必须有独立的革命斗争，取得革命之领导权。③ "在现在的局面中，工人阶级的政党——共产党，不在国民党之内取得领导权，而打算达到无产阶级在中国之内的领导权是不可能的。"④ 这种实践诉求反映到知识界，就是重视研究阶级斗争学说。知

---

① 翦伯赞：《历史哲学教程》，生活书店1938年版，第1—2页。
② 中央档案馆编：《中共中央文件选集》第3册，中共中央党校出版社1989年版，第313页。
③ 中央档案馆编：《中共中央文件选集》第3册，中共中央党校出版社1989年版，第312页。
④ 中央档案馆编：《中共中央文件选集》第3册，中共中央党校出版社1989年版，第272页。

识分子试图通过对阶级斗争问题的再研究,揭开革命失败的原因,探索未来社会变革之路。

在研究阶级斗争的问题时,首先要解决的就是时人常谓的马克思主义理论内部唯物史观与阶级斗争说的矛盾。这种质疑由来已久。在早期的唯物史观阐释中,包括马克思主义者在内的多数知识分子都以为唯物史观与阶级斗争说是分立且矛盾的。这样的阐释模式实际上缩小了唯物史观的理论范畴,增加了唯物史观的机械色彩。他们无法理解,作为"经济宿命论"的唯物史观既然主张生产力是社会发展的根本动力,为何又要说一切历史皆是阶级斗争的历史?既然社会历史发展是依生产力自然进化,为何又要提倡人力的主动变革?唯物史观与阶级斗争说到底孰是孰非?20世纪20年代中期,随着对于马克思主义理论认识的深化,陈独秀、瞿秋白、蔡和森、李达等人面对理论诘难,都曾为调和二者关系作出了努力。他们的解决路径主要是将意志作为桥梁连接唯物史观与阶级斗争学说。他们指出,唯物史观并不否认个人意志的作用,在遵循社会客观规律的前提下,个人意志在社会变革中可以发挥主动作用,这种作用通过阶级斗争来体现。这样就将唯物史观与阶级斗争连接在一起了。可以说,早期学者的努力推动了二者的结合。

但是,问题并未真正解决。因没能对阶级斗争的本质有更为深刻的认识,所以他们只点出了问题的一面,还没能实现唯物史观与阶级斗争的真正融合。当时对二者的阐释依然是平行的两个体系。例如在李达1926年出版的《现代社会学》中说到马克思社会主义学说的组成部分时,仍然是和早期学者李大钊等人看法一致,认为阶级斗争说是贯穿唯物史观、剩余价值和劳工专政三大原理的"有机的联络关系者",并将唯物史观与阶级斗争说进行了分别阐述,即没有将阶级斗争纳入唯物史观。

唯物史观以揭示社会发展规律为目的,只有当阶级斗争说在这一根本问题上与唯物史观相连,才能真正实现二者的统一。这一统一在《社会学大纲》中得以实现。在该书中,李达明确从生产力与生产关系的矛盾角度界定了阶级，将阶级观点全面用于社会历史发展规律的分析中。在第四篇"社会的政治建筑"第一章"阶级"的开篇，李达便指出，"社会发展的自己运动的源泉，是生产力与生产关系的矛盾。这是社会发展的一般法则。但是生产力与生产关系的矛盾，因具体的历史发展阶段的特殊性，表现出各种不同的形态。大体来说，这个矛盾，在人类社会的全部历史中，有非敌对的矛盾与敌对的矛盾两种不同的表现。在表现为非敌对的矛盾的阶段上，社会是无阶级的；在表现为敌对的矛盾的阶段上，社会是有阶级的"①。这里可以明确看到，李达将阶级问题看作生产力与生产关系的矛盾的表现，把阶级问题嵌入唯物史观的根本问题中。如此，当生产力与生产关系的矛盾发展为敌对矛盾时，社会便分裂为阶级。阶级矛盾"就成为社会自己发展的特别的内的矛盾"，分裂为阶级以后的社会便成为阶级斗争的历史了。而生产力与生产关系的矛盾之解决即社会之变革，则依靠阶级斗争实现。从这一角度，便把社会发展与阶级斗争结合在一起了。阶级斗争说不再是单独的理论体系，而成为唯物史观的组成部分了。

正是在这一基础上，学者才接着谈到了阶级斗争又何以能够解决生产力与生产关系的矛盾。这里就要说到阶级斗争之主观属性。因为唯物史观与唯物辩证法的紧密结合，在学者眼中，唯物史观不再是一种机械决定论，它是承认"人类的意志"和"人类的努力"及人类在历史进程中的创造能力的。"史的唯物论强调着人类创造其自身的历史，认为'人类史和自然史不同的地方，在于前者由我们创造，而后者则否'。历史的必然性这观念，丝毫没有否认个人的作用。"② 这种个人的作用是通过阶级斗争的形式来体现的。他们指出："人类对于历史之能动的活动，并不是从个别的个人或人类一般的见地，而是从阶级及阶级斗争的见地出发。"③ 那么既然人力在历史进程中发挥着

---

① 《李达文集》第 2 卷，人民出版社 1981 年版，第 463 页。
② 林为楳：《唯物史观研究大纲》，《学术界》1937 年第 2 卷第 2—3 期。
③ 林为楳：《唯物史观研究大纲》，《学术界》1937 年第 2 卷第 2—3 期。

作用，其是否可以解决生产力与生产关系的矛盾呢？当时一些学者不敢苟同。他们质疑，如果通过阶级斗争可以解决生产力与生产关系矛盾问题，就等于说上层建筑可以改变经济基础。但是唯物史观并不承认上层建筑之主动作用。

对此，马克思主义者此时已经能够运用唯物辩证法清楚认识到上层建筑对于经济基础的相对独立性和主观能动性了。所以在解释唯物史观与阶级斗争如何调和的问题上，论者说，唯物史观并不把上层建筑认作经济基础之被动的结果，上层建筑以经济构造为基础而独立着，它自身同时就有相对的独立性和内在的规则性，而反作用于经济之上，作成其发展的形式，可使其迅速或迟缓。论者援引了恩格斯的话说，"经济的状态虽是基础的，然而上层建筑之种种的契机，即阶级斗争的政治的形态与其结果——胜利阶级在战胜之后所制定的宪法及其他、法律形态、当事者的头脑中的这一切现实斗争的反映——即政治上、法律上、哲学上的理论、宗教的见解、及其向教义体制的发展……（这一切，是）影响于历史斗争的进行的"[1]。所以通过以上的分析，学者才得出结论，即当旧生产关系阻碍生产力发展时，代表新生产关系的阶级是可以通过主动行动即阶级斗争来解决这一矛盾的。

可以看出，这一时期学者在调和唯物史观与阶级斗争说的矛盾时，是把阶级斗争说与唯物史观研究的最根本的社会基本矛盾问题相联系的。强调了阶级斗争的客观属性与主观性是必须兼具的，二者不可割舍任何一方。他们认为，马克思主义是把最高度的科学性与最大的实践能动性结合的，"是要把事物之客观状态的分析上的科学的忠实与大众、个人、集团、政党等等实践的精能、创造力、发意相结合的"[2]。这样一来，阶级斗争学说既具有客观必然性，同时还有主观能动性，也就自然能与唯物史观相调和了。

---

[1] 林为楳：《唯物史观研究大纲》，《学术界》1937年第2卷第2—3期。
[2] 林为楳：《唯物史观研究大纲》，《学术界》1937年第2卷第2—3期。

通过将阶级斗争的根本原因归于生产力与生产关系的社会矛盾运动，从而调和了唯物史观与阶级斗争说的矛盾，学者们将阶级和阶级斗争的观点完全渗入到唯物史观对社会历史分析的各个部分，使得阶级斗争问题彻底成为唯物史观的组成部分。如果说在早期阶级斗争说还是和唯物史观理论分立的话，现在阶级斗争问题已经作为主要部分被纳入唯物史观理论中了。例如，李达的《社会学大纲》在论述"社会的政治建筑"的篇章中，就将阶级问题作为其中的首要问题，强调一切政治的现象都是阶级现象。所以主张要理解政治的上层建筑，必先理解阶级的全部理论。在《社会学大纲》阐释社会的经济构造与上层建筑诸要素的时候，李达也全程贯穿着阶级斗争说的观点。可以说，学者已经将阶级斗争与社会分析进行了密切的、合理的结合。

又如，吴亮平将其编著的《辩证法唯物论与唯物史观》一书称作"现时最好的唯物史观教本"[1]，该书第五章即是对"阶级及阶级斗争的学说"的探讨，并以生产力与生产关系的矛盾解释阶级斗争。在书的附录《唯物史观研究大纲》中，作者解释了第五章的要旨在于，"第一，社会中阶级的区分是任何建立于私有财产制度之上的生产方法所固有的基本矛盾；第二，阶级斗争是经济的及政治的斗争，它是把一种社会形态转变为别种社会形态的必要手段，它在资本主义社会中不可免的要进入无产阶级夺取政权的斗争。"[2] 可见，作者也将阶级问题与社会矛盾运动问题相联系，并且将阶级斗争问题渗入到社会形态说中。再如林基路的《唯物史观研究大纲》一文，也是以"生产力与生产关系的矛盾、阶级斗争"为标题对唯物史观进行专门论述。左翼学者朱镜我 1928 年在《文化批判》上发表的《科学的社会观》一文也重点分析了阶级问题。[3] 当时就连反对唯物史观的人也认阶级斗争为唯物史观的重要组成。国民党人谓"阶级斗争是唯物史观中一

---

[1] 吴理屏编译：《辩证法唯物论与唯物史观》，上海心弦书社 1930 年版，第 2 页。
[2] 吴理屏编译：《辩证法唯物论与唯物史观》，上海心弦书社 1930 年版，第 370 页。
[3] 王慕民编：《朱镜我文集》，海洋出版社 2007 年版，第 19—39 页。

个重要公式"①。童行白的《唯物史观与民生史观析论》一书在批判唯物史观时把阶级斗争作为"马氏史观的矛盾点"②。还有国民党人以为唯物史观由四个公式组成，即一般文化的物质的基础、社会组织的辩证法的发展、阶级斗争的经济的基础、一般政策的前提或物质的条件。其中后两者"在广义上，也都可以叫做阶级斗争论"③。自由主义者张东荪也指出，"唯物史观总题下有生产条件，有阶级斗争，有上层构造，下层构造诸说"④。可见，各方知识分子在考察阶级斗争问题时都是把其置于唯物史观的理论体系之下，将阶级斗争说看作唯物史观的核心组成，并将阶级观点完全融于对社会结构和社会历史的分析中。

二 阶级斗争被视为变革社会的重要动力

正是由于当时各方学者普遍把阶级斗争说作为唯物史观的一部分，引起了反马克思主义者对唯物史观的激烈反对。早期国民党人和自由主义者还能把唯物史观看作学术方法肯定其学术价值，现在却因为阶级斗争说的加入，唯物史观不仅被国民党御用文人彻底拒斥，也为自由主义学者重点批评。不少学者在批判唯物史观时重点抨击了阶级斗争说。他们认为，马克思发明唯物史观的目的就在于说明阶级斗争⑤，唯物史观就是一种斗争史观⑥。强调"唯物史观里面所说的社会革命——阶级斗争，更有批评的必要"⑦。1927年到1937年间，国民党人与自由主义者围绕阶级斗争是否是社会进化原动力、阶级斗争在中国的适用性，以及阶级斗争与民族斗争等诸多问题展开了讨论，而马克思主义者在与反对者的理论激辩中，对阶级斗争说进行了重点和深

---

① 颠公：《共产党基本理论——唯物史观的批评》，《铲共半月刊》1930年第5、6期合刊。
② 童行白：《唯物史观与民生史观析论》，上海南华图书局1929年版，第17页。
③ T. C：《马克思唯物史观之批评》，《三民半刊》1928年第1卷第3期。
④ 张东荪主编：《唯物辩证法论战》，民友书店1934年版，第4页。
⑤ 陈公博：《物的根据和解释（续）》，《大公报（天津版）》1930年5月4日第1版。
⑥ 瞿辉伯：《共产主义基本的理论——唯物史观与民生史观之比较》，《党务月刊》1931年第9—11期。
⑦ 樊颖明：《倒果为因的唯物史观》，《新声》1930年第15期。

入的研究，推进了对阶级斗争说的认识深化。

对于阶级和阶级斗争问题，国民党人和自由主义者承认阶级和阶级斗争存在是一种事实。例如，国民党人萨孟武说："社会之有阶级，为不可掩之事实，既有阶级，亦必有阶级斗争之事。"① 《浙江反省院月刊》上的论者也称，阶级是在社会上担任同一任务的，享受财富的方法和分量也是相同的人所集成的大团体。"所以阶级不单是现代，老早就有了"。譬如我国有士大夫阶级、农民阶级等等。论者承认阶级是一种由历史决定的社会形态，不必否认阶级的存在。只须讨论阶级是否应该斗争罢了。② 可见，在是否存在阶级和阶级斗争问题上，他们与马克思主义者分歧不大。双方争论的焦点在于，阶级斗争是否是社会进化的原动力。一些人谓，"阶级斗争，是否是社会进化之原因，不能不有问题耳"③。

国民党人与自由主义知识分子虽然承认阶级斗争的存在，但不代表他们支持通过阶级斗争实现社会变革。在他们看来，"今日共产主义者，乃误信阶级斗争为社会进化之原因"④。阶级斗争不是社会进化之原动力，把阶级斗争看作进化的原因是一种因果倒置。阶级斗争是当社会要进化的时候的一种病症，这种病症的原因是人类不能求生存。即统治阶级为了维持其特权，保持生存，而被统治阶级又想破坏特权，改良生存，所以是因为人类不能求生存才引发了阶级斗争的结果。马克思只是看到了社会进化的病症，没有见到社会进化的原理。这些反对阶级斗争的学者就此认定阶级斗争是错认社会病态为常态而产生的错误理论。

为推翻阶级斗争是社会进化的原动力一说，学者经常举的反例是原始社会与共产主义社会这两个无阶级社会的进化问题。他们认为，

---

① 萨孟武：《民生史观》，《新生命》1928年第1卷第5号。
② 陶秉珍：《从三民主义立场来批评马克思主义（下）》，《浙江反省院月刊》1931年第5、6期合刊。
③ 萨孟武：《民生史观》，《新生命》1928年第1卷第5号。
④ 萨孟武：《民生史观》，《新生命》1928年第1卷第5号。

按照马克思的说法，原始社会没有阶级存在，自然不会有阶级斗争发生，那没有阶级斗争，原始社会就无法消亡而进入到文明社会。这样"现社会之文明更是无解之谜了"。同样，按照这一逻辑，到了共产主义社会实现之时，也即阶级和阶级斗争消亡之日，社会就不会再向前发展。[1] 他们认为这显然也不符合唯物史观关于社会一直处在运动、发展状态的主张，因而觉得不能说社会进化的原因在于阶级斗争。这里这些学者显然曲解了马克思阶级斗争说的原意。马克思所主张的是，阶级斗争是"阶级社会"发展的直接动力，而不是所有的社会。原始社会虽然没有阶级，但随着生产力的发展，剩余产品越来越多，对剩余产品的私有制占有也就出现了，原先的共同分配和共同劳动的关系被破坏，而被剥削关系所代替，于是就会产生阶级。通过阶级间斗争，原始社会解体而进入到文明社会。而到了共产主义社会，虽然没有阶级矛盾，但是生产力与生产关系的矛盾依然会存在，从而推动社会发展。所以说，这些学者试图以上述"反例"论证阶级斗争不是社会发展的原动力的做法是根本站不住脚的。

而且即使承认阶级斗争就是社会进化的动力，但并不代表他们就认为阶级斗争说适用于中国。萨孟武质疑道，就算阶级斗争是社会进化的原因，但阶级因时因地而异。若按马克思的划分，则可分为自由民与奴隶、贵族与平民、领主与农奴、行东与工匠，最后变为劳动者与资本家。但今日中国的阶级，又属于以上何种？"中西文化，本不相同，而中西社会，尤复有异，吾人何能无视中国情形，同舶来式劳资斗争论；而实施于中国乎？"[2] 在许多国民党人和自由主义者看来，中国现实并不具备阶级斗争的条件，他们认为无产阶级与资产阶级的斗争只有到资本主义发达后才能出现。而现在中国土地既未集中，工厂又不发达，此实可反证中国劳资阶级尚未明确分立。如果现在就用西方的办法造成中国的阶级斗争，这会导致中国各阶级无法联合战

---

[1] 曲礼还：《马克斯主义之批判与中国革命之出路》，《自新月刊》1932 年第 39—40 期。
[2] 萨孟武：《民生史观》，《新生命》1928 年第 1 卷第 5 号。

线，以与军阀和帝国主义相抗争。因而主张中国不能实行阶级斗争。

叶青则披着马克思主义的外衣，虽然表面上不反对阶级斗争，但他批评沈志远等马克思主义者忽视了阶级斗争的客观经济条件，过多强调阶级斗争。他虽然也认为唯物史观与阶级斗争说是统一的，但是他强调，阶级斗争说不应该违背"经济决定论"。阶级斗争为经济所决定，是站在经济基础之上的。所以他指责中国的马克思主义者只知道实践的主观力量，而昧于实践的客观条件。于是狂叫阶级斗争、革命实践。① 国民党人童行白更谈到，阶级斗争是马克思针对70年前的欧洲社会所提出的策略，但终马克思一生也没有见到阶级斗争的成效。70年后的今天，阶级斗争也如石沉大海，资本主义社会反而很稳定。② 自由主义者丁文江和黄平凡也都认为，中国尚无明确的阶级对立，阶级意识也不存在，即使要暴动也要等到革命机会成熟。③ 总之，他们都以为，在当时的中国并不能实行阶级斗争以促进社会进化。

那么既然阶级斗争不能作为社会进化的原动力，什么才是呢？不少国民党人遵照民生主义主张，强调人类求生存，才是社会进化的原因。他们引用了孙中山先生的表述来申明自己的主张。孙中山先生在《三民主义·民生主义第一讲》中指出，社会有进化的原因是因为社会上大多数的经济利益是相调和的，而不是有冲突的。所谓利益相调和即是为大多数人谋利益，如此社会才能进步。所以学者举例称，今日欧美各国从事种种经济利益相调和的事业以后，社会便极有进化，大多数便享幸福，并不如马克思所说阶级斗争才是社会进化的原因。④ 萨孟武也指出，阶级斗争虽发生于社会进化的转换期，但社会进化并不是由于阶级斗争，而是因为阶级斗争结束之后，人类生存可以改良

---

① 叶青编著：《新哲学论战集》，上海辛垦书店1936年版，第143页。
② 童行白：《唯物史观与民生史观析论》，上海南华图书局1929年版，第20页。
③ 丁文江：《评论共产主义并忠告中国共产党员》，《独立评论》1933年第51期；黄平凡：《读〈评论共产主义并忠告中国共产党员〉后》，《独立评论》1933年第62期。
④ 樊颖明：《倒果为因的唯物史观》，《新声》1930年第15期。

才得以推进。"故阶级斗争之后，不能改良人类生存者，社会亦不进化。反之，若能改良人类之生存，则虽无阶级斗争，人类亦可进化。"① 所以说社会进化的原动力在于人类求生存。

除了质疑阶级斗争是社会进化之原动力这一问题以外，他们质疑的另一个焦点在于阶级斗争与民族斗争的矛盾。自 1931 年"九一八"事变爆发以来，民族矛盾上升为中华民族的主要矛盾。应该采取什么样的方式对抗日本帝国主义的侵略成为亟待解决的现实问题。在他们看来，当下应取民族斗争而不是阶级斗争。争取民族利益应成为首要问题，马克思提倡的"工人无祖国"的阶级斗争不能解决现实问题。有论者强调，殖民地的民众所追求的是民族解放。要民族解放就必须民族斗争。还有论者指出，要确定民族利益与阶级利益孰轻孰重，有三个标准。第一，民族历史或阶级历史孰久？第二，民族间的冲突与阶级间的冲突孰甚？第三，一个民族或一个阶级所受外部援助或压迫的力孰大？具体考察中国的历史及其环境，论者认为，民族的历史甚为悠久，民族内部也没有纠纷，但外来民族压迫的力量却很大。所以中国的民族意识虽然薄弱，但较阶级意识则强烈得多。中国没有强大的资产阶级，其只是外国资本家的附庸。所以就算稍微发生了阶级斗争，也要转到民族斗争去。试看上海的五卅大罢工、香港大罢工，无一不是由阶级斗争而转为民族斗争。所以在经济落后的次殖民地中国，民族意识较强于阶级意识，民族利益超越于阶级利益。故论者提倡在中国国民革命过程中，必须实行民族斗争，发扬民族意识，拥护民族利益，同时掩盖阶级意识，协调阶级利益，中国国民革命才可完成，世界大同才可实现，而阶级斗争亦可同时归于消灭。② 他们批判马克思"工人无祖国"的说法过于理想化。片面地认为，当国家发生战争时，各国的无产阶级都会为了祖国而与他国的无产阶级斗争。例如，欧战爆发时，民族意识没有崩溃，阶级意识反而消灭。

---

① 萨孟武：《民生史观》，《新生命》1928 年第 1 卷第 5 号。
② 范师任：《民族斗争与阶级斗争》，《进化》1929 年第 6—7 期。

"法国无产者高呼'为祖国而战',而与其同一阶级的德国无产者相见于疆场,同样,德国无产者也向其同一阶级的英国无产者血肉相搏。"①

总之,在一些学者看来,阶级斗争不是进化之原动力,亦无法解决民族解放的问题。可以看出,他们没能正确地理解阶级和阶级斗争的概念,没有看到阶级斗争发生的必然性。在他们看来,马克思说的阶级"是人类相互间的关系上,利害立足点相同之一部份人类的统称"②。斗争不过是因为各阶级间物质利益分配不均的结果,都是为了维护自己阶级的利益。只要分配公平,阶级斗争即可消失。③ 所以他们片面地以为,无产阶级不需要斗争也可以得到自己的利益。阶级之间的矛盾可以通过代议政治由各阶级的代表在议会中和平解决。④ 这里他们显然没有弄清阶级其实不是一种物质利益或者财富多寡的问题,而是生产关系问题。没有看到阶级矛盾背后是生产力与生产关系的矛盾。在马克思看来,在阶级社会,因生产力与生产关系的矛盾无法调和,阶级斗争是不可避免的。他们还以为阶级间的斗争也不一定起于马克思所说的经济原因。国民党政治教官瞿辉伯表示,阶级对抗固然是人类历史上的事实,但不必皆是为着经济而起的。譬如人种斗争,或其他政治意味的斗争,我们当然也不能强将其引到经济的关系上去。因为别种性质的斗争,亦是历史上不可埋没的事实。⑤ 其他论者也认为,因为社会中实在有许多阶级,如宗教的派别,职业的行会,政治的党团,以及因种族与语言而形成的集团等,现在都不能归纳到,就是将来也不能归纳到两个以经济利益相对垒的阶级。原因在

---

① 商恩普:《阶级斗争理论破产与中国共产党的灭亡》,《安徽反省院反省月刊》1936年第17—18期。
② 范师任:《民族斗争与阶级斗争》,《进化》1929年第6—7期。
③ 汪卓然:《民生史观与唯物史观》,《大道月刊》1935年第4卷第4期。
④ 陶秉珍:《从三民主义立场来批评马克思主义(下)》,《浙江反省院月刊》1931年第5、6期合刊。
⑤ 瞿辉伯:《共产主义基本的理论——唯物史观与民生史观之比较》,《党务月刊》1931年第9—11期。

于，第一，无产阶级与资产阶级无论如何是不能代表社会全体的，其中还有中间阶级存在。第二，这两个阶级中又有不同的利益，没有统一的团体意识。①

面对种种理论诘难，马克思主义者必须要给予明确有力的回应。他们首先要做的就是对阶级概念有个正确的解读。因为社会阶级的存在问题，在当时的人们眼中已是"俨然的事实"，早无议论的余地。但是怎么样去考察这个阶级，才能得到一个正确的答案，"在今日的公式主义者和俗学主义者跋扈的现状下，大有仔细地提出问题的必要"②。

为了廓清阶级的概念，马克思主义者首先针对上述学者将阶级以非经济原因划分的做法一一进行了批判。如当时有人把"自然的差别"当作阶级划分标准，李达认为，人类禀赋上的自然差别在任何时代原是不可避免的事情，但这种差别不能作为阶级分裂的根据。这些差别并不是马克思所说的一个集团独占他一集团的劳动的差别，根本不是阶级的差别。他强调，所谓宗教、职业、政治的划分标帜，都只是"补足的标帜"，即"人类的斗争和政治的强力，不能成为阶级分裂的原因，并且单只采取政治的标帜去说阶级的差别而切离其与经济的联系，这是单用第二义的标帜去区别阶级的错误"，这粉饰了阶级间的根本矛盾。③ 这样做的后果便是无法说明阶级矛盾之不可调和与阶级斗争的必然性。从生产关系划分阶级，并不代表否认其他阶级的存在，李达一直将无产阶级与资产阶级称作"两个主要的阶级"。他明确表示："在现实上，单只两个主要阶级存在的'纯粹'抽象的社会，是不曾有过的"。"在现代社会之中，也不单是资本家与劳动者两阶级存在，同时还有农民、地主、都市小布尔乔亚、知识分子及浮浪无产者。"④

---

① 颠公：《共产党基本理论——唯物史观的批评》，《铲共半月刊》1930年第5、6期合刊。
② 王慕民编：《朱镜我文集》，海洋出版社2007年版，第19页。
③ 《李达文集》第2卷，人民出版社1981年版，第469页。
④ 《李达文集》第2卷，人民出版社1981年版，第479页。

对于阶级划分,更普遍和更有迷惑性的看法是像前述学者将马克思所说的阶级理解成物质利益多寡的问题。朱镜我表示,现在"最卑近的而且最普遍的见点是以贫富的差别为分别社会的阶级"[①]。这种划分用于特定的阶级内的人员的财产等级,即区别大地主与小地主,大资本家与小资本家,或者熟练工人与不熟练工人,或许还可有用,但却不能以各个人的贫富的差异来定义阶级。马克思主义者认为这些学者根本不了解阶级斗争的实质,因而抹杀阶级斗争的客观性质。这一时期的马克思主义者并不只是把阶级看作经济利益相同的一个人群,而是更深入地揭示出经济利益正是表现出一定生产方法所固有的矛盾。国民党人和自由主义学者并不懂得生产手段的分配,就是生产力发展的某一阶段上生产过程的出发点及决定点。因此,马克思主义者是把阶级矛盾当作生产矛盾的表现看的。他们认为,若从国民党人和自由主义学者划分阶级的观点出发,那么就是说在经济利益的某种调和之下,可以用阶级和平来代替阶级斗争。但实际上,不破坏生产手段的私有财产制,基于阶级对立之上的经济体系的矛盾是不能解决的,不经过革命和无产阶级专政,这些矛盾都是无法解决的。所以阶级利益的调和只是幻想。[②]

其实,早期马克思主义者在阶级问题上的认识也不准确。例如李大钊在对阶级的理解上,更多只是强调"经济上利害相反的阶级",强调生产手段或者财产有无的问题,故而把资产阶级与无产阶级称作"有产阶级"和"无产阶级"。同时,把阶级斗争更多地称作颇具有进化论色彩的"阶级竞争"。[③]受早期互助论影响,李大钊曾一度主张将阶级竞争与互助论相结合。1927年后,马克思主义者更多是从生产力与生产关系的矛盾问题出发,逐渐对阶级概念和阶级斗争问题有了认识上的深化,并肯定阶级斗争是社会发展的原动力。朱镜我在《科学的社会观》一文中重点探讨了阶级问题。他以为,社会阶级的

[①] 王慕民编:《朱镜我文集》,海洋出版社2007年版,第21页。
[②] 吴理屏编译:《辩证法唯物论与唯物史观》,上海心弦书社1930年版,第171页。
[③] 《李大钊全集》第3卷,人民出版社2013年版,第17页。

发生、形成及其发展的原因，不能不在这个社会的经济构造之内加以考察。他指出，有许多学者对于社会的阶级分裂的现象，一方面虽是正当地在社会的生产力上认识它的原因，但在另一方面，研究阶级问题时，却不把立脚点放在生产关系上去考察。他们"只是素朴地信仰着唯物史观的公式中的文字的前后，不把社会阶级当作一个社会的经济的过程中的主要因子。这种见解，完全把社会的经济过程中的诸要素的相互关系无理地分裂离散，结果只是纷错下部构造与上部构造的必然的内的联络，不得不支离灭裂地去弥缝补救了"①。在马克思主义者看来，规定的阶级的标识是所有关系。所有关系，首先是生产手段的所有。财富的所有，不过是其法律形式而已。"阶级的存在，以一定历史阶段上的社会生产体制内的人们的地位的相异为第一的前提，这样的相异，表示在人们对于生产手段的关系的相异中，即在生产手段的分配的样式中。"② 所以，阶级问题，从根本上说是生产关系问题。

当时李达等马克思主义者在阶级的概念界定上都以列宁1919年在《伟大的创举》中对阶级的定义为依据，即"阶级是由于人们在历史的特定社会生产体系中所处的地位，由于他们对于生产手段的关系（其大部分经法律制定并赋以形式），由于他们在社会的劳动组织中的任务，由于他们依怎样方法并在什么程度去领受社会财富中所能处理的部分等，而互相区别的人类的大集团。阶级是人类的大集团，是由于他们在特定社会经济制度中的地位的差别，而其一方能独占他方的劳动的人类集团"③。可以看出，对于阶级概念，此时的马克思主义者更强调生产关系问题，也就是强调一阶级对一阶级的剥削压迫的关系，而不是单纯的物质利益分配不均的问题。马克思主义者意在指明，"阶级的榨取，必然招来阶级的斗争"④。剥削阶级依靠其占有的

---

① 王慕民编：《朱镜我文集》，海洋出版社2007年版，第20页。
② 林为楳：《唯物史观研究大纲》，《学术界》1937年第2卷第2—3期。
③ 《李达文集》第2卷，人民出版社1981年版，第465页。
④ 林为楳：《唯物史观研究大纲》，《学术界》1937年第2卷第2—3期。

生产资料和在生产体系中所处的统治地位，对被剥削阶级实行残酷的压榨掠夺。而在经济制度与政治组织上都处在被压迫地位的阶级，与支配阶级起着不相容的对立，要维持自己的生存，摆脱被剥削和受压迫的地位。这样的阶级矛盾在所有的生产样式的限界之内是不能解决的。"因为这生产样式，是立脚于一定的阶级的榨取的形态之上的。这阶级的矛盾的解决，只有旧的生产方式，旧的生产关系的废止，新的代之而起才有可能。"① 故而，阶级斗争在阶级社会是不可避免的，由这种阶级利害引起的阶级斗争，是历史发展之起动力。

针对阶级斗争与民族斗争的问题的争论，马克思主义者并不认为阶级斗争与民族斗争相矛盾，反而强调民族斗争如果放弃阶级斗争，民族解放事业必会失败。因为民族问题的根源在于阶级问题，只有采取阶级斗争，才能真正解决民族问题。他们的观点主要是受到了共产国际的影响，尤其是列宁在《民族殖民地问题提纲初稿》中提出来的"中国国民革命是世界革命一部分"思想的影响。艾思奇在1936年《读书生活》上发表的《民族解放运动的镜子》一文中，就强调在进行民族解放事业时，要进行阶级分析。"民族解放运动的镜子，是要认真的反映半殖民地社会的一切……看清楚在这社会的经济结构里……那些人是真正可以为民族抗争，那些人又有成为汉奸的可能，他们做汉奸是为了什么利益？"② 所以要进行民族解放运动，必须首先运用阶级分析方法对革命和反革命力量有深刻认识。之所以如此，是因为在马克思主义者看来，民族斗争的实质是阶级斗争。

朱镜我在1930年发表的《中国目前思想界底解剖》与《民族解放运动之基础——关于民族解放运动之一个驳论》二文在这一问题上的观点较具代表性，他具体分析了当时中国民族问题背后的阶级现实。朱镜我针对当时存在的以民族斗争取代阶级斗争的民族改良主义思潮，揭露这种思潮的理论中心，是想以民族意识或民族精神去代替

---

① 林为樑：《唯物史观研究大纲》，《学术界》1937年第2卷第2—3期。
② 艾思奇：《民族解放运动的镜子》，《读书生活》1936年第3卷第7期。

阶级意识，以阶级协调代替阶级斗争。他们的实际政策就是镇压和麻醉工农群众的斗争行动，并以和平外交、协调精神去代替对帝国主义的彻底斗争，企图造成民族资产阶级中央集权的统一国家。

朱镜我认为这种思想是没有前途的，因为它忽视了时代背景和中国的阶级矛盾现实。第一，现在的民族运动处于帝国主义的时代。在这一时代，帝国主义强大国家吞并了独立国家。世界被划分为剥削民族和被剥削民族、压迫民族与被压迫民族。所以这一时期的民族运动是以帝国主义国家内部的民族斗争，和帝国主义与殖民地民族间的斗争为主要的特征。也就是说民族问题已经成为世界规模的民族问题，而民族解放运动也成为促进无产阶级世界革命的一个原动力。"忽视这一世界的斗争情势，便不能真实地理解中国的民族解放运动；回避中国民族运动之这样的世界的意义，便不能洞见民族运动之本质。"[1]朱镜我批评现在的理论家不明白指出中国民族运动与世界无产阶级及弱小国家被压迫无产阶级之紧密的联系，故意漠视中国民族运动的客观现实状态，而使之成为独立的、中国一国的问题，使其不能进逼问题的核心，而踌躇于问题的周围。第二，现在国内情势是，民族资产阶级背叛了革命，屠杀了工农群众，勾结封建残余势力，投降了帝国主义，形成了帝国主义、封建残余和民族资产阶级联合的反动政权。这样的政权的阶级实质决定了其不可能对外反对帝国主义取得民族独立，对内反对封建主义实现人民解放。第三，在全国经济大破产的过程中，民族资产阶级与工农被压迫阶级的利害关系绝对没有一致的可能，只有一天比一天的对立而尖锐化的前进。综合以上三点来看，民族矛盾背后实质是阶级矛盾，所以如果"不能熟视这一客观的情势，阶级关系之实状，而欲凭空造出一种理想，来号召并动员广大的群众，以完成中国的民族运动，这是绝对不可能的"[2]。因而，他希望"在民族问题上……使广大的革命群众……坚决地走上阶级斗争的大

---

[1] 王慕民编：《朱镜我文集》，海洋出版社 2007 年版，第 297 页。
[2] 王慕民编：《朱镜我文集》，海洋出版社 2007 年版，第 322—323 页。

道，完成中国民族解放运动的任务"①。

朱镜我指出，自1927年大革命失败以来，在地主、豪绅、买办资产阶级联合的反动政权下，中国的民族解放运动已成为民族投降运动。这一反动政权残酷地屠杀广大的工农群众及青年革命分子，自然不能解放中华民族在帝国主义铁蹄下的痛苦与压迫，反而使中华民族成为帝国主义的更进一步的奴隶，而永无获得自由的希望。② 所以，中国革命队伍必须与各民族中的被压迫阶级结成亲密的联合战线，扶助被压迫阶级的发展，在这一平等、独立、自主的条件之下，团结在同一战线之下，而形成各民族自由联合的苏维埃联邦。只有这样，才能使中国革命胜利，才能解决国内的民族问题。③ 在马克思主义者看来，在帝国主义时代，民族问题是与阶级问题交织在一起的，被压迫民族的统治阶级必然勾结压迫民族的统治阶级，联合压迫被压迫民族的无产阶级，所以只有各国无产阶级联合起来，在国际上以无产阶级专政的苏维埃俄国为中心，形成继续与帝国主义抗争的阵营。在各国内推翻资本主义社会制度，建立无产阶级的政权，才能使国内的民族解放事业得以实现。

以上可见，这一时期的马克思主义者非常重视捍卫阶级斗争说的理论地位和现实价值，他们重点澄清了对于阶级概念的误解，厘清了民族斗争与阶级斗争的关系，但是他们与国民党人和自由主义者对阶级斗争看法的最大不同还是在于无产阶级专政问题。这是马克思主义者特别强调的。朱镜我表示其他学者虽然也会说阶级斗争，但不主张无产阶级的政权。他们也会承认中国今日阶级斗争之尖锐化，但却主张各阶级革命分子的联合战线。他们也会承认土地革命之需要和迫切，但却反对农民在无产阶级的领导下夺取土地。④ 总之，这些学者虽承认阶级斗争，却意在取消无产阶级的领导权，希冀缓和工农群众

---

① 王慕民编：《朱镜我文集》，海洋出版社2007年版，第291页。
② 王慕民编：《朱镜我文集》，海洋出版社2007年版，第290页。
③ 王慕民编：《朱镜我文集》，海洋出版社2007年版，第303页。
④ 王慕民编：《朱镜我文集》，海洋出版社2007年版，第324页。

的坚决斗争。而马克思主义者强调无产阶级领导权和无产阶级专政问题的原因是大革命的失败使他们看到了取消无产阶级领导权对于革命事业的危害。

在这样的背景下,马克思主义者在阐释阶级斗争问题时就重点突出了无产阶级领导权和无产阶级专政问题在马克思阶级斗争说中的理论地位,强调"阶级斗争发展的结果必然归结于无产阶级专政"[①]。吴亮平主张,为了变革旧的生产方式,无产阶级——被压迫阶级——就应该把政权集中在自己的手中,用这个政权的力量来实现社会财富的共有及社会的改造。只有用这样的政权的力量,才可以征服文化较高的、经验较丰富的统治阶级,才可以取得自己的胜利。所以从资本主义到共产主义,必须经过一个无产阶级专政的时期。在这个专政的过程中,无产阶级必须消灭资产阶级,同时也得消灭自己这个阶级。在这个意义上来说,无产阶级专政是一切阶级斗争的历史之总结和完成。[②] 所以当时不少马克思主义学者在论述阶级斗争问题时强调重点要"指出由阶级社会进到无阶级社会的过渡时期内无产阶级政权及新的政权形式的必要"[③]。故在吴亮平所编《辩证法唯物论与唯物史观》一书中专门讨论了无产阶级专政的必要性、实质、任务和方法,以及无产阶级如何从自在阶级转变为自为阶级等问题。

1927年大革命失败后,知识界对阶级斗争问题的讨论较以往更加深入和具体了。马克思主义者站在生产力与生产关系的矛盾角度最终调和了唯物史观与阶级斗争的矛盾问题,将原本独立的阶级斗争说成功整合进唯物史观并成为其理论的中心问题之一。这使得唯物史观的社会实践性更加凸显出来,也因此引起了反马克思主义者在阶级斗争问题上与马克思主义者的针锋相对。马克思主义者不仅仅是承认阶级斗争的事实,更从正确的阶级观念出发突出了阶级间矛盾的不可调和性,阶级斗争的必然性及其在解决民族解放等现实问题时的必要性,

---

[①] 张如心:《无产阶级底哲学》,上海光华书局1930年版,第87页。
[②] 吴理屏编译:《辩证法唯物论与唯物史观》,上海心弦社1930年版,第170页。
[③] 吴理屏编译:《辩证法唯物论与唯物史观》,上海心弦社1930年版,第373页。

肯定了阶级斗争是阶级社会发展的原动力。最重要的是，在这些问题探讨的基础上，马克思主义者揭示了与国民党人和自由主义者在阶级斗争理解上的根本区别——无产阶级的领导权问题。马克思主义者强调阶级斗争必然宿归于无产阶级专政，坚决谴责模糊或者取消无产阶级的领导地位的种种谬见。这种阐释趋向是与大革命时期及失败后的政治现实密切相关的。1925年1月召开的党的四大的中心议题即是讨论中共如何在日益高涨的革命运动中加强领导，以及工人阶级如何参加民族革命运动等问题，非常明确地提出了无产阶级在民主革命中的领导权问题。加之大革命失败后的教训，所以这一时期马克思主义者从原先仅仅对阶级斗争的必然性的片面把握，到对阶级斗争的组织与运用方式、策略方面都有了具体的探讨，可谓是一大进步。

综上可见，面对国民党御用文人和自由主义者因政治立场不同而对于唯物史观诸理论问题的误读与质疑，马克思主义者给予了全面回应。他们运用唯物辩证法这一无产阶级的斗争武器更深刻地解读唯物史观，改变了以往的机械认识，从辩证的角度凸显了社会基本矛盾诸要素的能动性，社会发展规律的"动的逻辑"及其普适性，并对阶级斗争的社会革命手段有了深入具体的认识，凸显了唯物史观的"革命逻辑"。这样的阐释趋向对中国革命与中国学术的发展产生了深刻的影响。

第五章
唯物史观的主流阐释与"中国向何处去"

　　1927年至1937年间，在对"中国向何处去"的追索下，知识分子对唯物史观作出了不同的解读。从对中国革命和学术的影响来看，马克思主义者在与各方争论中脱颖而出，占据了唯物史观阐释的主导，影响着中国之命运。总体来看，马克思主义者的阐释基本把握了唯物史观的主要论旨和原则。但也因当时社会历史条件，知识分子的理解力和思想资源条件局限，存在一些不足。马克思主义者的阐释趋向对中国政治与学术的"向何处去"产生了深刻影响。从对中国政治的影响看，唯物史观的主流阐释为新民主主义革命寻找到理论依据。从对学术的影响看，唯物史观的主流阐释在哲学、史学、社会学、经济学、政治学、文学等各领域都确立了主导地位，影响着各学科的研究导向，进而也为"中国向何处去"的现实服务。

第一节　1927—1937年唯物史观主流阐释的基本特点

　　马克思主义学者在对唯物史观的性质认知，对其基本理论，诸如生产力与生产关系、经济基础与上层建筑的关系、社会历史规律，以及阶级斗争问题的阐释上，都积极回应了来自国民党御用文人和自由主义学者的理论诘难，在理论阐释上表现出既不同于同时期其他派学者，也不同于早期马克思主义者阐释的鲜明特点与趋向。1927年大革命失败以后的知识分子，由于唯物辩证法的传播，认识到唯物史观不再是一种经济决定论，而是辩证唯物的历史观。在这一观念指导下，他们认为，生产力与生产关系、经济基础与上层建筑，不仅有生产力和经济基础的决定性作用，同时生产关系和上层建筑也各自有着能动的反作用，也会影响社会发展。这种生产力与生产关系的矛盾运动推动着社会进步，使得社会历史发展不再是一种渐变的进化过程，而是具有突变性的辩证发展过程。并认为五种社会形态说在各国都具有普遍适用性。从生产力与生产关系的矛盾出发，他们将阶级斗争说纳入唯物史观体系，并占据其理论的核心位置。从马克思主义学者的这种解读方式中，可以看出其鲜明的特点与趋向。

一　唯物史观主流阐释的特点与趋向

综观大革命失败后到全面抗战爆发前这段时期，知识界对唯物史观的阐释与研究，有几个很重要的特点。

第一，以"中国向何处去"为导向，阐释具有鲜明的现实指向性。马克思在《关于费尔巴哈的提纲》中明确指出："哲学家们只是用不同的方式解释世界，问题在于改变世界。"[①] 唯物史观理论本身即是具有深刻现实性的学说体系。自以唯物史观为核心的马克思主义思潮传入中国以来，就是被用作社会改造学说来解决现实问题。但是由于当时对唯物史观的机械式解读，人们误解唯物史观是一种宿命论或经济决定论。这种解释为许多人所质疑和利用。例如，在20年代初的社会主义论战中，梁启超与张东荪等人即利用此种解读反对社会主义在中国实行的可能性。早期马克思主义者当时也因过于注重经济条件对社会演进的影响，而对生产关系和上层建筑的能动作用有所忽视，这显然是不利于中国革命实践的。针对这种情况，马克思主义者认为有必要反思以往阐释之不足，以适应实践要求。尤其是大革命失败后，"中国向何处去"的问题变得更加紧迫和让人迷茫，国人迫切

---

① 《马克思恩格斯文集》第1卷，人民出版社2009年版，第502页。

需要一种能够指导实践的科学理论去变革中国社会，于是马克思主义者对唯物史观进行了重新阐释，将唯物史观与中国革命相连，力图以唯物史观的新阐释为指导，解决"中国向何处去"的棘手问题。故而在30年代的几场关于中国社会性质和社会史的大论战中，这种唯物史观被学者们直接用作理论工具分析中国社会现实。时任北京大学教师的卢郁文直接表示了研究唯物史观的现实目的，他说："我们今日最严重而最迫切的问题是'民族自救'。我们今日最流行而最有力的学说，是'唯物史观'。现在要研讨的，是'唯物史观'这个学说，能不能帮我们解决'民族自救'这个问题。"①1939年，李达在《社会学大纲》第四版序言中明确表示，当时的中国社会已踏进了伟大的飞跃的时代，有无数同胞都正在壮烈的牺牲着，英勇的斗争着。战士们为要有效的进行斗争工作，完成民族解放的大业，就必须用科学的宇宙观和历史观，把精神武装起来，用科学的方法去认识新生的社会现象，去解决实践中所遭遇的新问题，借以指导实践。故而他特把其写的专门论述唯物史观的《社会学大纲》推荐给战士们，强调此书"是确能帮助我们建立科学的宇宙观和历史观，并锻炼知识和行动的方法的"②。可见，当时学者的研究几乎多为解决现实问题。正是出于这种目的，学者们在阐释唯物史观时，始终是围绕"中国向何处去"来展开的。针对当时中国共产党正在开展的土地革命，马克思主义者通过强调生产关系和上层建筑的能动作用，论证实行变革生产关系、推翻旧有统治的民主革命之必要性和可能性。通过强调社会发展规律的"动的逻辑"和五种社会形态说的普适性，说明应走反帝反封建的新民主主义革命之路。通过重点阐释阶级斗争，说明在革命中阶级斗争与无产阶级领导权之不可放弃。

第二，以唯物辩证法为唯物史观阐释的主要方法，实现了从机械史观向唯物辩证史观的转变。在考察社会历史时，李大钊等早期学者

---

① 卢郁文：《论民族自救》，《文化前哨》1937年第3卷第2期。
② 李达：《社会学大纲》，武汉大学出版社2007年版，第1页。

依然摆脱不了当时社会进化论的影响。他们将唯物史观普遍称作"社会组织进化论",在叙述社会发展过程时,仍是描述成"社会进化"的历史,以至于有人误解唯物史观就是达尔文的所谓"自然界无飞跃"的进化论的变体。因为这种解读下的唯物史观重在机械式的执因求果,社会历史就成为一种由单一因素单向决定的、孤立的、渐进的自然进化历史,完全忽视了人力的作用和社会矛盾运动发展的过程。随着唯物辩证法的广泛传播,唯物辩证法成为唯物史观的基础,唯物史观被认为是唯物辩证法在社会历史领域的扩张应用,从此唯物史观的面貌焕然一新。虽然这一时期仍有不少以唯物史观研究社会历史的著作称为"社会进化史",但马克思主义学者已经明确区分了进化论与唯物史观。而能够区别的原因便是得益于唯物辩证法作为一种科学方法在唯物史观解读中的广泛运用。唯物辩证法主张对自然、社会、人类思维采取整体性的、运动的、联系的、发展的眼光,运用对立统一、质量互变、否定之否定的规律加以阐释。因而将唯物史观看作辩证唯物的历史观,不再是具有强烈命定色彩的经济决定论;生产力与生产关系、经济基础与上层建筑不再是单向决定的关系,而是作用与反作用的辩证关系;社会历史不再是渐进的、一步步的进化过程,而是永恒变动、联系、发展的,能够突变和飞跃的过程;人们不再是"坐等革命",而是肯定人力的作用,强调可以通过阶级斗争实现社会变革。应该说,唯物辩证法的加入,赋予了唯物史观以生命力,并接近马克思主义的原意。但需要指出,这一时期并没有完全否定前者的研究,而是建立在前者研究的基础之上。学者们虽然承认生产关系与上层建筑的能动的反作用,但依然是建立在承认经济的决定作用之基础上的。

第三,以生产力与生产关系的辩证关系为阐释的出发点和中心线,使唯物史观成为一种科学。在唯物史观为国人认识以前,正如李大钊的《唯物史观在现代史学上的价值》一文中所言,以往历史学要么只注意"历史的宗教的解释",要么只专于"历史的政治的解释",这种唯心史观使历史成为不可捉摸的玄学附庸。故五四时期马克思主义者严厉批评了这种史观,主张以唯物史观为指导,从生产力这一物质因素出发探寻历史发展规律。这让历史走出唯心主义的囚笼,变得可以捉摸把握,实现了史学的一大变革。这无疑是具有巨大进步意义的。但其不足在于这种强调生产力单一要素决定作用的机械因果律无法真正认识社会之本质。1927年以后,唯物史观阐释者将社会历史发展原因归之于生产力与生产关系的矛盾运动,才终使得人们能够真正发现历史规律,以"通古今之变"。无论是对社会历史"动的逻辑"的阐明,还是五种社会形态的划分。抑或将阶级斗争纳入唯物史观体系,并分析阶级斗争的原因,都是从生产力与生产关系的矛盾运动角度加以说明。这一矛盾运动成为贯穿唯物史观内容阐释的主线。正是因为这种阐释,才使学者真正发现了历史运动的客观规律,从而认定唯物史观是一种科学。20年代初,受科玄论战影响,当时知识分子普遍青睐一切具有"科学性"的学说。可以说,科学主义在当时思想界具有无可比拟的权威性。胡适曾表示,近三十年来,"科学"这个名词在国内外几乎居于无上尊严的地位,不论懂或不懂的人,不论守旧或唯心的人,都不敢公然对"科学"表示轻视或戏侮的态度。论战中陈独秀、瞿秋白等马克思主义者均表现出明显的科学主义倾向,都将唯物史观做了"科学化"的理解。他们在批判了各色唯心论、二元论与不可知论的基础上,认定唯物史观属于社会科学,而非玄学。[①]但当时因对唯物史观的机械式解读,无法使唯物史观真正成为一门科学。直到30年代,马克思主义者运用唯物辩证法,从生产力与生产关系的矛盾运动出发阐释唯物史观,并联结和整合唯物史观的主要内容,才奠定了唯物史观的科学基础,构建了唯物史观的科学体系。学者运用这种科学方法才得以分析中国社会历史,探索未来之途。这种科学性也是为何唯物史观会广为时人所接受的根本原因。

  以"中国向何处去"为问题导向,以唯物辩证法为方法,以生产力与生产关系的矛盾运动为出发点与中心线,构成了1927—1937年

---

① 亚东图书馆编:《科学与人生观》(上),亚东图书馆1923年版,第2—3页。

唯物史观阐释的主要特点。由这种特点出发，这一时期的唯物史观表现出两大趋向。

第一，革命化趋向。马克思在《德意志意识形态》中说过，全部问题都在于使现存世界革命化，实际地反对并改变现存的事物。① 经过唯物辩证法解读了的唯物史观也的确表现出了这种革命性与斗争性的鲜明趋向。在阐释中，辩证唯物的历史观赞扬矛盾冲突是历史前进的根本动力，强调整个社会是运动的、飞跃的、突变而非渐变的。当生产力与生产关系的矛盾无法解决时，社会革命必然发生。学者从社会基本矛盾运动角度说明阶级斗争的不可避免性和正当性。强调如果要变革生产关系，解放生产力，就只有通过阶级斗争的最高形式——革命来推翻维护旧生产关系的上层建筑，才能实现社会变革。一点一滴的渐进改良是行不通的。马克思主义者们是特别强调阶级斗争问题的，提醒人们即使在进行反抗帝国主义的民族解放运动时也不可忘记阶级斗争。又因为劳动者而非劳动技术才是社会生产力的核心要素，故而无产阶级应该承担历史变革的领导责任。这种阐释给社会历史带来了革命化转向。之所以如此，是与当时的社会背景分不开的。美国历史学家阿里夫·德里克曾解释过这一现象，在他看来，1925年到1927年间的国民大革命是理解这一问题的关键。大革命以来，社会的革命化进程日趋明显。1925年五卅运动之后群众运动在城乡的大发展改变了中国知识分子关于变革的认知，认为变革不再只是政治领域或者文化领域的，而是整个社会的，故当时整体性的激进的社会革命成为了知识分子关注的中心。这种背景下，唯物史观作为一种"变革的社会学"而为许多学者所注意。这种革命化趋向在大革命失败后更加明显，革命失败丝毫没有减弱广大知识分子对社会革命目标的热忱信奉。国民党残酷镇压革命活动反而增强了知识分子对革命的兴趣，他们关心的问题是社会的根本性重建问题，而非在旧的框架之内的小修小补。同时，革命运动也使得阶级斗争由一个抽象概念变成了

---

① 《马克思恩格斯文集》第1卷，人民出版社2009年版，第527页。

可见的现实问题。所以在政治运动中成长起来的学者比前人更关心社会革命。"只要革命的问题继续,历史的问题也仍将继续下去。"① 学者阐释唯物史观带有明显的功能性和现实指向性,他们将唯物史观理论变得更加革命化与斗争化,并用以分析中国历史以证明革命之正确,强调革命是马克思主义者力图推进社会变革的积极尝试。

第二,普适化趋向。马克思主义学者因应对"中国特殊论",特别强调在西方产生的唯物史观的理论对中国的有效性,尤其是社会形态说在中国的适用性。他们以马克思关于社会形态的划分来划分中国历史发展阶段,将中国历史纳入世界历史进程中,改变了原来学者"由中国看世界"的视角,注重"由世界看中国"。他们强调,中国与他国并没有什么不同,同样经过原始社会、奴隶社会、封建社会、资本主义社会、共产主义社会的这种"公式化"的发展阶段。之所以如此,一方面,知识分子不满于中国落后于西方的现实,特别希望中国历史与西方历史处于平等的地位,改变中国历史在世界历史叙述中失语的状况。另一方面,更为重要的是,坚持社会历史的"公式化"发展,便于人们接受阶级斗争理论。"在革命的大背景下,中国马克思主义者对于阶级斗争的信念,使得他们对否认历史发展普遍性的负面意义格外敏感。"② 我们从前文论述可以清楚看到,那些反对社会形态说在中国适用性的学者恰恰是阶级斗争的反对者。他们主张历史是多元的或者偶然的,中国有其特殊性,否认历史发展存在普遍法则,这就意味着否定了唯物史观的基本前提——生产力与生产关系的矛盾运动推动社会发展。那么,阶级斗争作为这一矛盾在阶级社会的表现,自然失去了其合理性。所以马克思主义者对此是特别警惕的,他们强调阶级斗争在唯物史观中的核心地位,强调阶级斗争在社会历史变革中的必要性,故而坚持唯物史观关于历史发展的普遍性法则,主

---

① [美]阿里夫·德里克:《革命与历史:中国马克思主义历史学的起源,1919—1937》,翁贺凯译,江苏人民出版社2005年版,第217页。
② [美]阿里夫·德里克:《革命与历史:中国马克思主义历史学的起源,1919—1937》,翁贺凯译,江苏人民出版社2005年版,第194页。

张以世界统一的标准考察中国社会历史。以此，30年代的中国即是处在世界历史进程中的半殖民地半封建社会阶段，必须实行反帝反封建的新民主主义革命。

二 唯物史观主流阐释的历史局限

1927年到1937年，中国知识界关于唯物史观的主流阐释，因唯物辩证法的传播与运用，与早期阐释相比已取得很大进步，但仍不可避免带有一些局限性。

第一，唯物史观阐释的公式化倾向明显，对中国社会特殊性的重视不够。这一时期唯物史观研究的特点是，从马克思主义经典著作出发研究理论，再以中国历史来验证理论的正确性。其目的是对唯物史观在中国的有效性和普适性的强调，通过论证中国历史符合世界历史发展规律，来说明中国革命之路。这在当时是有必要的。但一些学者将中国历史材料填充进"公式化"的唯物史观阶段划分中，完全以公式来裁剪中国历史。这种现象带来了理论阐释的教条主义，没能很好处理普遍性与特殊性的关系。尤其是抗日战争以来，民族矛盾成为主要矛盾，学者意识到对唯物史观的阐释不能只注意普遍性问题，有必要结合中国民族历史特点，才能适应实践要求。遂他们开始反思1927年到1937年间理论阐释的不足，注重中国化问题。例如，翦伯赞从1936年开始写一部关于中国社会史的书，到了全面抗战爆发，他意识到此时中华民族已经站在世界史的前锋了。所以，他表示，为了争取胜利，决不可让理论落后于实践，要以正确的活的历史原理作为这一斗争的指导。[①] 为此，翦伯赞从1938年2月起改写这部书，名为《历史哲学教程》，后于同年夏天由生活书店出版发行。在这本书中，他批判之前学者只注意文句的抄袭，而忽视具体的历史事实，因而不免是引经据典，以抽象的定义去歪曲真正的具体历史，反而把史学玄学化。结果使历史哲学在中国沉溺于刻板的公式主义，或理论脱离实

---

① 翦伯赞：《历史哲学教程》，生活书店1938年版，第1页。

践，陷于纯经院式的无病呻吟。他提醒学者决不能埋头于经院式的历史理论的玩弄，应该立足中国历史实际，在坚持历史的合法则性时，不忘中国历史发展的特殊性。① 嵇文甫在回顾这一时期的唯物史观研究时也表示，学者不可以胡乱搬演公式，中国有自己的社会结构、民族传统和历史发展阶段，不是可以随便安上美国的头、英国的脚，要方就方，要圆就圆的。② 故全面抗战时期，学者普遍注意处理历史发展规律的普遍性与特殊性的关系问题。马克思主义历史学者金灿然在《中国历史学的简单回顾和展望》中写道："今后研究中国历史的方向何在呢？那便在于历史唯物论的中国化，也就是说，运用历史唯物论的基本原理分析研究中国固有的历史材料，把中国历史学带到真正的科学道路上。"③

第二，对唯物史观的个别重要命题缺乏阐释。一是关于"人民群众是历史的创造者"命题。这一命题是唯物史观的基本命题，但是包括《社会学大纲》在内的多数唯物史观理论著作都没对此给予重点关注。它们只是在论述生产力中的劳动者要素与阶级问题时有所涉及，但没有明确提出这一观点。翦伯赞在《历史哲学教程》中就曾批评过这一现象，称当时的唯物史观历史家的著述由于过分强调"社会经济形态"，而看不见一个"历史人物"的名字。他认为，如果忽略历史主观创造的作用，就不是辩证唯物论的历史理论。人类历史的发展固然是世界史自身发展的规律，但同时也说明了群众在历史创造中的作用之伟大，说明作为群众领导者的个人在历史创造中的重要。④ 存在这种不足也是有历史原因的。30 年代，判断中国社会性质，从而选择现实道路是时人需要解决的首要问题。受此影响，与之相关联的生产力与生产关系、经济基础与上层建筑问题超越了群众史观问题成为时人关注的焦点。二是对社会基本矛盾问题没有明确认知。李达等学者

---

① 翦伯赞：《历史哲学教程》，生活书店 1938 年版，第 4 页。
② 嵇文甫：《漫谈学术中国化问题》，《理论与现实》1940 年第 1 卷第 4 期。
③ 金灿然：《中国历史学的简单回顾和展望》，《解放日报》1941 年 11 月 20—22 日。
④ 翦伯赞：《历史哲学教程》，生活书店 1938 年版，第 88—89 页。

已经意识到了生产力与生产关系的矛盾是社会发展的根本动力,但没有把经济基础与上层建筑的矛盾运动也看作根本动力,且没有明确提出"社会基本矛盾"一说。这一问题是在1957年2月毛泽东在最高国务会议第十一次扩大会上所作的讲话即《关于正确处理人民内部矛盾的问题》中得以明确的。在这篇报告中,毛泽东明确提出,"在社会主义社会中,基本的矛盾仍然是生产关系和生产力之间的矛盾,上层建筑和经济基础之间的矛盾"①。

第三,对民族性话语的运用不足。任何理论的传播与构建都不能脱离所处的民族文化环境。它应是以本民族的历史和现实为基础,并体现本民族的风格和气派的。虽然当时的多数唯物史观理论著作以中国实践为中心和落脚点,在内容阐释上也有明显的创新,但就所用的阐释语言来讲,整体上苏联话语的意味和痕迹仍比较明显。这表明这一时期著作民族语言特色较为欠缺,在实现学术话语形式的中国化上还处在初步阶段。但应该指出的是,同一时期艾思奇的《大众哲学》为推进马克思主义学术话语的通俗化大众化作出了有益尝试。《大众哲学》是艾思奇在1934年11月到1935年10月间,在上海的《读书生活》杂志第一、二卷连载的名为《哲学讲话》的长文。1936年由上海读书出版社发行单行本,同年6月在第4版出版时改名《大众哲学》。该书一方面在内容上紧扣中国现实,另一方面在语言形式上改变了经院式的表达方式,用浅显易懂的中国本土语言和事例生动形象地阐明了哲学原理。李公朴在《大众哲学》第一版编者序里便评价:"这本书是用最通俗的笔法,日常谈话的体裁,溶化专门的理论,使大众的读者不必费很大力气就能够接受。这种写法,在目前出版界中还是仅有的贡献。……这一本通俗的哲学著作,我敢说可以普遍地做我们全国大众读者的指南针,拿它去认识世界和改造世界。"② 可以说,《大众哲学》在马克思主义中国化发展史上具有标志性意义,它

---

① 《毛泽东文集》第7卷,人民出版社1999年版,第214页。
② 艾思奇:《大众哲学》,生活·读书·新知三联书店1977年版,第1—3页。

的问世为其后学界完善马克思主义阐释话语体系，推进马克思主义的传播与研究指明了方向。

第二节 唯物史观的主流阐释与中国革命理论的构建

时人因"中国向何处去"的现实问题而关注与研究唯物史观，自然阐释的结果是要运用到现实实践当中。诚然，中国革命的走向是基于中国社会现实以及中国共产党的实践活动，但不可忽略的是，中国共产党的革命不仅有实践维度，还有理论维度，即是以马克思主义基本原理为指导思想的。这两种维度的结合，才促成了中国新民主主义革命。新民主主义革命时期，唯物史观成为指导中国革命实践的思想武器。以毛泽东为代表的中国共产党人在运用这一思想时并不是教条主义式的照搬照抄，而是结合中国社会现实，创造性地运用于革命实践，回答了为什么要革命，革命的性质、目标、阶段，以及革命的对象、动力和策略是什么等现实问题，创立了新民主主义革命理论，实现了马克思主义中国化时代化，最终取得了中国革命之胜利。

一 阐释学人与毛泽东哲学思想形成的源流考察

正当国统区如火如荼地进行着多场唯物史观大论战的时候，共产党主要领袖因忙于土地革命和长征，无暇专注于理论研究。再加上国民党严厉的文化围剿，使得有关唯物史观的思想观点无法立即影响到中国共产党人的革命实践。但是1935年10月，当中国共产党落脚陕北，尤其是1937年初中共中央转移到延安安定后，包括艾思奇、吴亮平、张如心、何干之等人在内的一批曾经担当唯物史观理论阐释的主力学者纷纷奔赴根据地开展学术活动，他们带去马克思主义研究的最新成果，对中国共产党人的思想产生了深刻影响。

他们中不少人都与毛泽东有着密切的活动交集。例如艾思奇于1937年10月到延安，历任抗日军政大学主任教员、中央研究院文化思想研究室主任等职。其间，他与毛泽东有着频繁的学术交流。艾思奇初到延安时，毛泽东曾致信夸赞其《哲学与生活》一书使自己"得益很多"。并送去抄录稿提出自己的疑问，称"详情当面告诉"①。1938年1月，毛泽东又因梁漱溟的《乡村运动理论》中的理论问题，致信艾思奇"有空可来谈"②。而且从信的内容来分析，毛泽东是在回应艾思奇之前提出的某些问题，可见艾思奇与毛泽东私下是有频繁接触的。同时，在公开场合，艾思奇在延安中央研究小组具体指导毛泽东、朱德等中共领导人学习马克思主义哲学理论。毛泽东还多次与艾思奇共同参与新哲学会与哲学研究会的讨论活动等。再如张如心、吴亮平二人都曾是国统区唯物史观阐释的理论战将，翻译过多部马克思主义经典著作。后都随红军长征于1935年到达陕北。其后，在多个院校担任教职教授马克思主义理论。毛泽东对吴亮平是十分信任与器重的。早在1931年，毛泽东率军攻下福建漳州时，曾获得吴亮平于1930年翻译的《反杜林论》这一战利品，一直带在身边学习。此后还多次邀请吴亮平去住处谈论《反杜林论》的理论问题。吴亮平不仅积极翻译马克思主义经典著作，还在陕北公学、抗大、马列学院与中央党校讲授马克思主义，是延安最主要的教员之一，并负责马列主义研究会的日常学习活动。张如心到延安后担任过毛泽东的秘书，并积极阐述毛泽东的思想。此外，艾思奇、张如心、吴亮平、何干之还都是延安新哲学会的发起人，他们经常与毛泽东一起讨论理论问题。可见，这些唯物史观阐释主将积极宣传马克思主义，并与毛泽东有多次的学术交流，他们对唯物史观的思考势必对毛泽东等中共领导人的思想产生影响。

另外，当时毛泽东还曾有意识地积极搜集与阅读30年代出版的唯物史观的相关理论著作。1936年10月，毛泽东曾托在国统区做统战工作的叶剑英和刘鼎买一批通俗的社会科学、自然科学及哲学书，作为学校与部队提高干部政治文化水平之用。③ 1943年12月，毛泽

---

① 《毛泽东书信选集》，人民出版社1983年版，第112页。
② 《毛泽东书信选集》，人民出版社1983年版，第118页。
③ 《毛泽东书信选集》，人民出版社1983年版，第80页。

东曾托胡乔木在延安尽力搜集唯物史观社会发展史的书籍,不论是翻译的或者写作的都要搜集。① 同月,他还推荐刘少奇阅读 1930 年上海泰东图书局出版的《从猿到人》,及郭列夫《唯物史观的哲学》,并称正在找其他唯物史观的书看。② 1941 年 9 月,毛泽东向中央研究组及高级研究组的同志推荐了艾思奇和郑易里译的米丁等人著《新哲学大纲》,李达和雷仲坚译的西洛可夫、爱森堡所著《辩证唯物论教程》,及河上肇的《经济学大纲》的"序说"。③ 可见,毛泽东非常渴求学习唯物史观,并希望中共其他干部都能学习,而学习的书籍来源多是二三十年代的唯物史观经典论著。毛泽东学习是为了革命实践。他曾在 1937 年 8 月向郭化若解释道,"抗日战争有许多新情况、新问题要研究,没有理论武器不行"④。

毛泽东阅读了诸多唯物史观著作。从其阅读活动可明显看出 30 年代唯物史观的理论成果对毛泽东的唯物史观思想产生的影响。李达的《社会学大纲》对毛泽东的哲学思想的形成影响很大。毛泽东曾多次致信友人表达对李达的赞赏之情。1936 年 8 月,在延安的毛泽东致信旧友易礼容,表示阅读李达的马克思主义理论著作后"甚表同情",希望能够与李达建立联系。⑤ 李达在 1937 年 5 月《社会学大纲》出版后,即寄送给在延安的毛泽东一本。毛泽东在一次小型座谈会上曾说:"我已经看了十遍。我写信让他再寄十本来,让你们也可以看看。"⑥ 他又把这本书推荐给新哲学学会和抗大的同志,并在 1938 年 10 月召开的党的六届六中全会上号召党的高级干部都来阅读这本书。他称赞这本书是"中国人自己写的第一本马列主义的哲学教科书"⑦。毛泽东在 1938 年 1 月 17 日到 3 月 16 日花了两个月的时间阅读这本

---

① 《毛泽东书信选集》,人民出版社 1983 年版,第 217 页。
② 《毛泽东书信选集》,人民出版社 1983 年版,第 219 页。
③ 《毛泽东书信选集》,人民出版社 1983 年版,第 189 页。
④ 《郭化若回忆录》,军事科学出版社 1995 年版,第 124 页。
⑤ 周可、汪信砚:《李达年谱》,人民出版社 2016 年版,第 93 页。
⑥ 《郭化若文集》,军事科学出版社 2004 年版,第 654 页。
⑦ 李达:《社会学大纲》,武汉大学出版社 2007 年版,第 1 页。

书，书中他做了大量的批注。据石仲泉统计，这本书中相当多的部分毛泽东至少批读了两遍，写了大约3400字的批注。① 从毛泽东的读书日记看，他阅读了该书的全部内容，对其中最重要的三篇，即第一篇"唯物辩证法"的大部分内容、第二篇"当做科学看的历史唯物论"以及第三篇"社会的经济构造"的一部分做了批注。从标注中能够看到毛泽东受李达思想影响的诸多印记。在开篇，李达指出其研究社会法则的目的在于"基于被暴露的法则，指示实践的方法，以促成由一种社会有机体进到别种高级社会有机体的变革"。其中，毛泽东在"指示实践的方法""促成""变革"诸词下画了横线，尤其是对"变革"一词标记了重点的符号。毛泽东针对这段话，在旁边注解道，"找出法则、指示实践、变革社会——这是本书的根本论纲"。② 可见，他学习这本哲学著作的目的是改造社会，将理论运用在社会变革的实践中。

具体来讲，毛泽东在阅读中关注并接受了该书的以下观点：第一，将唯物辩证法作为研究社会历史的唯一的科学方法。毛泽东在该书第一篇"唯物辩证法"的第一章"当作人类认识史的综合看的唯物辩证法"中，特地标注出"社会学的唯一的科学的方法，是唯物辩证法。这个科学的方法，是把社会当作不断的发展着的、生动的有机体解释的"这句话，并把"唯一的"做了重点标记。进而他认为社会就是"发展的有机体"，运用唯物辩证法指导的唯物史观是对"特定社会的生产关系及其发展法则之研究"。③ 毛泽东还对第一篇中唯物辩证法的对立统一、质量互变和否定之否定规律的内容做了诸多标注，强调"矛盾即运动"，"要承认飞跃律的普遍性"，认为这些唯物辩证法的法则即反映物质的永远运动和发展的法则是普遍存在的。④

第二，反对关于社会历史宿命论的看法，主张实践的能动性。毛

---

① 石仲泉：《〈毛泽东哲学批注集〉导论》，中共中央党校出版社1988年版，第45页。
② 《毛泽东哲学批注集》，中央文献出版社1988年版，第209—210页。
③ 《毛泽东哲学批注集》，中央文献出版社1988年版，第209页。
④ 《毛泽东哲学批注集》，中央文献出版社1988年版，第240—260页。

泽东在"可能性与现实性"问题上,重点标注了李达批判宿命论者的"自然生长论"的论述。在宿命论者看来,可能性到现实性的转变是必然的过程,劳动阶级的解放也是历史必然,人们当然也没有组织要求解放的党派的必要。毛泽东和李达一样反对这种说法。① 毛泽东特别看重实践的作用,他在"社会的实践,是可能性到现实性的转变的重要的契机"一句中将"社会的实践""重要的契机"重点做了标注,并用抗日战争、西安事变和"七七事变"的事例来分析这些哲学原理,可见他已经试图为中国革命的实践寻找理论基础了。

第三,接受了李达关于唯物史观的主要观点。毛泽东不仅对李达关于唯物史观的基本原理阐释有标注,而且重点关注了第三篇"社会的经济构造"中"生产力的社会性"这一节。他标注了李达解释"劳动手段,虽是社会诸关系的指示器,却不是社会发展的原动力"的一段话。这段话里,李达强调了生产力诸因素中劳动者要素的重要地位和生产关系的作用。② 此外,毛泽东特意标出了该书讲意识形态反作用的论述,并注"社会意识形态是理论上再造出现实社会"。这说明毛泽东已经认识到上层建筑的能动作用了。③ 同时,毛泽东还关注了该书关于社会形态演进的内容。

第四,注重无产阶级意识在革命实践中的作用。李达在讲无产阶级由于获得了阶级的意识而从自在的阶级转变为自为的阶级的过程时,强调了由于阶级意识使得无产阶级深刻理解了资本主义的矛盾及其没落的必然性,并担负起扬弃资本主义而实现新的社会理想的使命。毛泽东批注说,这"对中国革命也一样"④。这表明此时毛泽东认识到了"阶级意识"的重要性,留意到了无产阶级"革命的实践"问题。

1939 年 8 月,还有一本著作的出版在延安有不小的影响,这就是

---

① 《毛泽东哲学批注集》,中央文献出版社 1988 年版,第 263 页。
② 《毛泽东哲学批注集》,中央文献出版社 1988 年版,第 275—276 页。
③ 《毛泽东哲学批注集》,中央文献出版社 1988 年版,第 210 页。
④ 《毛泽东哲学批注集》,中央文献出版社 1988 年版,第 269 页。

吴亮平与艾思奇在1938年合写的《唯物史观》一书，又名《科学历史观教程》，该书于1941年由新华书店出版发行。而这本书正是根据1930年上海心弦书社出版的由吴亮平编写的《辩证法唯物论与唯物史观》一书改写、补写而成。1982年，吴亮平曾回忆道，《唯物史观》"是根据我在三十年代所编写的《辩证法唯物论与唯物史观》一书的稿子改写补写而成的。当时在抗战初期，全国大批进步青年涌向革命圣地延安，对这些青年进行新的人生观的教育，对于培养他们成为坚定的抗战的和建国的干部，很有意义。党中央和毛泽东同志非常支持这一工作。毛泽东同志听到有名的哲学家艾思奇来到了延安，也知道我曾在以前写过历史唯物论的书，所以要艾思奇同志和我合写这么一本书。毛泽东同志说，这样的书，对于培养青年正确的人生观，极为需要"[1]。回忆中他提到毛泽东曾经阅读过这本书，称"毛泽东同志不仅百忙中约我们谈了话，而且在我们写好后，还将原稿过了目。我们的书，在延安出版后，在当时其他革命根据地和国民党统治区也都出版发行了不少数量，发生了不小影响。这本书的功劳，首先应当归于毛泽东同志的关心"[2]。由此证明，毛泽东是认真阅读过这本著作的，并且是认同书中观点的，否则该书不会在多地被推广发行。该书一经出版，即被用作延安中国共产党人学习唯物史观理论的教材，足可见该书在延安对中国共产党人的影响。

那么，《唯物史观》这本书与吴亮平之前编写的《辩证法唯物论与唯物史观》一书在内容上又有多少联系呢？笔者对比了这两本唯物史观著作。在唯物史观部分，相同的地方是《唯物史观》保留了原书的生产力与生产关系、阶级、国家政权学说、意识形态以及结论各章，并在结构和内容阐释上除个别章有补写外基本相同。《唯物史观》额外增加了"科学历史观的几个基本观点""民族与民族斗争""家

---

[1] 北京大学哲学系现代中国哲学教研室、编译资料室编：《中国现代哲学史教学资料选辑》（下册），北京大学出版社1988年版，第870页。

[2] 北京大学哲学系现代中国哲学教研室、编译资料室编：《中国现代哲学史教学资料选辑》（下册），北京大学出版社1988年版，第870页。

族"三章的内容。① 从整体观点来看，二书是一致的，只是《唯物史观》增加了不少对1938年出版的由斯大林撰写的《联共（布）党史简明教程》第四章第二节的引述。这就是说，《唯物史观》一书延续了吴亮平1930年出版的《辩证法唯物论与唯物史观》一书的基本思想和大部分内容，这也就可以间接证明这本代表1927—1937年间中国知识界唯物史观主流阐释思想的《辩证法唯物论与唯物史观》是对延安时期毛泽东的思想形成有过影响的。

除了阅读中国学者的唯物史观著作外，毛泽东还在延安时期阅读了几本在1927年到1937年间国统区十分流行的苏联和日本学者的唯物史观经典著作，这些著作都曾对中国学者的唯物史观阐释产生过关键影响，也都由李达、沈志远等马克思主义学者翻译。虽然这些译著不是他们直接撰写，但是他们选择翻译这几本书一定程度上能够反映出其目的与观点。从这一意义上说，这些学者的思想取向通过译著间接对毛泽东的思想产生了影响。毛泽东阅读的译著包括由李达、雷仲坚译的西洛可夫、爱森堡等著《辩证法唯物论教程》中译本的第三版与第四版，沈志远译米丁著《辩证唯物论与历史唯物论》（上册），李达译河上肇著《马克思主义经济学基础理论》三本。毛泽东在1936年11月至1937年4月间阅读了《辩证法唯物论教程》第三版的内容。他重点批注了哲学的党派性、当作认识论看的辩证法，及辩证法诸法则等几部分内容。从他批注的内容来看，他认为，"唯物辩证法在马克斯主义中是决定要素"②。在书中论述不运用唯物辩证法的危害时，毛泽东还结合中国现实指出，李立三主义与军事冒险主义及保守主义都是犯的这种错误。③ 毛泽东在阅读唯物辩证法的对立统一规律、质量互变规律和否定之否定规律时，总结出"辩证法的本质即对立的统一法则"④。在讲到对立统一的矛盾时，毛泽东表达了生产力与

---

① 吴黎平、艾思奇：《唯物史观》，新华书店1941年版。
② 《毛泽东哲学批注集》，中央文献出版社1988年版，第14页。
③ 《毛泽东哲学批注集》，中央文献出版社1988年版，第9页。
④ 《毛泽东哲学批注集》，中央文献出版社1988年版，第6页。

生产关系的根本矛盾规定社会的发展的观点，可见，他已经认识到这一矛盾是社会的基本矛盾。[1] 他特别重视质量互变规律中关于"飞跃"的阐述，他说"辩证法要注意飞跃的特性"[2]，并"承认飞跃的发展，是辩证唯物论中心特点之一"，"自然、社会、思维都有飞跃"。在"资本主义到社会主义的转变，是通过革命而显现的"一句，他将"革命"一词做了重点标记。[3] 1937年7月前，毛泽东阅读了沈志远译米丁著《辩证唯物论与历史唯物论》（上册），重点批注了第三章"辩证唯物论"的内容。他承认"实践是真理的标准"[4]，并赞同该书所说，"马克思和恩格斯所达到的最大的胜利，就是他们把唯物论的认识运用到人类社会上去……开拓社会生活底真理，揭露它底深刻的矛盾和推动的力量"，毛泽东称这就是"辩证唯物论的社会观"。[5] 其在后文的相关内容旁还标注了"辩证法的进化观"[6] 一语。由此可见，毛泽东此时已经把唯物史观看作辩证唯物的历史观了。除了苏联的著作，毛泽东还阅读了由李达翻译的日本学者河上肇的《马克思主义经济学基础理论》一书，该书是1930年11月昆仑书店的再版。除了唯物辩证法的内容外，毛泽东重点标注了该书的第三章，即史的唯物论（唯物史观）。阅读范围包括生产力与生产关系的辩证法的关系、为社会的经济构造之构成分的纯经济的诸关系及政治经济的诸关系、政治的及法律的上层建筑、观念的上层建筑——社会的意识反映社会的存在、社会变革的总过程——阶级斗争——经济与权力——从必然的王国飞跃到自由的王国、唯物史观公式略解等内容。[7] 并在政治的及法律的上层建筑这节内容旁，写下"中日战争问题，抗日民族统一战线问题，统一战线形式即国民党民族联盟

---

[1] 《毛泽东哲学批注集》，中央文献出版社1988年版，第67页。
[2] 《毛泽东哲学批注集》，中央文献出版社1988年版，第62页。
[3] 《毛泽东哲学批注集》，中央文献出版社1988年版，第59页。
[4] 《毛泽东哲学批注集》，中央文献出版社1988年版，第142页。
[5] 《毛泽东哲学批注集》，中央文献出版社1988年版，第150页。
[6] 《毛泽东哲学批注集》，中央文献出版社1988年版，第158页。
[7] 《毛泽东哲学批注集》，中央文献出版社1988年版，第469—478页。

问题，八路军战略问题，党的发展中新旧党员各种倾向、干部政策等问题"①。这表明毛泽东试图从唯物史观的理论学习中获得启发以指导中国革命。

20世纪30年代马克思主义者关于唯物史观的思想观点正是通过上述几种方式潜移默化影响毛泽东等共产党人。通过学习与交流，毛泽东此时已经意识到唯物史观是辩证唯物的历史观。在唯物辩证法的方法论指导下，他认识到了生产力与生产关系、经济基础与上层建筑的辩证关系，认识到政治与意识形态等上层建筑的能动作用，并为无产阶级领导的革命问题找到了理论支撑。毛泽东将这些思想观点内化，立足中国革命实际，形成了新民主主义革命理论。

二 主流阐释与新民主主义革命理论的构建

1927年到1937年间的唯物史观讨论与阐释不是单纯的学理问题，而是围绕着"中国向何处去"的现实问题而展开。毛泽东等党的领导人学习唯物史观的目的也在于将其与中国社会历史、现实相结合，希望以唯物史观为指导，从中国实际出发，将唯物史观运用于革命实践中，以实现民族独立和人民解放的历史任务。回顾新民主主义革命史，我们可以明显看到毛泽东等中共领导人如何运用唯物史观理论以回答"中国向何处去"的现实难题的。

第一，生产力与生产关系、经济基础与上层建筑的辩证关系原理为新民主主义革命找到理论依据，树立了革命的合法性。毛泽东指出，新民主主义革命的根本目的就在于通过变革束缚生产力发展的生产关系最终解放与发展生产力。在《中国革命和中国共产党》中，他便认为每一次较大的农民起义与农民战争的结果，都打击了当时的封建的经济关系与政治制度，"因而也就多少推动了社会生产力的发展"②。在《新民主主义论》中又运用这一原理具体分析了新民主主

---

① 《毛泽东哲学批注集》，中央文献出版社1988年版，第472页。
② 《毛泽东选集》第2卷，人民出版社1991年版，第625页。

义的政治、经济与文化。1948年2月,毛泽东为中央关于土地改革中各社会阶级的划分及其待遇所起草的文件中明确运用了这一原理。该文首先分别详细解释了生产力、生产关系、经济基础、上层建筑的概念,并引用了《〈政治经济学批判〉序言》中关于唯物史观的经典表述,即当生产关系变成生产力发展的枷锁时,社会革命的时代就到来了。他指出,中国现阶段的人民民主革命的任务,就是要改变旧的社会经济形态、旧的生产关系以及竖立在其上面的一切社会的、政治的、精神的旧的建筑物,建立新的社会经济形态、新的生产关系以及竖立在其上面的一切社会的、政治的、精神的新的建筑物。①

毛泽东十分注重上层建筑的变革问题。依据唯物史观原理,作为生产关系的总和的经济基础决定着上层建筑,所以在毛泽东看来,"什么样的生产关系,就被什么样的阶级的国家权力所保护,而所谓国家权力,首先就是军队的武力。人们如果要推翻旧的生产关系,建立新的生产关系,人们就或早或迟地要推翻旧的国家权力,建立新的国家权力"②。同时,上层建筑对经济基础有着反作用。毛泽东认为在中国当时的形势下,必须通过新民主主义革命推翻维护旧生产关系的国家政权,建立新民主主义共和国,才能解放生产力,向社会主义社会迈进。1945年4月,毛泽东在中共七大报告中指出了通过革命手段推翻旧政权,建立新政权的必要性。他认为,实现民族独立和解放需要发展工业。但国民党政权统治下,一切依赖外国,一切生产力都遭到破坏。所以,要想"解放中国人民的生产力,使之获得充分发展的可能性,有待于新民主主义的政治条件在全中国境内的实现"③。

第二,中国共产党依据唯物史观的社会形态说,立足中国实际,明确了中国社会的性质,进而确立了革命的性质、目标与阶段。中国共产党强调中国社会历史的发展遵循一般规律。毛泽东指出,中华民族的发展"和世界上别的许多民族同样,曾经经过了若干万年的无阶

---

① 《毛泽东文集》第5卷,人民出版社1996年版,第58页。
② 《毛泽东文集》第5卷,人民出版社1996年版,第62页。
③ 《毛泽东选集》第3卷,人民出版社1991年版,第1081页。

级的原始公社的生活。而从原始公社崩溃，社会生活转入阶级生活那个时代开始，经过奴隶社会、封建社会，直到现在，已有了大约四千年之久"①。他结合中国社会的客观实际，明确界定了中国社会的性质。毛泽东强调，中国社会是遵循社会发展一般规律的，但"只是因为外部和内部的原因，中国没有也不可能发展到完全的资本主义的社会"②。在《〈共产党人〉发刊词》《中国革命和中国共产党》《新民主主义论》中，毛泽东运用唯物史观明确了中国社会的性质是"半殖民地半封建社会"③。

毛泽东进而指出新民主主义革命是反帝反封建的资产阶级民主革命。他运用社会基本矛盾原理和社会形态说重点批判了"一次革命论"和"二次革命论"的错误。指出中国革命必须分两步走，即经过民主主义和社会主义的阶段。在民主主义阶段，要改变殖民地、半殖民地、半封建的社会形态，使之成为一个独立的民主主义社会，这个阶段的革命是新民主主义革命，社会的性质依然是资产阶级的民主主义社会。其目的是为资本主义发展扫清障碍。④ 毛泽东依据社会形态说解释道，"只有经过民主主义，才能到达社会主义，这是马克思主义的天经地义"。而在中国，为民主主义奋斗的时间还是长期的。没有一个由共产党领导的新式的资产阶级性质的彻底的民主革命，要想在殖民地半殖民地半封建的废墟上建立起社会主义社会来，只是空想。⑤ 他进而批判了"二次革命论"，强调这一资产阶级的民主主义革命是以最终实现社会主义和共产主义为目标的。⑥ 亦即说，虽然民主主义革命是社会主义革命的必要准备，但社会主义革命却是民主主义革命的必然趋势。⑦

---

① 《毛泽东选集》第 2 卷，人民出版社 1991 年版，第 622 页。
② 《毛泽东文集》第 5 卷，人民出版社 1996 年版，第 56 页。
③ 《毛泽东选集》第 2 卷，人民出版社 1991 年版，第 647 页。
④ 《毛泽东选集》第 2 卷，人民出版社 1991 年版，第 668 页。
⑤ 《毛泽东选集》第 3 卷，人民出版社 1991 年版，第 1060 页。
⑥ 《毛泽东选集》第 2 卷，人民出版社 1991 年版，第 668 页。
⑦ 《毛泽东选集》第 2 卷，人民出版社 1991 年版，第 651 页。

第三，阶级斗争说为新民主主义革命找到革命的对象、动力和策略提供了支撑。30年代，知识界关于阶级斗争问题的讨论，从生产力与生产关系矛盾的角度清晰界定了阶级问题，肯定了阶级斗争是阶级社会发展的原动力，并强调无产阶级的领导权和无产阶级专政问题。这一阐释趋向对新民主主义革命理论产生了重要影响。首先，中国共产党人运用阶级分析法找到了革命的对象、动力和同盟军。早在1925年12月毛泽东的《中国社会各阶级的分析》一文中，就已经运用阶级分析方法来寻找中国革命真正的朋友了。但此时毛泽东对阶级概念的认识还不够清晰。到了十年内战时期的1933年，毛泽东在划分农村阶级时，更加注意以生产资料占有方式为划分标准了。以是否占有土地和劳动工具，是剥削他人还是靠出卖劳动力获取生活来源，将农村阶级分为地主阶级、富农、中农、贫农、工人（雇农在内）。[①] 抗日战争时期，毛泽东在《中国革命和中国共产党》中分析中国革命的动力时，则更明确和详细地以生产资料占有方式即生产关系来划分阶级，将其划分为地主阶级、资产阶级、农民以外的各种类型的小资产阶级、农民阶级、无产阶级、游民。例如，在分析地主阶级时，明确说其是用封建制度剥削和压迫农民的阶级。在分析小资产阶级和农民阶级时，都详细分析了各阶级内的生产资料占有方式之特点，进而分析各阶级对待革命之态度。可见，毛泽东这时对于马克思主义的阶级观认识更加深入了。在划分各阶级的基础上，毛泽东结合抗战的客观形势，确定了新民主主义革命的对象是帝国主义、封建主义和官僚资本主义，革命的最基本动力是无产阶级，而农民、小资产阶级是工人阶级的可靠的同盟军，民族资产阶级在一定时期与一定程度上可以成为革命的力量。[②]

1927年到1937年间唯物史观阐释中，阶级斗争说成为唯物史观的主要内容，学者肯定了阶级斗争是阶级社会历史发展的原动力。毛

[①] 《毛泽东选集》第1卷，人民出版社1991年版，第127—129页。
[②] 《毛泽东选集》第2卷，人民出版社1991年版，第637—646页。

泽东便依据唯物史观特别强调阶级斗争和无产阶级领导权的重要性。在毛泽东看来,"阶级和阶级斗争的存在是一个事实;有些人否认这种事实,否认阶级斗争的存在,这是错误的。企图否认阶级斗争存在的理论是完全错误的理论"[1]。他认为,唯物史观就是用阶级斗争来说明历史。"阶级斗争,一些阶级胜利了,一些阶级消灭了。这就是历史,这就是几千年的文明史。拿这个观点解释历史的就叫做历史的唯物主义,站在这个观点的反面的是历史的唯心主义。"[2] 可见,在毛泽东的思想中阶级斗争问题是占据重要位置的。而革命则是阶级斗争的一种特殊表现,是一个阶级推翻另一个阶级的暴烈的行动。他坚持一定要通过革命推翻腐朽政权的统治,才能推动社会的进步。在他看来,希望劝说帝国主义者和中国反动派发出善心,回头是岸,是不可能的。唯一的办法是组织力量和他们斗争。所以毛泽东特别强调中国革命的主要方法和主要形式,不能是和平的,而必须是武装的。

不仅重视阶级斗争问题,毛泽东还强调革命中无产阶级领导权问题。1927年到1937年间学者肯定了劳动者在生产力中的核心作用,主张无产阶级在社会历史发展中应该居于领导地位。大革命失败的一个重要原因就是对无产阶级领导权的忽视。毛泽东鉴于此,更加强调这一问题。他在说明新民主主义革命与欧美民主革命的不同时就指出,新民主主义革命造成的是各革命阶级在无产阶级领导之下的统一战线的专政。这个革命所要造成的民主共和国,也只有在无产阶级领导之下才有可能。[3] 进而强调,中国革命必须由无产阶级的政党——中国共产党来领导,"离开了中国共产党的领导,任何革命都不能成功"[4]。在谈到革命统一战线问题时,毛泽东强调必须坚持党和无产阶级对革命统一战线的领导权。没有中国共产党的领导,任何统一战线也是不能

---

[1] 《毛泽东选集》第2卷,人民出版社1991年版,第525页。
[2] 《毛泽东选集》第4卷,人民出版社1991年版,第1487页。
[3] 《毛泽东选集》第2卷,人民出版社1991年版,第649页。
[4] 《毛泽东选集》第2卷,人民出版社1991年版,第651页。

胜利的。毛泽东严厉批判了取消领导权的做法，认为这是"一种软弱无能的腐朽的违背马克思列宁主义原则的思想"①。革命胜利后，中国共产党主张建立一个人民民主专政的共和国。毛泽东指出，这个共和国必须是工人阶级领导的。因为只有工人阶级最有远见，大公无私，最富于革命的彻底性。"整个革命历史证明，没有工人阶级的领导，革命就要失败，有了工人阶级的领导，革命就胜利了。"②

再者，1927年到1937年学者强调阶级斗争与民族斗争相统一的趋向为中国共产党人解决民族独立问题找到了出路。抗日战争时期，民族问题成为国家的主要矛盾。当时不少国民党人与自由主义者都主张应该放弃阶级斗争，专事民族斗争。但是中国共产党坚决反对这种主张。中国共产党强调阶级斗争与民族斗争应该是统一的，民族斗争本质上是阶级斗争。毛泽东认为，"用长期合作支持长期战争，就是说使阶级斗争服从于今天抗日的民族斗争，这是统一战线的根本原则。""在民族斗争中，阶级斗争是以民族斗争的形式出现的，这种形式表现了两者的一致性。一方面，阶级的政治经济要求在一定的历史时期内以不破裂合作为条件；又一方面，一切阶级斗争的要求都应以民族斗争的需要（为着抗日）为出发点。这样便把统一战线中的统一性和独立性、民族斗争和阶级斗争，一致起来了。"③毛泽东这里将当时流行的"阶级斗争服从民族斗争"的观点，提到二者统一的高度，是把唯物史观原理运用于统一战线实践的鲜明体现。

此外，1927年到1937年的唯物史观阐释还促使毛泽东注重无产阶级阶级意识的培养。抗战时期，毛泽东针对当时党内存在各种不纯正的思想，大力开展了整风运动。其目的就在于加强党内的思想教育，他认为这是团结全党进行伟大政治斗争的中心环节。④故而，他特别主张用马列主义武装全党，通过提高全体党员的马克思主义理论

---

① 《毛泽东选集》第4卷，人民出版社1991年版，第1258页。
② 《毛泽东选集》第4卷，人民出版社1991年版，第1479页。
③ 《毛泽东选集》第2卷，人民出版社1991年版，第538—539页。
④ 《毛泽东选集》第3卷，人民出版社1991年版，第1094页。

水平，从思想上建党。毛泽东特别注重培养无产阶级的阶级意识。在1942年5月召开的延安文艺座谈会上，他认为，因为社会存在决定社会意识，所以当时阶级斗争和民族斗争的客观现实决定了人们的思想感情。故一切文化或文学艺术都是属于一定阶级的，是属于一定政治路线的。这政治是阶级的政治、群众的政治，是阶级对阶级的斗争。因为"文艺是从属于政治的，但又反转来给予伟大的影响于政治"[①]。故要使文艺很好地成为整个革命机器的一个组成部分。毛泽东号召延安文化界人士要创作无产阶级领导的真正的人民大众的东西，以培养人们的阶级意识。

可以看到，毛泽东关于中国革命的论述，处处闪烁着唯物史观的理论光芒。以毛泽东为代表的共产党人以唯物史观基本原理为指导，从中国社会的实际出发，将"中国向何处去"的答案指向了通过新民主主义革命而建立的社会主义蓝图。

第三节　唯物史观的主流阐释与中国学术范式的转型

1927年到1937年间的唯物史观理论，不仅为新民主主义革命道路的探索奠定了坚实的思想基础，同时还对中国学术的发展有重大影响，成为知识界从事学术研究的指导思想与方法论，促进着中国学术研究范式的转型。唯物史观因其独有的理论魅力，对正在从事哲学、史学、社会学、经济学、政治学、文学、法学等领域研究的学者无疑具有巨大的吸引力。即使是非马克思主义学者，也将其作为一种科学的方法论应用于研究中。其理论价值体现在，这一时期的唯物史观理论以客观的生产力与生产关系的矛盾运动为出发点，运用唯物辩证法联系、发展、运动的观点，力图把握社会各种现象背后的一般规律，使原本难以捉摸的抽象学术研究成为一种科学，使国人获得一种能够认知事物本质并预测未来的理论工具，实现中国学术研究的革命。正

[①] 《毛泽东选集》第3卷，人民出版社1991年版，第866页。

因为此，唯物史观不仅成为指导中国革命的思想武器，而且以其独有的学术价值逐渐为多数学者所青睐，成为知识界从事学术研究的指导原则，从而主导了近现代中国的学术趋向。这种趋向又深深地渗入到中国现实实践中，为"中国向何处去"指明了方向。

一 主流阐释与中国马克思主义哲学研究

唯物史观在大革命失败后的阐释转向，其意义不仅是代表着学者对唯物史观的认知更加科学深刻，更深远的影响是其改变了马克思主义哲学在中国的早期形态，直接塑造着中国马克思主义哲学的理论形态与研究范式，推进了马克思主义哲学由域外学说向中国化、由零散理论向体系化方向的发展，促成了马克思主义研究者对中国马克思主义哲学自主知识体系的初步建构。

大革命失败以前，对马克思主义哲学的早期研究普遍存在两个问题。一是由于马克思和恩格斯生前并没有构建理论体系，加上受二手文献传播的影响，马克思主义哲学内容多是零散的摘译和介绍，并且在研究上多呈现出机械色彩。二是早期马克思主义哲学的阐释话语多受外来日本、欧美和苏联传播渠道影响，与本土文化存在不小的鸿沟，不利于马克思主义哲学在中国的落地生根。上述困境一度使马克思主义哲学在中国的研究停滞不前，受到多方质疑。

特别是随着大革命失败后国共关系的破裂，马克思主义哲学零散、机械的理论形态和颇具外来色彩的话语方式使学者在进行研究和传播时遭遇了困境。马克思主义在早期主要通过学者著作加以传播。但国共两党关系公开破裂后，国民党实施了严酷的文化围剿，大量与马克思主义相关的书籍报刊被查禁。这对学者通过报刊著作阅读、研究和传播马克思主义哲学造成了很大阻碍。进步知识分子克服重重阻挠，只能采用伪装书、"挂名书店"、假作者名等隐蔽方法在国统区着力介绍马克思主义理论，但在一定程度上还是限制了马克思主义的传播范围。为了更有力地推动马克思主义的研究与传播，学校开始成为相对能够公开传播的主要场所。20世纪20年代中期至30年代，马克思主义理论在全国各地的中、高等学校和一些专门学校的课堂上渐趋得到重视和普及。当时唯物史观被不少学校列入课程表，由一批具有高度理论素养的学者讲授，深受青年学生欢迎。例如李达在湖南法政专科学校、武汉的国民革命军中央军事政治学校和毛泽东主办的农民运动讲习所等讲坛上讲授唯物史观。在国立北平大学，他还开设社会学、社会进化史、西洋政治思想史、社会问题、社会科学方法论五门课程，唯物史观是其主要内容。何干之也在广州的国民大学讲授唯物史观，等等。经过进步学者在学校的传播，马克思主义成为最受学生欢迎的课程内容。

之所以将学校作为研究和传播的主阵地，主要是因为利用学校课堂传播更具有效性和隐蔽性的显著优势。马克思主义理论工作者可以在学校中利用教职做掩护，将相关理论知识巧妙地渗入到哲学、社会学、经济学、政治学、历史学等相关课程中。同时，讲授相关课程的大学学者一般具有较高的学术水平，能够立足中国实际将马克思主义这种较为高深的域外学说，运用学生能够理解的生动的话语进行讲授和宣传。

这种马克思主义传播场域的变化对马克思主义哲学的研究提出了更高的要求。课堂教学活动要求马克思主义哲学能够呈现出相对系统完整的知识体系，并且能够用本土化的语言进行阐释表达。因此，20世纪30年代，推进哲学理论的中国化与体系化，编撰中国自己的马克思主义哲学教科书便成为当务之急。其实早在20年代，瞿秋白、李达等已经开始有意识地初步尝试了马克思主义哲学的体系化工作。如1923年瞿秋白在上海大学社会学系任教期间编写的《社会哲学概论》等讲义，1926年李达在湖南法政专科学校任教时撰写的《现代社会学》教科书。但是由于唯物辩证法还没有和唯物史观有机融合，马克思主义哲学的基本理论形态并没有得到改变，研究成果整体还处在草创阶段。直到唯物史观在大革命失败后发生了主流阐释的转向，才真正为马克思主义哲学转变早期理论形态和研究范式，构建中国自主的马克思主义哲学体系提供了可能。

这一时期学界涌现出一批马克思主义哲学研究的新成果，其中尤以教科书形态的著作为多，包括李达的《社会学大纲》、翦伯赞的《历史哲学教程》、陈唯实的《新人生观与新启蒙运动》和《民族革命哲学》等。综观这一时期马克思主义哲学的学术成果的结构与内容，可以发现其总体上都呈现一种将马克思主义哲学进行中国化、体系化的建构趋势。这些马克思主义哲学著作的出版，表明中国马克思主义者在理论的传播和研究上较前期有了很大提升，并已经有意识地在进行中国马克思主义哲学知识体系的建构工作了。"将马克思主义学说写进教科书进行传播，表明中国革命者对马克思主义及其哲学的掌握有了进一步的提高，即已不再只是从某一角度撰写文章，也不再只是作通俗宣传，而是能够在学校讲台上较系统地讲授马克思主义尤其是哲学理论了。"[①]

对此，笔者以李达的《社会学大纲》为例，就唯物史观阐释转向对中国马克思主义哲学研究的影响作一深入探讨。李达的《社会学大纲》是我国第一部系统构建和阐述中国马克思主义哲学知识体系的学术专著，曾被毛泽东誉为"中国人自己写的第一本马克思主义的哲学教科书"[②]。著名史学家刘绪贻先生曾在回忆中提到，《社会学大纲》是"根据当时特定环境宣传马克思主义的一种妙法"，满足了他打破国民党统治区学术界的教条、向学生讲授马克思主义知识的需要。[③]陶德麟先生曾评价"这部著作不是马列著作的一般复述，更不是外国研究成果的照搬，而是针对中国革命的需要独立完成的作品，着眼点和落脚点都在中国革命问题上"[④]。它的问世改变了中国马克思主义哲学的早期形态，从形式到内容真正构建了中国马克思主义哲学知识体系，标志着中国马克思主义哲学知识体系的初步形成，代表了20世

[①] 胡为雄：《中国马克思主义哲学教科书编写之起步、发展与演化（1922—1949）》，《教学与研究》2013年第11期。

[②] 李达：《社会学大纲》，武汉大学出版社2007年版，第2页。

[③] 刘绪贻：《真正的马克思主义者———我所认识的李达同志》，《武汉大学学报》（人文科学版）2007年第2期。

[④] 《陶德麟文集》，武汉大学出版社2007年版，第767—768页。

纪 30 年代中国学者在理论研究与体系化构建上的较高水平,奠定了现当代中国马克思主义哲学的基本形态。

其之所以有如此重要的地位,便得益于李达将唯物史观的最新阐释趋向具体运用到了马克思主义哲学研究中。其具体作用在于,第一,李达通过"实践的唯物论"命题的提出,将实践看作马克思主义哲学的关键与核心,彰显了马克思主义哲学鲜明的实践特色,使其成为以发现社会发展规律,探寻"中国向何处去"为中心议题的实践性理论。

在《社会学大纲》中,李达列举了哲学理论应致力于解答的现实问题:"现代社会是从怎样的社会发展的,并且循着怎样的发展途径?现代社会从它出生之时起到现在为止,经过了怎样的阶段?现代社会将转变为怎样的新社会,而这种转变的可能性如何推移于现实性,并受怎样的物质的客观条件所规定?又,担负改造现代社会为新社会的使命的主体,为什么必须是普罗列达里亚(笔者注:即无产阶级)?"[①] 在此基础上,李达以"中国向何处去"作为马克思主义哲学知识体系的核心命题。有学者认为,《社会学大纲》的成就是有限的,因为它没有将马克思主义哲学与中国的现实结合起来,没有像李达的其他著作那样通过对中国历史和社会问题的深刻分析来阐述马克思主义。澳洲学者尼克·奈特认为:"李达可能感到没有多大必要在这部著作中运用中国现实生活的例子来阐明辩证唯物主义。因为他在许多其他著作和论文中已经对中国历史和社会的一些重大问题作出了具体分析。"[②] 因而认为《社会学大纲》不能算作马克思主义哲学中国化的代表作。笔者认为,虽然该书没有像李达的其他著作那样直接分析和阐述中国历史和社会问题,但从《社会学大纲》的思想要旨来看,它始终以探索中国现实出路为中心,并结合中国现实需要对马克思主义哲学话语进行了本土转型。

从核心内容来看,《社会学大纲》从普遍性与特殊性相结合的辩

---

① 《李达文集》第 2 卷,人民出版社 1981 年版,第 308 页。
② [澳]尼克·奈特:《李达的〈社会学大纲〉与中国的马克思主义哲学》,《马克思主义哲学研究》2005 年卷,湖北人民出版社 2006 年版,第 252 页。

证角度以探寻中国社会发展规律为中心。一方面,《社会学大纲》重点探讨了唯物史观社会发展规律的普遍性;但另一方面,该书并没有忽视中国国情。虽然该书没有直接援引中国革命的具体经验,但是"全书的论述都是估计到并针对着中国的国情的"①。按照李达原来的研究计划,《社会学大纲》第六篇是准备写中国社会的。只是由于时间关系,最后并未完成。他在第一版序言中便指出:"本书前五篇,是研讨世界社会的一般及特殊发展法则的。至于中国社会,却自有其特殊的形相和固有的特征,决不是一般原理之单纯的例证。"②可见,他是在坚持社会发展普遍规律前提下承认中国社会发展的特殊性的。他认为"中国社会,不是资本主义社会,也不是封建社会,而是帝国主义殖民地化过程中的社会。现阶段的中国人,必先认清自己的历史使命,就是要使中国从这种过程中解放出来"③。

唯物史观阐释新趋向的第二个影响在于,通过"实践的唯物论"概念的提出,李达构建了以唯物史观与唯物辩证法相统一的较为系统完整的知识体系。这一建构的特点在于,它不是像苏联哲学教科书那样将历史唯物论与辩证唯物论平行分开进行体系建构与内容论述,而是采取总—分结构。即在第一篇和第二篇先分别阐述"唯物辩证法"和"当作科学看的历史唯物论",对二者的关系,以及历史唯物论的性质、研究对象、核心作用进行总的概括,在此基础上,从第三篇至第五篇,先后对"社会的经济构造""社会的政治建筑""社会的意识形态"三大问题进行了深刻而细致的研究。另外值得注意的是,对比《社会学大纲》1935年北平大学法商学院版讲义和1937年上海笔耕堂书店正式出版的版本,有明显变化的是,前者第一篇"社会学之哲学的基础"的第一章名为"辩证唯物论",重点阐释了辩证唯物论的形成、性质与研究对象,以及唯物辩证法诸法则。但至1937年版第一篇则直接称为"唯物辩证法",

---

① 《陶德麟文集》,武汉大学出版社2007年版,第767—768页。
② 《李达文集》第2卷,人民出版社1981年版,第5页。
③ 《李达文集》第2卷,人民出版社1981年版,第5页。

将前者关于辩证唯物论的内容统一纳入到该篇中,而不再单独指称其为"社会学之哲学的基础"。通过李达论著的这一变化,可以看出受唯物史观阐释新趋向影响,他对唯物史观与唯物辩证法的关系认知逐渐深化,试图建构不同于苏联"二分"结构的整体化体系。

在第三篇至第五篇关于主要内容的布局中,李达遵循了唯物史观的基本逻辑,即以生产力与生产关系的矛盾这一社会发展的根本动力为起点对它所决定的社会的上层建筑一一加以研究。这与苏联哲学教科书也有一定区别。虽然苏联哲学教科书如米丁著《历史唯物论》也是从"社会经济形态·生产力与生产关系"开始论述,但其后几章阐述的是"资本主义的和社会主义的经济关系""阶级与国家论""为社会斗争之最高阶段的劳工专政"。相比之下,《社会学大纲》更具有体系性,更好体现了唯物史观的逻辑关系,也更接近现代中国马克思主义的理论体系。而且比苏联话语更为进步的在于,在内容的理解上也更加全面深刻。在对于上层建筑的理解中,30年代苏联教科书只重点阐释了社会的政治建筑,即阶级和国家。但对社会意识形态问题则没有论述。《社会学大纲》则单辟一篇重点阐释意识形态的一般概念及其发展,试图"说明社会的意识形态及其对经济构造的正确关系,在论理上再造出现实的各种社会的具体的轮廓"[①]。这也可见李达对意识形态话语权建设的重视。

以李达《社会学大纲》为例考察这一时期马克思主义哲学研究情况,可以看出,唯物史观的阐释新趋向使得中国马克思主义哲学改变了早期机械的、零散的理论形态,真正构建起了具有主体性、实践性、革命性、系统性的自主知识体系。学者从"实践的唯物论"概念出发将历史唯物论与辩证唯物论进行深度融合,在此基础上进行马克思主义哲学知识体系的布局,从核心命题、内容阐释和马克思主义的整体性视角建构方面重新塑造了马克思主义哲学内在体系。与苏联话语那种看似形式完整实则内容割裂的理论体系不同的是,中国马克思

---

① 《李达文集》第2卷,人民出版社1981年版,第10页。

主义哲学知识体系则"形神兼具",既在内容又在形式上促进了体系的整体性建设,进一步深化、推进了马克思主义哲学在中国的创新性发展。

二 主流阐释与中国马克思主义史学研究

1927年到1937年,唯物史观理论被系统运用于历史学研究中,成为历史研究的指导方法。这与早前学者有很大不同。早前学者虽然也将唯物史观应用于历史研究,但他们只是运用了唯物史观中的某个要素,例如从经济因素分析社会历史,但没有从生产力与生产关系、经济基础与上层建筑的矛盾运动角度,并整合社会形态说与阶级斗争说,将唯物史观作为一种具有整体性的方法论来系统指导史学研究。1927年以来中国知识界的史学研究根本改变了这种境况,其时人们对唯物史观的新的理解直接影响到了当时的史学研究。

以新的唯物史观的阐释为指导,学术界先后涌现出一批具有较高学术水平的研究论著,马克思主义史学由此得以形成。在中国古代史研究领域,郭沫若的《中国古代社会研究》(上海联合书店,1930年)被视为中国马克思主义史学形成的标志。与吕振羽的《史前期中国社会研究》(北平人文书店,1934年)一起被称为中国马克思主义史学的开创之作。吕振羽还著有《殷周时代的中国社会》(上海不二书店,1936年),尝试运用唯物史观的最新成果来分析中国古代历史。在中国近代史研究领域,涌现出了华岗的《中国大革命史》(上海春耕书店,1931年)、李鼎声的《中国近代史》(光明书局,1933年)、何干之的《近代中国启蒙运动史》(生活书店,1937年)等一批近代史论著,以及在专门史研究领域,何干之的《中国经济读本》(上海现实出版部,1934年)、吕振羽的《中国政治思想史》(黎明书局,1937年)、杨东莼的《本国文化史大纲》(北新书局,1931年)等等。这些论著都是非常鲜明地将唯物史观的研究方法创造性地运用到各自的研究领域。20世纪30年代中国社会史论战爆发,围绕中国社会性质、社会发展阶段等问题,史学家何干之出版了一系列专著,如《中国社会性质问题论战》（上海生活书店，1937年）、《中国社会史问题论战》（上海生活书店，1937年）、《中国的过去现在和未来》（当代青年出版社，1936年），对论战进行总结与评析，并运用唯物史观分析中国社会的现实。

学者们都高度肯定了唯物史观在历史研究中的划时代意义。李鼎声指出，历史学在现今已不能单纯看作一种记载的科学了。自唯物史观构成现代社会科学的基础以来，历史学就担负了一种极重大的任务：它不仅要记述人类在与自然斗争及创造自己的历史的过程中的种种活动，而且要说明此种活动之历史的条件与原因，解释历史上各种重大事变的因果关系，以及指出在何种情况之下，一种旧的社会为新的社会所代替。这样一来，以往的历史学方法，即那种以帝王、圣贤、英雄为中心专门记载王朝兴替的英雄史观，和偏重于人类文化生活记载而不能说明文化兴衰变迁的全过程的历史编制，都将被清除出去。[①] 吕振羽对此也深表认同，他表示，人们对于古代的许多事情都是无法获知的。只能依据唯物史观，依据恩格斯对原始社会之谜的科学揭发，作比较研究，以理解其轮廓。[②] 在史学家们看来，唯物史观彻底转变了以往纯粹埋首于史料考据的研究方式，排除了错误史观的指导，使学者获取一种能够全面发现人类社会历史规律的科学方法。以唯物史观为指导，史学冲破了学理研究的围栏，得以与现实相连，用以解决现实问题。这对史学研究可谓是具有划时代意义的巨大转折。

所以说，这一时期唯物史观研究不是就理论论理论，其一大特色即是将当时的唯物史观主流阐释运用于中国历史的研究实践中。受唯物史观的阐释影响，这一时期史学研究呈现出新的特征。

其特点在于，第一，注重以唯物辩证法指导史学研究，将唯物辩证法的思想观点全面贯穿于历史叙述中。郭沫若在1928年的时候就对唯物辩证法深表赞同。他认为这是人类的思维对于自然观察上所获

[①] 李鼎声：《中国近代史》，光明书局1935年版，第1页。
[②] 吕振羽：《史前期中国社会研究》，北平人文书店1934年版，第35页。

得的最高的成就,"中国历史的发展也正是循着那样的规律而来",因而他主张要熟练地运用这种方法并使之中国化。郭沫若将他对唯物辩证法运用的工作"主要地倾向到历史唯物论这一部门来"。他说:"我主要是想运用辩证唯物论来研究中国思想的发展,中国社会的发展,自然也就是中国历史的发展。反过来说,我也正是想就中国的思想,中国的社会,中国的历史,来考验辩证唯物论的适应度。"① 所以,在标志着马克思主义史学形成的《中国古代社会研究》一书的自序中,郭沫若就批判当时整理国故的"夫子们","没有辩证唯物论的观念,连'国故'都不好让你们轻谈"②。在该书的第一篇讲《周易》时代的社会生活时,就专门谈到了辩证法问题。在他看来,辩证法有三个要旨,一是在动态中观察事物,指出一切事物都有发生、成长与死灭;二是要认出事物的内在矛盾,这是推动事物动态发展的根本原因;三是要从整体性上去观察事物,万事万物都是整个相关联的,要观察它的全体。③ 进而他专门谈了《周易》中所含有的辩证法思想。他认为这种辩证法思想背后蕴含的即是"支配阶级、私有财产、国家刑政,都有它毁灭的时候,而且要毁灭在相反对者的手里",这让当时的统治阶级感到危险。于是统治阶级便要修正掉《周易》中含有的这一意蕴,强调"易者不易也",这样《周易》的思想便是折衷主义、机会主义和改良主义了。④ 在郭沫若看来,唯物辩证法思想再进一步,即是必然的革命的实践,是"扶植弱者、被支配者,促进战斗,促进变化"⑤。这些论述表明,郭沫若意识到了辩证法在社会历史领域所蕴含的强烈的政治价值。他以辩证法分析历史,指出以往的社会的进展就是这样。"一切的社会现象决没有一成不变的东西,瞻往可以察来,这是一切科学的豫言的根本。社会科学也必然地能够豫

---

① 《郭沫若全集·文学编》第13卷,人民文学出版社1992年版,第331页。
② 郭沫若:《中国古代社会研究(外二种)》,河北教育出版社2000年版,第9页。
③ 郭沫若:《中国古代社会研究(外二种)》,河北教育出版社2000年版,第62页。
④ 郭沫若:《中国古代社会研究(外二种)》,河北教育出版社2000年版,第64页。
⑤ 郭沫若:《中国古代社会研究(外二种)》,河北教育出版社2000年版,第74页。

言着社会将来的进行。"他坚信未来要进入到无阶级的共产主义社会，"这是明如观火的事情，而且事实上已经在着着地实现了"①。

吕振羽在《史前期中国社会研究》自序中说到自己开展中国社会史研究的动机时指出，"深深的感觉一般中国史研究者＝自认为所谓辩证论的'历史家'们，大抵不是如实的在履行着实验主义的方法论，便又走入了机械论的歧途"②。所以他深感有必要对中国历史做唯物辩证法的研究。在他看来，用唯物辩证法研究中国历史，不仅证明了人类社会发展法则的共同性，而且证明这一发展法则完全符合辩证法的发展法则。"人类的社会生活，就是辩证法的发展法则的实践；辩证法的本身，是存在于自然和社会自身发展的法则之中。"因而他强调，"史的唯物辩证法，不啻是我们解剖人类社会的唯一武器，史的唯物论，是唯一的历史学方法论"③。李鼎声的《中国近代史》一书开篇即主张要用辩证的科学方法去研究中国近代史。具体来说，这种辩证方法要求，一是"我们须得将历史看作对立物相互转变的过程，即是矛盾的不断发生与解决的过程。只有这样，我们才能理解近代史上的各种矛盾现象"。二是"我们须得从各种历史事象的变动过程去追究它们的发展"。三是"我们须从历史上各方面的联系去研究一切事变的过程与关系"。四是"我们须从具体的情况去研究"。五是要反对机械的方法论。因为机械方法一方面，只承认社会有量变，却不承认有质变；另一方面，只知道一切运动是由于方向相反的力量彼此对抗发生出来，却不能认识这种运动是事物内部对立的发展与相互转变的结果。④可见，在这些史学家的历史研究中，他们都十分注重唯物辩证法的应用，在分析社会历史时，都将唯物辩证法的思想观点全面渗入其中，将中国历史描述为一种变动不居的矛盾运动。

第二，注重从生产关系的总和即经济基础角度出发分析中国社会

---

① 郭沫若：《中国古代社会研究（外二种）》，河北教育出版社2000年版，第17页。
② 吕振羽：《史前期中国社会研究》，北平人文书店1934年版，第2页。
③ 吕振羽：《史前期中国社会研究》，北平人文书店1934年版，第6—7页。
④ 李鼎声：《中国近代史》，光明书局1935年版，第9—14页。

历史。这一时期的史学家十分强调生产关系进而强调经济基础在社会历史中的作用。郭沫若的《中国古代社会研究》一书就是从生产力与生产关系着手首次揭示了中国社会历史演进之规律。在他看来，社会是整个建筑于经济基础之上的。生产方式发生变更，经济基础就可以发展到更新的阶段，整个社会也就必然形成一个更新的关系、更新的组织。[①] 故在该书的第一篇以唯物史观分析《周易》时，就从渔猎、畜牧、耕种、工艺、贸易等生产活动中分析出社会的结构，进而讲到社会的政治组织与社会意识形态。例如在谈到《周易》时代的政治组织时，他就从经济基础开始分析，认为"生产日渐发达，私有财产权已经成立，同时为保护这私有财产权的安定，便不能不有刑政的发生"[②]。何干之的《中国社会性质问题论战》在批判托派严灵峰、任曙以及王宜昌的"生产技术论"时也十分强调生产关系的作用，专门论述了生产力与生产关系的辩证关系，认为生产关系制约着生产力运动的形式，使其循着某种历史法则发展，故生产力与生产关系的矛盾"是历史唯物论的 ABC"[③]。在分析中国的社会性质时，他指出，要认识中国社会，必先认识它的生产方法或生产关系，只有这样才能了解社会中人与人的关系和矛盾，进而提出解决方案。[④] 可见他特别注重经济因素的作用。在他看来，中国经济发展状况是政治理论的测量器，通过分析经济关系来研究各种社会政治关系是一条捷径。《中国经济读本》就是他这种观点的体现。他自称该书"始终企图以半殖民地半封建这个主题为经，以真实的材料为纬，使理论与实际纵横交错，把中国经济的真相，和盘托出"[⑤]。再如何干之的《近代中国启蒙运动史》一书从社会经济与政治的变迁情况来说明近代中国的思想启蒙运动。他指出，近代思想启蒙运动是资本主义时代的产物，鸦片

---

① 郭沫若：《中国古代社会研究（外二种）》，河北教育出版社 2000 年版，第 147 页。
② 郭沫若：《中国古代社会研究（外二种）》，河北教育出版社 2000 年版，第 47 页。
③ 《何干之文集》第 1 卷，北京出版社 1993 年版，第 249 页。
④ 《何干之文集》第 2 卷，北京出版社 1993 年版，第 144 页。
⑤ 《何干之文集》第 1 卷，北京出版社 1993 年版，第 31 页。

战争以来的洋务运动、维新变法、辛亥革命的三民主义政策、五四新文化运动、国民革命时代以来的新兴社会科学运动等都是与中国一百年来的社会经济结构、政治形态，与中国资本主义互相适应的。[①] 何干之的《中国的过去现在和未来》还以政治运动是经济关系的产物为原理，从各国生产力、生产关系情况分析各国应采取的革命形式，进而主张中国应采取反帝反封建的民主革命形式。[②] 这些著作都遵循着唯物史观分析社会历史的一般方法，注重从生产关系的总和即经济基础出发研究中国的历史，指出中国是半殖民地半封建社会，进而为中国共产党的革命实践做理论论证。

第三，普遍将中国历史置于世界历史演变过程中，以社会形态说划分中国社会历史阶段。受社会现实影响，当时多数的史学研究不是为学术而学术，不是埋首于大量的历史材料进行考据研究，而是希冀从中发现历史发展的普遍规律，以"前事不忘，后事之师"之态度认清过往来程，从而决定当下"中国向何处去"的问题。因而这一时期的史学家非常注重对历史规律的探讨。这一时期学界已对社会历史阶段的划分基本达成共识，强调唯物史观的五种社会形态说在世界各国的普适性。受此影响，史学家在划分中国历史阶段时也是按照这种标准。他们不满中国落后于世界的现实，以及中国历史叙述在世界历史叙述中的失语，力图将中国历史纳入世界历史范畴中进行叙述。郭沫若在《中国古代社会研究》自序中就感叹"世界文化史中关于中国方面的记载，正还是一片白纸。恩格斯的《家庭、私有制和国家的起源》上没有一句说到中国社会的范围"。所以他号召"中国人是应该自己起来，写满这半部世界文化史上的白页"[③]。《中国古代社会研究》一书正是将中国历史纳入世界历史潮流的经典代表作。书中郭沫若从生产力与生产关系角度揭示了中国社会经历了原始共产制、奴隶制、封建制、资本制几种生产方式的更替，进而将西周以前视为原始

---

① 《何干之文集》第2卷，北京出版社1993年版，第2—3页。
② 《何干之文集》第1卷，北京出版社1993年版，第161页。
③ 郭沫若：《中国古代社会研究（外二种）》，河北教育出版社2000年版，第9页。

共产制的氏族社会，西周是奴隶社会，春秋时期之后则是封建社会，鸦片战争以来是资本制社会。也即是把中国历史以世界历史的进程加以阐述，但不足在于对商代生产力水平有所低估，而且认为鸦片战争后是资本制社会，这些局限也多为其他学者诟病。但总体来说，这本书有力批判了"国情特殊论"，维护了马克思主义在中国社会历史研究中的主导地位，给予许多迷茫于中国前路的革命青年以巨大鼓舞，是应当给予肯定的。不仅郭沫若，吕振羽在《史前期中国社会研究》自序中也表示他写这本书的一个目的即"只在说明中国社会的发展过程，和世界史的其他部分比较，自始就没有什么本质的特殊，而是完全有其同一的过程"[①]。李鼎声在研究中国近代史时也主张将其放置在世界历史范畴中考察，强调中国历史是全人类历史的一部分。研究中国历史不可以只依据一种狭隘民族观念来发扬所谓的"国粹"，其主要任务是要考察中国社会在全人类历史的一般进展过程中特有的发展路线，同时要解释中国历史上许多重大事变发生的原因及其成果以说明中国文化与世界文化的交汇影响，只有如此才能使中国历史成为人类历史的一个支流，帮助人们了解中国民族的内在变化与外在关系，而变成一种有用的智识工具。[②] 以这种思想为主导，李鼎声笔下的中国近代社会即是半殖民地半封建社会，其任务就是实行反帝反封建的民主革命，这样就为中国共产党的革命提供了历史支撑。

第四，以阶级斗争为主线叙述中国社会历史进程。阶级斗争说是这一时期唯物史观阐释的核心内容，也是中国共产党在现实政治实践中反对帝国主义和封建主义的斗争武器。在史学家关于中国历史的研究中，阶级分析法也成为学者研究的主要方法，进而阶级斗争成为中国历史叙述的主线。这一时期的诸多著作中，都可见非常明显的阶级分析色彩。郭沫若的《中国古代社会研究》一书即是一本以阶级分析中国古代社会的经典之作。如在分析《周易》时代的社会生活时就重

---

① 吕振羽：《史前期中国社会研究》，北平人文书店1934年版，第1页。
② 李鼎声：《中国近代史》，光明书局1935年版，第1—2页。

点从西周的阶级结构出发得出当时是奴隶社会的结论。他揭示出其中的支配阶级与被支配阶级，强调"国家的基础是建设在阶级对立上"，所以那时的阶级国家显然是奴隶制的组织，支配者即是奴隶所有者。故西周是一个奴隶社会。① 再如书中在分析当时的宗教思想时，郭沫若就指出这是一个"阶级的骗局"，这个宗教系统是支配阶级的心理。新兴的支配阶级要使自己的支配权合理化与恒久不变，故而创造出一个合理的、永恒的至上神来统治万物，将自己的统治地位与其相等，认定统治阶级是至上神的化身，如此统治权也即是永恒的了。② 华岗的《中国大革命史》与李鼎声的《中国近代史》两部则以阶级斗争为主线叙述了中国近代的历史。前者不仅从阶级斗争的视角详细叙述了大革命的经过，同时还从这一视角分析了大革命产生、发展的历史原因与经验教训，指出1925年到1927年的大革命本质上是资产阶级性质的民权革命，初步构建了革命史的历史叙述范式。该书还专辟一章分析了社会各阶级在大革命中的角色与作用。李鼎声的《中国近代史》以阶级斗争视角分析了中国近代历史的演变。他认为中国近代史是受帝国主义侵略的历史。帝国主义侵略的结果是国内的社会阶级因此起了分化，"受着帝国主义驱策维护旧的生产关系的阶级站在一条战线上，反对帝国主义与封建剥削制度的阶级站在另一条战线上。这样就激起了巨大的社会斗争"，由这种对立引发的突变即是革命，其结局是要否定帝国主义与国内的旧生产关系，"这便是中国近代历史发展过程中的必然变化"。③ 这便把近代以来的历史描写成反帝反封建的阶级斗争的历史。这里的叙述还有一个特点，就是将中国近代的反帝与反封建斗争联系在一起，突出了反帝与反封建两重任务并举的必要性。其背后蕴含的即是1927年到1937年的唯物史观主流阐释所主张的阶级斗争与民族斗争的一致性，民族斗争的实质是阶级斗争。总之，在李鼎声看来，每次革命产生都是因为社会的旧生产关系下产生

---

① 郭沫若：《中国古代社会研究（外二种）》，河北教育出版社2000年版，第56页。
② 郭沫若：《中国古代社会研究（外二种）》，河北教育出版社2000年版，第83页。
③ 李鼎声：《中国近代史》，光明书局1935年版，第10页。

了阶级矛盾，革命是阶级的对立结果。他批判了机械论者抹杀中国社会内部阶级矛盾，将其溶解于世界资本主义体系中的做法。因为这样就是说中国封建生产关系不存在了，不需要反封建的革命斗争，只需要与世界一道反对资本主义即可，从而抹杀了土地革命的正当性。[①] 在分析近代以来的农民叛乱与农民战争时，他强调应从潜伏在社会内部的阶级对立中找寻原因。每一次农民运动的爆发都是当旧的社会生产关系阻碍生产力的发展，农民大众不堪残酷的封建剥削后的反抗剥削阶级的斗争。其失败也是由于帝国主义与封建势力的联合绞杀。因而，李鼎声提出，只有当城市无产阶级的领导力量形成且加强的时候，农民的革命战争才能发展到最高的综合，成为解放中国的民族革命战争。[②]

由此，华岗的《中国大革命史》与李鼎声的《中国近代史》都特别强调了无产阶级领导权的重要意义。华岗在论述大革命失败应吸取的经验教训时，强调要坚持无产阶级对国民革命的领导权，坚持与资产阶级斗争到底。他指出，在五卅运动中，中国无产阶级已经客观上取得了革命领导权。五卅运动后中国无产阶级的阶级觉悟大大提高。"国民革命的发展与阶级斗争联系起来，事实上无产阶级已经开始拿阶级斗争去领导国民革命。"[③] 没有无产阶级的领导，中国革命运动是不可能蓬勃发展的。他认为，大革命的历史充分证明，只有无产阶级能够做领袖，这是因为无产阶级的实际生活决定了其只有坚决斗争才有出路。现在虽然力量弱小，但是无产阶级是唯一能够领导农民起来解决土地问题的力量，也是中国革命史上第一个伟大力量。[④] 李鼎声在分析太平天国失败的主观原因时，也指出是因为"缺乏有严密组织与彻底的政治觉悟的中心领导力量"，即在当时没有进步的市民阶级之坚强的反封建组织，也没有现代的集团的城市生产阶级之有力

---

① 李鼎声：《中国近代史》，光明书局1935年版，第13—14页。
② 李鼎声：《中国近代史》，光明书局1935年版，第9页。
③ 华岗：《中国大革命史》，文史资料出版社1982年版，第134页。
④ 华岗：《中国大革命史》，文史资料出版社1982年版，第292页。

的革命指导，而充分表现出散漫的私有制的农民意识。① 此外，在分析义和团、戊戌变法、辛亥革命失败的原因时也都强调了阶级斗争和建立强有力的革命政权的重要性。并将中国共产党南昌起义、广州起义失败的原因也归之于阶级斗争的缺乏。马克思主义史学家强调阶级斗争与无产阶级领导权的重要性的原因即在于1927年大革命失败的深刻教训。他们以阶级斗争为主线，对中国近代史进行话语叙事，实则创建了历史研究的新范式即革命史范式。以这种范式为主导，李鼎声等史学家赞扬了近代以来的历次民众运动，包括三元里抗英、太平天国运动、义和团运动，都是人民英勇反帝反封建的革命斗争，而不是持近代化范式的史学家所谓的"愚蠢暴民之活动"，运动者是"动于感情"或"唯利是图之愚民"。② 这样一来，史学家就高度肯定了民众的阶级斗争以及中国人民在近代史中的主体地位。总之，马克思主义史学家通过这种阶级斗争话语，强调了阶级斗争和无产阶级掌握革命领导权的必要性，从而为现实斗争服务。这也就不难理解为何国民党人和自由主义者会因为阶级斗争而拒斥唯物史观了。因为按照阶级斗争分析社会历史，那么整个社会历史即是阶级斗争的历史，阶级斗争推动了历史前进。那么，当下的由中共主导的革命斗争即是不可免的事。只有通过反帝反封建的民主革命，推翻腐朽政权，中华民族之解放才能实现。这自然不能不招致统治阶级和改良主义者的强烈抨击。

可以看到，30年代，经过中国社会史论战和社会性质问题论战的洗礼，中国马克思主义史学派已基本确立起来，其势力由弱变强，史学家将唯物史观最新阐释作为指导思想运用到中国历史研究中，形成了一系列优秀的研究成果。这些成果都以"中国向何处去"的现实问题为导向，建构起了革命史话语体系，指明中国必须走反帝反封建的新民主主义革命道路，最终实现社会主义，从而为中国共产党的现实

---

① 李鼎声：《中国近代史》，光明书局1935年版，第62页。
② 陈恭禄：《中国近代史》下册，商务印书馆1948年版，第518、557页。

革命运动做了学理支撑。可以见得，其时的学术与政治是多么地相互交融，难以分割。这启示我们在考察一时代的学术研究时，不可忽略其社会政治背景。同时这也反映了当时知识分子的历史担当与崇高抱负。他们心系中华民族之命运，希望以自己之学探索出中国社会发展之道，挽救民族之危亡。当然，当时的史学研究也存在局限，即是由于特别注重社会历史规律的普遍性，而对中国社会的特殊性有所忽视，同时在运用唯物史观理论解释中国历史和现实时还存在一些教条主义和稚嫩的地方。但总的说来，以唯物史观指导中国史学研究，实现了史学界的范式革命，开创了史学研究的全新境界，引领了史学研究的历史潮流，改变着国人对于历史和现实之观念。

三 主流阐释与中国马克思主义社会学研究

唯物史观的主流阐释不仅深深影响了中国史学研究之走向，其对于社会学之影响也很大。五四运动以来，随着马克思主义在中国的传播，李大钊、陈独秀、李达等马克思主义者就积极倡导以唯物史观研究中国社会，他们为此作出了开创性的贡献，所谓唯物史观社会学得以形成。1927年到1937年，因唯物史观的阐释新趋向，唯物史观社会学的研究发生了很大转变。一是改变了早期以机械的唯物史观解读中国社会的特点，倡导以辩证唯物主义与历史唯物主义相结合来指导社会学研究。二是随着中国社会史论战的深入发展，社会学研究更深入地介入到中国社会现实中。通过对中国社会结构、社会性质等问题的分析与解读，为当时的政治革命服务。

这一时期的社会学者以许德珩、陈翰笙、冯和法、柯柏年、李鼎声、李剑华等为代表，他们以唯物史观为指导，创造出一批社会学研究的经典之作。例如许德珩的《社会学讲话》（北平好望书店，1936年），是最早尝试将辩证唯物主义和历史唯物主义相结合应用于社会学研究的代表作。陈翰笙的《解放前的地主与农民——华南农村危机研究》（纽约国际出版公司，1936年）一书，以及《中国的农村研究》（1931年）、《现代中国的土地问题》（1933年）、《广东农村生产关系与生产力》（1934 年）等文章，冯和法的《农村社会学大纲》（黎明书局，1934 年），柯柏年的《社会问题大纲》（南强书局，1930 年），李鼎声的《现代社会学理论大纲》（光华书局，1930 年），以及李剑华的《社会学史纲》（世界书局，1930 年）等著作都是这一时期运用唯物史观主流阐释的社会学研究代表作。他们都普遍认可唯物史观在社会学领域的指导价值。李鼎声不仅是一名马克思主义史学家，他还是一名社会学者。其不仅将唯物史观应用于史学研究，在社会学研究领域，李鼎声对唯物史观的价值也是高度认可的。他坚持要以唯物史观研究社会学，认为唯物史观引起了社会学研究的"空前的大革命"。唯物史观改变了以往社会学家将社会学当作玄学的附庸，从虚无缥缈的精神现象中寻找理论根据的做法，使社会学真正成为一门科学。唯物史观是要从物质的活动现象中找出支配人心和一切社会生活的史的法则。即要从社会的流动进程中寻求说明物质现象和一切社会生活形态的关系的因果律。故而李鼎声强调，在社会学领域，唯物史观是发现社会生活的普遍法则的唯一工具。并认为在当时唯物史观的社会学已有征服其他社会学理论的趋势。[1]许德珩也主张应当使社会学成为一种科学。认为说明社会最确切的理论，就应当是唯物史观，由此，唯物史观才就是正确的社会学，而社会学也就是社会科学了。[2]可以看到，这一时期的学者在研究时普遍注意将社会学引向科学化的道路，这明显是受到了 20 年代科学论战的影响。陈翰笙也曾批判过当时社会学因偏于对社会现象做无意义的分类或自封于抽象体系而"陷于危险的境地"，他倡导要使现在的社会学"抵于科学的认识"。[3]正因为他们的科学主义的价值取向，才使得唯物史观的指导价值在社会学领域得以彰显。

与早期相比，唯物史观社会学研究的一大特色即是其所运用的唯物史观是结合了唯物辩证法的。他们是以具有辩证色彩的唯物史观，

---

[1] 李圣悦：《现代社会学理论大纲》，光华书局 1933 年版，第 21—22 页。
[2] 许德珩：《社会学讲话》（上册），北平好望书店 1936 年版，第 61 页。
[3] 《陈翰笙文集》，复旦大学出版社 1985 年版，第 43 页。

而非机械宿命论式的唯物史观,来指导社会学研究的。李鼎声在说明社会学研究要以唯物史观为指导时,就特别强调这种唯物史观是综合了一元的唯物论和辩证法两种元素而成的,又有人称作辩证的唯物论的唯物史观。① 他明确表示,"社会学所应用的方法是历史的唯物的互辩法"。所谓历史的唯物的互辩法即是说以历史为线索,以物质为重心,探求人类社会的变动法则和发展趋势最科学最经济的方法。以这种方法观察社会,就是要(1)从变动的过程中探求社会现象发生的原因。认定人类的社会历史乃是一串不断地破坏和构造的连续。(2)从适应的过程中观察社会进行的轨程。认定人类社会是依照一定程序向前发展。(3)从矛盾的过程中观察社会的发展倾向。认定社会是永恒地呈现出矛盾性的。(4)从人与人、物与物、人与物的关系中观察社会的结构。(5)认定一切社会形态和社会现象的价值都不是绝对的,而是相对的。(6)认定一切事物和活动都是具有社会的意义的。(7)从社会现象的数量和质量的关系中考究社会的变化,认定数量增加——社会进化——到一定程度的时候,就会引起质量的急变——社会革命。② 许德珩在其《社会学讲话》中也阐明了这种唯物史观的观点。他与当时关于唯物史观的主流阐释一致,认为唯物史观就是把唯物辩证法应用来说明人类社会之发展的理论。唯物史观的基础是唯物辩证法。③ 用以唯物辩证法为基础的唯物史观研究社会学,即是把社会变革的过程看作整个的辩证法之发展的过程。也就是社会因生产力与生产关系之矛盾推动,社会要经历矛盾——量与质的转变——突变三个步骤。④ 可以说,这一时期,以唯物辩证法为基础的唯物史观已经成为社会学家用以研究社会学的指导思想了。

在这种思想指导下,中国的社会学研究呈现出两个明显的趋向。第一,以生产关系为中心研究中国社会。当陈翰笙研究中国农村社会

---

① 李圣悦:《现代社会学理论大纲》,光华书局1933年版,第21—22页。
② 李圣悦:《现代社会学理论大纲》,光华书局1933年版,第53—55页。
③ 许德珩:《社会学讲话》(上册),北平好望书店1936年版,第163页。
④ 许德珩:《社会学讲话》(上册),北平好望书店1936年版,第173页。

性质时，他发现当时的社会调查数据仅注重生产力而忽视了生产关系，不能对农村的社会性质有正确认识，社会学"已陷于危险的境地"，所以他主张进行社会调查以搞清楚社会占主要地位的生产关系。他指出："一切生产关系的总和，造成社会的基础结构，这是真正社会学的研究的出发点。"① 在中国，由于大部分的生产关系是属于农村的，所以陈翰笙主张将社会学调研重点聚焦在农村。他指出农村的问题集中在土地的占有和利用，以及其他的农业的生产手段上。由此产生了各种不同的农村生产关系，故而产生各种不同的社会组织和社会意识。他通过大量对农村生产关系的调查，得出了一个重要结论，即中国是半殖民地半封建社会。农村根本问题是土地所有制关系，只能通过土地革命变革农村的生产关系，才能改变农村的困局，这鲜明体现了这一时期唯物史观重视生产关系的反作用的阐释趋向。陈翰笙通过强调改变农村生产关系之于社会的重要性，为中国共产党的土地革命做了有力论证。李鼎声在1928年写的《中国土地问题与土地革命》一文中也持这种看法。在他看来，中国社会农村的问题是旧生产关系阻碍新的生产力发展，使得内部矛盾急剧增加，表现出来即是农村社会阶层的巨大分化，造成阶级斗争的背景。② 遂主张应变革生产关系。他的《现代社会学理论大纲》一书从生产力与生产关系的矛盾角度分析了社会演进问题。他指出，生产力与生产关系的矛盾是社会中各种矛盾的"总的矛盾"，这个总的矛盾使得社会变成一个变动与发展的进程，成为"矛盾性的活动体系"。③ 这也即是从生产力与生产关系的矛盾运动来揭示了社会历史发展的根源。此外，李鼎声在分析资本主义社会时也主张必须认识资本主义生产关系。④ 柯柏年的《社会问题大纲》以唯物史观为指导，也从生产关系的考察出发，认为社会问题的根源在于经济制度，这种制度不利于大多数人即被掠夺阶级。所

---

① 《陈翰笙文集》，复旦大学出版社1985年版，第43页。
② 《平心文集》第1卷，华东师范大学出版社1985年版，第94页。
③ 李圣悦：《现代社会学理论大纲》，光华书局1933年版，第137页。
④ 李圣悦：《现代社会学理论大纲》，光华书局1933年版，第141—142页。

以要解决社会问题，就必须改革"生产关系的总和"——经济制度。这样建筑在其上的政治、法制、道德、风俗等都会跟着变革了。[①] 如此可见，这一时期的社会学家普遍都从生产关系着手分析中国社会性质与结构，以探索解决社会问题之道。

这一时期社会学研究还有一个特殊点即是运用阶级斗争理论分析中国社会。这也与当时唯物史观阐释的趋向相一致。冯和法在《农村社会学大纲》中就从阶级分析法出发具体分析了农村社会阶级状况。他以社会群体与土地这一生产资料的关系为标准划分阶级，可见他能够运用正确的阶级概念从生产关系角度看待阶级问题。故其将阶级划分为地主、自耕农和佃农三类。[②] 陈翰笙也十分重视阶级问题。他注重生产关系的研究的原因即是要揭露农村的阶级关系与阶级斗争的现实。在《现代中国的土地问题》一文中他根据阶级分析法，将农村阶级分为地主、富农、中农、贫农与雇农，而不是像资产阶级学者将其分为自耕农、半自耕农、佃农、雇农。[③] 因此而突出了地主与农民间的阶级对立关系。李鼎声在《现代社会学理论大纲》中就重点突出了社会的阶级斗争现象。他指出资本主义社会的现象有一个明显表现就是"阶级的对抗关系"。这种关系不仅是无产阶级与资产阶级之间的阶级利害冲突，而且介于二者之间的社会阶级，如中间阶级、农民阶级和流氓无产者之间，也会互相冲突或互相提携。[④] 李剑华还以阶级斗争理论分析了社会的犯罪现象。这些社会学家之所以如此重视生产关系进而强调阶级斗争，是为说明，只有通过变革生产关系，才能根本解决社会问题。在农村研究领域，学者都认为，土地私有制是农民受剥削的根本原因，它也是农业发展的主要障碍，必须通过土地革命，废除土地私有制，才能解决农村社会问题。[⑤] 在研究资本主义社会时，他们强调只

---

① 柯柏年编：《社会问题大纲》，上海南强书局1930年版，第16页。
② 冯和法：《农村社会学大纲》，黎明书局1934年版，第23页。
③ 《陈翰笙文集》，复旦大学出版社1985年版，第50页。
④ 李圣悦：《现代社会学理论大纲》，光华书局1933年版，第127页。
⑤ 冯和法：《农村社会学大纲》，黎明书局1934年版，第425页。

有废除生产资料私有制,才能实现无产阶级的解放。总之,他们社会学研究的结论就是,要通过反帝反封建的民主革命方能解决社会问题。

可以看到,这些学者的社会学研究都带着强烈的现实关怀。许德珩在当时曾感叹道,因外力不断的侵凌,社会内部急切的变化,已到了必须改革才足以图存的地步。这不得不使有志的人们从事于中国社会之进一步的认识和对其客观的探讨,从而作出正确的理论成为有利的行动之准绳。所以,这尤其使得社会科学成为当务之急的一种科学,这是社会学对于中国社会与学者特别重要的地方。[①] 马克思主义社会学正是在对"中国向何处去"的追问中成长与发展起来的。在其发展过程中,唯物史观的主流阐释为马克思主义社会学研究奠定了理论基础。使社会学家能够以基于唯物辩证法的唯物史观为指导工具,通过对中国社会生产关系的分析与研究正确认识中国社会性质,从而深入介入中国政治,实现了社会学研究的变革。

综上可见,1927年到1937年间唯物史观的主流阐释对中国哲学、史学与社会学等领域的研究走向有深远的影响。唯物史观使这些研究不再是书斋里的学问,而是走进了社会现实;也不再是玄学的不可捉摸的抽象体系,而是能够透过纷繁的现象准确把握对象本质的科学。学术界的面貌由此焕然一新,以马克思主义为指导的哲学社会科学体系得以形成与壮大,渐成为学界之主流。以这种辩证的唯物史观为指导,从生产力与生产关系的矛盾运动出发,透过复杂现象探知事物本质,并运用阶级分析法,这样整个学术研究便建构了一种革命范式的治学体系,从而通过学术研究回答了"中国向何处去"的现实问题。

[①] 许德珩:《社会学讲话》(上册),北平好望书店1936年版,第69页。

第六章
中国知识界研究与阐释唯物史观的经验启示

　　唯物史观自 20 世纪初叶传入以来，在中国近现代历史进程中便扮演着重要的角色。石川祯浩在《中国共产党成立史》一书中曾指出，马克思主义在中国的传播给中国带来了一场"知识革命"。所谓"知识革命"，有两层意思。一是指唯物史观为探寻未来道路的国人提供了一种"根本解决"社会问题的办法，颠覆了以往片面从文化、政治、科技等角度试图改良社会的路径。这种根本变革的特点非常有效地引起了大多数知识分子对唯物史观的关注和认同。另一层意思即是说，通过马克思主义的传播，马克思主义这一"知识"体系所指导的新型革命运动被带进了中国，即有理论根据的革命运动在中国出现了，这是与此前资产阶级革命最重要的不同之处。抛却这种"知识"的重要性，是无法理解中国共产主义革命运动的。试想假如没有唯物史观，中国人对未来道路的追索也就失去方向和工具了。可以说，唯物史观自其传入中国就不同于一般的学术理论，是兼具政治与学术的双重意蕴的。这一特点也是为何唯物史观广为国人所关注的原因。如今，近百年时光逝去，唯物史观依然居于各方学者关注的中心，但也面临着新的挑战与质疑。一些学者呼吁以新的方法论重新认识过往的历史和未来的道路。对此，回顾唯物史观在中国的传播、阐释与运用的历史，有力回应理论挑战与质疑，积极探索唯物史观中国化的基本经验与当代启示，对坚持和发展唯物史观，树立正确党史观，推进马克思主义中国化时代化具有重要的现实意义。

第一节 中国知识界研究与阐释唯物史观的基本经验

一 中国共产党的领导是根本保证

"任何比较成熟的政党都需要建立自己的学术话语系统，都要为其合法性存在提供学理的支撑，都要通过学术资源推行其路线、方针、政策，因而都对学术文化予以特别地重视。"[①] 自中国共产党成立以来，便十分重视对唯物史观的研究、传播与运用。学哲学用哲学是中国共产党的优良传统。回顾20世纪30年代唯物史观在中国的传播历史可以看到，唯物史观的传播与研究不是某个学者单独能够完成的，它是集体性的建构成果，即需要以马克思主义者为代表的学者形成学术共同体共同努力。而这一学术共同体的形成与发展，依靠的是中国共产党的领导。1928年7月，党的六届一中全会通过了《宣传工作的目前任务》。该决议强调，为加强群众政治动员工作，"须加紧在关于比较进步的工人与最忠实的知识份子中间选择并选就一批宣传员与煽动者，并增加对他们的领导"[②]。并提出要"发行马克思，恩格思，斯达林，布哈林及其他马克思主义，列宁主义领袖的重要著作"[③]，要求"我党同志参加各种科学文学及新剧团体"[④]。1929年，中共中央设立了中央文化工作委员会总领党的文化与学术工作。至1930年，在中国共产党领导下，致力于以马克思主义理论促进中国革命的中国社会科学家联盟和中国左翼作家联盟等文化理论团体也都相继成立。

[①] 吴汉全主编：《中国马克思主义学术史》第1卷，人民出版社2019年版，第355页。
[②] 中央档案馆编：《中共中央文件选集》第4册，中共中央党校出版社1989年版，第417页。
[③] 中央档案馆编：《中共中央文件选集》第4册，中共中央党校出版社1989年版，第421—422页。
[④] 中央档案馆编：《中共中央文件选集》第4册，中共中央党校出版社1989年版，第419页。

在这一背景下，党领导进步学者开展了诸多学术工作。第一，马克思主义经典著作的译介工作为唯物史观的中国化阐释建构提供了文献资源。大革命失败后，在中国共产党领导下，学界掀起了译介马克思主义理论著作的高潮，且在质量上均有了明显的提升。经典文本资源的丰富极大地推动了马克思主义者的理论研究工作，为唯物史观中国化积累了文本基础。第二，中国共产党领导下的学术论战为唯物史观阐释奠定了研究基础，并培养了主体力量。学术论战是推动学术发展的重要途径。30年代，在中国共产党领导下，进步学者积极开展并参与了唯物辩证法论战、中国社会性质论战、中国社会史论战、中国农村社会性质论战等。通过这些论战，中国共产党一方面在学界确立了马克思主义的话语权，普及了马克思主义的观点。另一方面，也培养了马克思主义理论研究的新生力量，锻炼了马克思主义理论工作者队伍。例如郭沫若、翦伯赞、吕振羽等马克思主义史学家，以及艾思奇、沈志远、王学文、彭康等马克思主义理论研究学者都是在这些论战中成长发展起来的。

除上述中国共产党领导的文化学术工作为唯物史观中国化起到直接作用外，中国共产党的政治实践为唯物史观的传播提供了根本保障。如果没有党的正确领导和支撑，这种学术话语无论运用怎样华丽的辞藻也只能是空中楼阁，很难与其他话语相抗衡，形成强有力且持续的影响力。这种作用体现在，一方面，党的革命实践活动为理论提供了现实基础，使马克思主义学者在与反对派的论战中更具理论优势，更有助于验证与彰显马克思主义的现实价值。另一方面，遵义会议后，中国共产党坚持实事求是的思想路线，将马克思主义与中国实际相结合，独立自主探索革命道路。这使唯物史观的理论阐释有了正确的指导方向，深化了马克思主义者对唯物史观的认识，促进了理论的创新性发展。

可见，中国共产党正确且强有力的领导是唯物史观传播与研究的根本保障。值得说明的是，唯物史观主要阐释者之一李达虽自1923年秋后在组织上脱离了中国共产党，不再是中共党员，但是他与中国共产党的实际联系始终没有中断,依然接受党的领导。1927年3月,李达便应聘给毛泽东主办的中央农民运动讲习所讲授"社会科学概论"。3月底,受党组织委派,回湖南长沙参与筹办国共合作的国民党湖南省党校,担任教育长一职。5月21日马日事变爆发,他提前接到党组织通知转移回家乡零陵。1930年夏,他加入中共领导的上海左翼社会科学家联盟。后经上海左翼社联书记、中共地下党党员张庆孚介绍,至上海法政大学任教授。1932年和1933年,他多次受党组织委托给冯玉祥讲授列宁主义和唯物辩证法,说服冯玉祥联共抗日。从这些交往活动可见,李达在脱党后依然与中国共产党保持了密切的联系,以至于国民党湖南当局曾以"著名共首"为罪名通缉他。

二 坚持理论的科学性是基础

一种话语能否形成影响力,成为公共性的话语,关键在于话语质量,即学术理论本身的科学性。大革命失败后,论政治权力的比较,国民党人在这场意识形态斗争中占据特权优势,其民生史观话语本应更胜一筹。但问题在于,为何国民党人竭尽全力依然无法扭转唯物史观广受关注的局面?而马克思主义者则在与各方论争中呈现显著优势?

其原因之一在于,国民党派御用文人对唯物史观的研究水平整体不高,对唯物史观存在诸多错误、肤浅的认知。多数学者是依据河上肇在《马克思的唯物史观》中摘译的《〈政治经济学批判〉序言》中的唯物史观公式来批判。他们说,马克思并无专书介绍唯物史观,最重要的"还是他的经济学批评序文中的一段"。"所以我们要知道唯物史观是什么?也只有把这一段作为研究的根据,然后才能得到一个概括的要领,以从事于批评的工作。"[1] 实际上,前文已述,1927年后唯物史观的经典文献来源已经比较丰富。但国民党人却将视野局限在早期的二手摘译,不免没有说服力。从其批判的具体内容来看,多

---

[1] 林林:《唯物史观与唯民生史观》,《革命新声》1929年第21期。

数国民党人对唯物史观的认识还停留在早期水平，多为片面误读。他们自己都反思道："攻击唯物史观的汗牛充栋的著述中，公正的无偏私的批判，确可以说是绝无仅有。这些批评中，有许多是无的放矢，有许多是无内容的嘲骂，更有许多是错误的批评。"① 例如，不少国民党学者将"唯物史观"中的"物"理解为自然物质，或者"物质利益"。认为唯物史观就是为私利而斗争，从而引发社会混乱。当然，也有一些理论家如叶青的理论造诣相对较高。故其打着唯物史观的旗帜歪曲理论，就具有相当的迷惑性。好在马克思主义者及时揭露其用心，给予了有力回击。

更为重要的是，国民党倡导的民生史观本身存在理论不足，根本无法超越唯物史观。一方面，民生史观是建基在唯心主义的先验基础上，其对于社会发展动力的解释缺乏客观依据。而唯物史观则是建基在对人类现实的物质生活，尤其是资本主义社会矛盾的考察基础上的，并以社会主义运动的实践为基础，具有鲜明的科学性。就连国民党理论家自己也反思这是民生史观为人诟病的重要原因。例如戴季陶把民生史观的中心思想归结到"仁爱"的道德观念上。这不仅受到马克思主义者的批评，国民党学者梅思平也深感如此解释无法使"民生哲学全体才有一个有条不紊的系统"以和共产党相抗衡。他指出唯物史观是"有近代科学作后盾的唯物论"，而国民党学者却把民生史观与儒家哲学——这个在当时被认为是封建旧礼教的思想相连，引起了青年们许多蔑视。故梅思平试图强调民生史观"决不是唯心的"，把其建立在"物"的基础上是尤为迫切的工作。② 从这也可看出，国民党人自己都谈"心"色变，已不自觉地受到马克思主义的话语影响。另一方面，民生史观在建构时实际借鉴了唯物史观，但又未能超越后者。连国民党人自己都曾公开说民生主义即是共产主义的实行，并从生产力与生产关系两方面分析了近代民生问题产生的经济根源。所谓

---

① 胡霖森：《从唯物史观到唯仁史观（续）：唯仁论历史哲学之建立》，《尚志周刊》1932年第1卷第23期。
② 梅思平：《民生史观概论》，《新生命》1928年第1卷第5号。

求生存的问题其实本质上就是生产力与生产关系问题。但 30 年代的国民党人却倒因为果，超越经济根源空谈社会进化，最终无法与唯物史观抗衡。

而唯物史观的科学性最根本指向了现实性。按照历史唯物主义的观点来看，话语是现实生活的反映，它应随社会的变化而变化。在各自激烈的话语交锋中，只有能够从理论的建构和论证角度真正回答现实关切，解决中国现实问题的话语，才能真正构建起科学的话语体系，形成话语影响力。对此，毛泽东就曾指出："马克思列宁主义来到中国之所以发生这样大的作用，是因为中国的社会条件有了这种需要，是因为同中国人民革命的实践发生了联系，是因为被中国人民所掌握了。任何思想，如果不和客观的实际的事物相联系，如果没有客观存在的需要，如果不为人民群众所掌握，即使是最好的东西，即使是马克思列宁主义，也是不起作用的。"[①] 这即是说，马克思主义之所以能够确立其话语地位，根本原因在于理论本身的科学性与实践性。正因为此，马克思主义者才努力廓清了相关理论误解，将唯物史观的研究指向中国现实，彰显了唯物史观的现实逻辑，使自己的唯物史观话语不仅同反马克思主义者对立，也同假马克思主义者划清了界限。在同外界的一次次交锋中，马克思主义者推进了唯物史观研究的深入，促进了理论与现实的结合，引导人们将"中国向何处去"的答案指向了中国共产党领导的新民主主义革命道路。

三 马克思主义理论工作者是主力

1927 年至 1937 年，马克思主义学人在唯物史观的传播、阐释与运用上发挥了主力作用。在中国共产党的领导下，先进知识分子积极引导和推动了新兴社会科学运动的发展，号召社会科学工作者肩负为革命服务的时代使命。党在 1929 年成立"中央文化工作委员会"后创建了旨在团结党内外广大社会科学工作者的中国社会科学家联盟。

[①]《毛泽东选集》第 4 卷，人民出版社 1991 年版，第 1515 页。

它的使命就在于"高举革命的马克思主义的旗帜，号召一切进步的社会科学工作者团结起来，在中国革命走向高潮的形势下，根据革命的需要，宣传和捍卫马克思主义，以马克思主义的观点，分析中国及国际的政治经济；批判资产阶级，揭露机会主义及托洛茨基主义破坏革命，曲解马克思主义的真面目；使社会科学运动与政治斗争紧密的配合"①。正是在这样的环境中，一批左翼知识分子在新兴社会科学运动中得到锻炼和成长，形成了以沈志远、吴亮平、李达、艾思奇、张如心、翦伯赞、王学文、朱镜我、彭康等为代表的马克思主义理论工作者群体，他们成为马克思主义理论研究的主力。他们将原本零散的、机械的理论整合成为具有"革命逻辑"的唯物史观体系，并运用它重构了国人对社会历史的认知，引导和动员他们从整体上变革社会，从而影响了其对中国现实道路的选择。

到了延安整风时期，毛泽东对马克思主义理论工作者提出了具体的要求。他指出，中国共产党需要的理论家应"能够依据马克思列宁主义的立场、观点和方法，正确地解释历史中和革命中所发生的实际问题，能够在中国的经济、政治、军事、文化种种问题上给予科学的解释，给予理论的说明"。为此，理论家"就要能够真正领会马克思列宁主义的实质，真正领会马克思列宁主义的立场、观点和方法，真正领会列宁斯大林关于殖民地革命和中国革命的学说，并且应用了它去深刻地、科学地分析中国的实际问题，找出它的发展规律，这样才是我们真正需要的理论家"②。这也即是指出了马克思主义理论工作者的现实使命。他们的责任是立足中国现实，对马克思主义理论话语进行认真研究、积极建构和科学阐释，以期达到解决中国问题，指导中国革命的目的。可以说马克思主义理论工作者时至今日也一直普遍葆有这样的现实志趣。也正因为此，马克思主义在中国才得以有持续的生命力和现实的影响力。

---

① 王学文：《回忆"中国社会科学家联盟"》，《四川社联通讯》1982 年第 1 期。
② 《毛泽东选集》第 3 卷，人民出版社 1991 年版，第 814 页。

第二节　中国知识界研究与阐释唯物史观的当代启示

百年时光逝去，唯物史观在新时代的今天依然闪耀着理论的光辉。党的十八大以来，中国特色社会主义实践迫切需要马克思主义理论提供有力支撑。习近平总书记强调，中国共产党只有坚持历史唯物主义，才能不断把对中国特色社会主义规律的认识提高到新的水平，不断开辟当代中国马克思主义发展新境界。他重点指出，要学习和掌握社会基本矛盾分析法，物质生产是社会生活的基础的观点，以及人民群众是历史创造者的观点，为党进行全面深化改革提供理论指南。[①] 可以说，坚持和发展唯物史观在当今依然具有着重大的现实意义。

一　坚持党的领导，高举马克思主义思想旗帜

党的二十大报告指出："中国共产党为什么能，中国特色社会主义为什么好，归根到底是马克思主义行，是中国化时代化的马克思主义行。"[②] 过去一百年中国共产党带领中国人民迈向民族复兴之路的生动实践，清晰展现了马克思主义与中国共产党之间的内在互动关系。中国共产党作为马克思主义政党，始终把马克思主义作为自己的看家本领。马克思主义是我们立党立国、兴党强国的根本指导思想。正是在马克思主义的思想指导下，中国共产党百年实践创新取得了"四个伟大成就"，实现了"四次伟大飞跃"，展示了马克思主义的强大生命力。同时，中国共产党的坚强领导，则是坚持和发展马克思主义，推进马克思主义中国化时代化的根本保证。正是在中国共产党的领导

[①] 习近平：《坚持历史唯物主义不断开辟当代中国马克思主义发展新境界》，《求是》2020年第2期。
[②] 习近平：《高举中国特色社会主义伟大旗帜　为全面建设社会主义现代化国家而团结奋斗——在中国共产党第二十次全国代表大会上的报告（2022年10月16日）》，人民出版社2022年版，第16页。

下,"马克思主义的科学性和真理性在中国得到充分检验,马克思主义的人民性和实践性在中国得到充分贯彻,马克思主义的开放性和时代性在中国得到充分彰显"①。

正因为此,新时代推进唯物史观的传播、研究与运用工作,必须坚持中国共产党的领导,必须高举马克思主义的思想旗帜。这具体要求,第一,中国共产党坚持实事求是的思想路线,将马克思主义基本原理同中国具体实际相结合、同中华优秀传统文化相结合,坚持实践是检验真理的唯一标准,坚持一切从实际出发,及时回答时代之问、人民之问、世界之问,不断推进马克思主义中国化时代化。如此才能够给予唯物史观的阐释与运用以正确的指导方向,为唯物史观的研究和宣传工作创造良好的生态,推动唯物史观的理论创新与广泛传播。第二,中国共产党坚持唯物史观、正确党史观,坚决反对历史虚无主义。2021年2月20日,习近平总书记在党史学习教育动员大会上首次明确提出应"树立正确党史观"的重要观点。党的第三个历史决议强调,"全党要坚持唯物史观和正确党史观,从党的百年奋斗中看清楚过去我们为什么能够成功、弄明白未来我们怎样才能继续成功"②。正确党史观是对唯物史观的创新性发展。中国共产党坚持唯物史观、正确党史观,能够有效应对历史虚无主义等多种思潮的挑战,在中国特色社会主义实践中推进唯物史观的创新性发展。第三,坚持马克思主义在我国哲学社会科学领域的指导地位。习近平总书记指出:"坚持以马克思主义为指导,是当代中国哲学社会科学区别于其他哲学社会科学的根本标志,必须旗帜鲜明加以坚持。"③然而,实际工作中,在有的领域中马克思主义被边缘化、空泛化、标签化,在一些学科中"失语"、教材中"失踪"、论坛上"失声"。改变这一状况,要求当

---

① 《中共中央关于党的百年奋斗重大成就和历史经验的决议》,人民出版社2021年版,第63页。
② 《中共中央关于党的百年奋斗重大成就和历史经验的决议》,人民出版社2021年版,第2页。
③ 习近平:《在哲学社会科学工作座谈会上的讲话》,人民出版社2016年版,第8页。

代中国哲学社会科学在充分吸收他国哲学社会科学有益成果的同时，旗帜鲜明坚持马克思主义立场、观点和方法，同非马克思主义、反马克思主义划清界限。

二 立足新时代实践，不断提高唯物史观阐释水平

不断发展的社会实践，要求人们必须结合新的情况进一步阐释和解读唯物史观。从唯物史观在中国发展的百年历程来看，理论只有与实践相结合，在实践基础上进行不断创新和发展，才能真正葆有其生机。唯物史观最显著的特点是深刻介入社会现实，参与社会变革并为社会现实提供强大解释力。因而要想保持唯物史观的生命力，应对当前的理论挑战，必须加大对唯物史观理论的研究与阐释力度，与时俱进地发展理论，促进其与现实的密切结合，坚决推进唯物史观的中国化时代化大众化。

具体来说，我们应立足新时代实践，以中国传统、中国实践、中国问题作为唯物史观研究的出发点和落脚点，使马克思主义无论是内容还是形式上都变成中国的东西。回顾历史，20世纪30年代的马克思主义话语为何有如此之威力？从根本上说，是因为当时唯物史观契合了中国的现实需要。唯物史观作为"变革的社会学"，超越了其他历史观满足了先进分子试图从整体上根本变革社会的心理需要。经过唯物辩证法改造的唯物史观以中国实践为中心，以解决中国向何处去的根本道路问题为目标，注重在革命实践中创新理论，为时人提供了普遍概括和总体认识社会发展规律的科学工具，有效支撑了中国共产党的革命运动。只有以中国为主体，扎根中国实践，回应时代呼唤，认真研究解决重大紧迫的现实问题，才能真正推动理论创新，占领意识形态高地；也才能真正使马克思主义渗入人们的日常生活，变成我们社会交往对话的惯常话语和内在思维方式。正如2022年4月习近平总书记在中国人民大学考察时强调的，加快构建中国特色哲学社会科学，归根结底是建构中国自主的知识体系。这种知识体系"要以中国为观照、以时代为观照，立足中国实际，解决中国问题，不断推动

中华优秀传统文化创造性转化、创新性发展,不断推进知识创新、理论创新、方法创新,使中国特色哲学社会科学真正屹立于世界学术之林"。

这还要求,理论界应注重不同思想的交流与对话,不断完善唯物史观的理论阐释。回望历史,我们看到,每一次学界对唯物史观的阐释发展与创新,都是伴随着外界的质疑和不解。理论的发展不仅源于实践的需要,也与不同思想的交锋、互动有密切关系。正如,20世纪20年代马克思主义者之所以不满足于经济决定论的早期阐释,而力图以唯物辩证法进一步发展唯物史观,外界学者对唯物史观的质疑促使马克思主义者反思自身研究不足是一个非常重要的原因。所以,在坚决批判错误认识的时候,我们不应该拒斥这种思想交锋。封闭学术研究的"朋友圈",闭门造车只能导致理论的衰落和失效。马克思主义者应在坚定唯物史观立场的同时,注意与其他思想火花的碰撞、交流和对话。在交锋中反思不足,在互动中发展理论,方能促进理论的创新与进步。

三 着力从人抓起,培育壮大哲学社会科学人才队伍

民主革命时期,中国马克思主义理论工作者担当了唯物史观阐释的主力。在新时代的今天,要推进唯物史观的传播与运用,必须着力培养一批政治素质过硬、学术水平高的哲学社会科学工作者。2016年5月17日,习近平总书记在哲学社会科学工作座谈会上的讲话中指出,构建中国特色哲学社会科学,要从人抓起,久久为功。要着力使广大哲学社会科学工作者成为先进思想的倡导者、学术研究的开拓者、社会风尚的引领者、党执政的坚定支持者。为此他提出要实施哲学社会科学人才工程,着力发现、培养、集聚一批有深厚马克思主义理论素养、学贯中西的思想家和理论家,一批理论功底扎实、勇于开拓创新的学科带头人,一批年富力强、锐意进取的中青年学术骨干,构建种类齐全、梯队衔接的哲学社会科学人才体系。2022年4月,习近平总书记在中国人民大学考察时再次指出:"哲学社会科学工作者

要做到方向明、主义真、学问高、德行正，自觉以回答中国之问、世界之问、人民之问、时代之问为学术己任，以彰显中国之路、中国之治、中国之理为思想追求，在研究解决事关党和国家全局性、根本性、关键性的重大问题上拿出真本事、取得好成果。"

这要求中国哲学社会科学工作者，第一，坚持为民立论的正确方向。哲学社会科学者做研究首先要搞清楚为谁创作和立言的问题。在理论研究过程中应始终坚持以人民为中心，扎根人民群众的现实生活，将理论志趣与人民需要紧密联系，始终致力于以深刻的学理研究回答人民之问、时代之问、世界之问。第二，坚持马克思主义的立场、观点和方法。哲学社会科学工作者应认真学习与研究马克思主义基本理论，坚持理论自觉，以马克思主义为指导开展学术研究和教育教学，积极回应理论挑战，提高理论创新水平。第三，踏实钻研，不断提高自身学术研究水平。哲学社会科学工作者应具有广博的知识视野和扎实的学术根基。能够准确把握学术前沿和现实议题，以国家和民族需要为研究志趣，做有助于解决党和国家现实重大问题的大学问和真学问。第四，坚持明德修身，知行合一。哲学社会科学工作者应恪守学术道德底线，自觉遵守学术规范，抵制学术领域的不正之风。不追名逐利，不写粗制滥造的文章，不搞学术浮夸、学术腐败、学术不端，踏实严谨治学，共同塑造和维护风清气正的学术生态。

做到上述几点，还应充分发挥高校在培养高素质哲学社会科学工作者中的重要作用。回顾中国马克思主义哲学发展史，正是高校讲授课程的现实需要推动了哲学理论向中国化与体系化方向的创新与发展。一方面，高校拥有相对系统全面的教学体系、课程体系和教材体系，其在推动理论研究与创新上具有天然优势。应通过不断强化高校教学体系、课程体系和教材体系建设工程，立足中国实践，提炼具有原创性、主体性、标识性的新概念、新范式、新表述，形成适应新时代中国特色社会主义发展需要的中国马克思主义自主知识体系；另一方面，理论的创新和发展需要源源不断的生力军。高校是培养哲学社会科学高层次人才的主要平台。高校应通过教育教学、学术探讨、课题研究、社会实践等多渠道加强对马克思主义理论的研究与阐释工作，提升哲学社会科学工作者的整体素质，为中国哲学社会科学事业的发展培育一批又一批的后备力量。

参考文献

一　民国报刊

《党务月刊》，国民革命军陆军暂编第一师特别党部秘书处，1930—1931年。

《东方杂志》，东方杂志社，1904—1937年。

《独立评论》，独立评论社，1932—1934年。

《读书月刊》，光华书局，1930—1933年。

《读书杂志》，神州国光社，1931—1933年。

《对抗》，通俗教育馆，1932年。

《革命论坛》，革命论坛社，1928年。

《革命战线》，中国国民党各省市党部，1929年。

《国论》，国论月刊社，1935—1937年。

《建设》（三卷），人民出版社1980年影印本。

《今日》，新知书社，1922年。

《经济学刊》，光华书局，1931年。

《民国日报·觉悟》（1919—1925），人民出版社1980年影印本。

《三民半月刊》，三民学社，1928—1931年。

《尚志周刊》，尚志社，1932—1934年。

《社会科学战线》，社会科学战线社，1930年。

《生活》，生活周刊社，1927—1933年。
《书报评论》，书报评论社，1931年。
《文化批判（上海）》，上海创造社出版部，1928年。
《新路》，新路旬刊，1932—1933年。
《新青年》，群益书社，1916—1920年。
《新青年》，新青年社，1920—1926年。
《新生命》，新生命月刊社，1928—1930年。
《新声》，中国国民党广东省执行委员会宣传部，1930年。
《新思潮》，新思潮社，1929—1930年。
《星期评论》，星期评论社，1922—1933年。
《学衡》，上海中华书局，1922—1933年。
《学术界》，中华留日明治大学校友会，1930—1937年。
《再生》，再生杂志社，1932—1937年。
《再造》，再造旬刊社，1928—1929年。
《哲学评论》，朴社，1927—1937年。
《中国社会》，正中书局，1934—1937年。
《中苏文化》，中苏文化协会，1936—1937年。
《中央半月刊》，国民党中央执行委员会宣传部，1927—1931年。
《自由评论（北平）》，自由评论社，1935—1936年。

二　著作

［德］罗梅君：《政治与科学之间的历史编纂——30和40年代中国马克思主义历史学的形成》，孙立新译，山东教育出版社1997年版。

［荷］郭泰：《唯物史观解说》，李达译，上海中华书局1921年版。

［美］阿里夫·德里克：《革命与历史：中国马克思主义历史学的起源，1919—1937》，翁贺凯译，江苏人民出版社2005年版。

［美］塞利格曼：《经济史观》上、下，陈石孚译，商务印书馆1920年版。

［日］河上肇：《马克思主义经济学基础理论》，李达等译，上海昆仑

书店1930年版。

《艾思奇文集》第1卷，人民出版社1981年版。

《蔡和森文集》，人民出版社1980年版。

《陈独秀文章选编》（中），生活·读书·新知三联书店1984年版。

《何干之文集》第1—2卷，北京出版社1993年版。

《胡汉民先生名著集》，军事新闻社1936年版。

《瞿秋白文集　政治理论编》第2、3、4卷，人民出版社2013年版。

《瞿秋白选集》，人民出版社1985年版。

《李达文集》第1—4卷，人民出版社1980、1981、1984、1988年版。

《李大钊全集》第1—4卷，人民出版社2013年版。

《马克思恩格斯文集》第1—2卷，人民出版社2009年版。

《马克思恩格斯选集》第3—4卷，人民出版社1995年版。

《毛泽东书信选集》，人民出版社1983年版。

《毛泽东文集》第1—2卷，人民出版社1993年版。

《毛泽东文集》第3—5卷，人民出版社1996年版。

《毛泽东文集》第6—7卷，人民出版社1999年版。

《毛泽东选集》第1—4卷，人民出版社1991年版。

《毛泽东哲学批注集》，中央文献出版社1988年版。

《思想的历程》创作组编：《思想的历程：马克思主义在中国的百年传播》，中央编译出版社2011年版。

《五四运动回忆录（上）》，中国社会科学出版社1979年版。

北京大学哲学系现代中国哲学教研室、编译资料室编：《中国现代哲学史教学资料选辑》（上、下册），北京大学出版社1988年版。

［苏］布哈林：《唯物史观》上册，陶伯译，上海泰东图书局，1930年版。

［苏］布哈林：《唯物史观与社会学》，许楚生译，上海社会问题研究社1930年版。

蔡尚思：《中国近现代学术思想史论》，广东人民出版社1986年版。

陈峰：《民国史学的转折——中国社会史论战研究1927—1937》，山东大学出版社 2010 年版。

恩格斯：《宗教·哲学·社会主义》，林超真译，上海沪滨书局，1929年版。

方克立、邢贲思、黄枬森主编：《多元理性的碰撞与选择——二十世纪三四十年代哲学论辩》，百花洲文艺出版社 2012 年版。

冯和法：《农村社会学大纲》，黎明书局 1934 年版。

冯契：《中国近代哲学的革命进程》，上海人民出版社 1989 年版。

高军编：《中国社会性质问题论战资料选辑》上、下册，人民出版社 1984 年版。

桂遵义：《马克思主义史学在中国》，山东人民出版社 1992 年版。

郭沫若：《中国古代社会研究（外二种）》，河北教育出版社 2000 年版。

郭沫若著作编辑出版委员会编：《郭沫若全集·文学编》，第 12 卷，人民文学出版社 1992 年版。

郭庆堂等：《20 世纪中国哲学论要》，中国社会科学出版社 2013 年版。

郭湛波：《近五十年中国思想史》，上海世纪出版集团 2010 年版。

何干之：《中国社会性质问题论战》，上海生活书店 1937 年版。

侯外庐、中国社会科学院历史研究所中国思想史研究室编：《侯外庐史学论文选集》（上），人民出版社 1987 年版。

侯云灏：《20 世纪中国史学思潮与变革》，北京师范大学出版社 2007 年版。

胡汉民：《胡汉民先生演讲集》第 1—3 卷，民智书局 1927 年版。

华岗：《中国大革命史》，上海春耕书局 1932 年版。

黄楠森等主编：《马克思主义哲学史》（八卷本）第六卷，北京出版社 1989 年版。

翦伯赞：《历史哲学教程》，生活书店 1938 年版。

瞿林东等：《唯物史观与中国历史学》，上海人民出版社 2013 年版。

瞿秋白：《社会科学概论》，联合出版社 1949 年版。

柯柏年编：《社会问题大纲》，上海南强书局 1930 年版。

李达：《社会学大纲》，国立北平大学法商学院 1935 年版。

李达：《社会学大纲》，武汉大学出版社2007年版。

李鼎声：《中国近代史》，光明书局1935年版。

李圣悦：《现代社会学理论大纲》，光华书局1933年版。

李文海、龚书铎主编，温乐群、黄冬娅著：《二三十年代中国社会性质和社会史论战》，百花洲文艺出版社2004年版。

李泽厚：《中国现代思想史论》，生活·读书·新知三联书店2008年版。

梁枫：《唯物史观在中国的历史命运论纲》，北京大学出版社2000年版。

林代昭、潘国华：《马克思主义在中国从影响的传入到传播》（上、下），清华大学出版社1983年版。

刘永祥：《民国时期史学三题》，学苑出版社2015年版。

吕明灼：《近现代中国思想史论》，青岛出版社2003年版。

吕希晨、何敬文主编：《中国现代唯物史观史》，天津人民出版社2003年版。

吕振羽：《史前期中国社会研究》，北平人文书店1934年版。

罗敦伟：《马克思主义评论之评论》，上海大东书局1930年版。

罗海滢：《李达唯物史观思想研究》，暨南大学出版社2008年版。

马克思：《政治经济学批判》，郭沫若译，上海神州国光社1932年版。

[苏] 米丁主编：《新哲学大纲》，艾思奇、郑易里合译，北平国际文化社1936年版。

[苏] 米丁：《辩证唯物论与历史唯物论》（上册），沈志远译，商务印书馆1936年版。

彭明主编：《中国现代史资料选辑第三册（1927—1931）》，中国人民大学出版社1988年版。

史先民：《中国社会科学家联盟资料选编》，中国展望出版社1986年版。

宋原放主编：《中国出版史料（现代部分）》第1卷下册，山东教育出版社、湖北教育出版社2001年版。

谭汝谦主编：《中国译日本书综合目录》，香港中文大学出版社 1980年版。

唐宝林主编：《马克思主义在中国 100 年》，安徽人民出版社 1997年版。

陶德麟，何萍主编：《马克思主义哲学中国化：历史与反思》，北京师范大学出版社 2007 年版。

童行白：《唯物史观与民生史观析论》，上海南华图书局 1929 年版。

陈翰笙著，汪熙、杨小佛主编：《陈翰笙文集》，复旦大学出版社 1985 年版。

王令金：《马克思主义中国化的历史进程及其规律》，中央编译出版社 2014 年版。

王慕民编：《朱镜我文集》，海洋出版社 2007 年版。

王学典：《20 世纪中国史学评论》，山东人民出版社 2002 年版。

王学典、陈峰编：《二十世纪中国史学史论》，北京大学出版社 2010年版。

吴汉全主编：《中国马克思主义学术史》（5 卷本），人民出版社 2019年版。

吴黎平、艾思奇：《唯物史观》，新华书店 1941 年版。

吴理屏编译：《辩证法唯物论与唯物史观》，上海心弦书社 1930 年版。

［苏］西洛可夫、爱森堡等：《辩证法唯物论教程》，李达、雷仲坚译，笔耕堂书店 1935 年版。

谢保成：《民国史学述论稿 1912—1949》，上海人民出版社 2011 年版。

徐素华：《马克思恩格斯著作在中国的传播 – MEGA^2 视野下的文本、文献、语义学研究》，中国社会科学出版社 2013 年版。

徐素华编著：《中国社会科学家联盟史》，中国卓越出版公司 1990 年版。

许德珩：《社会学讲话》（上册），北平好望书店 1936 年版。

许全兴：《百年中国哲学革命》，人民出版社 2015 年版。

杨奎松、董士伟：《海市蜃楼与大漠绿洲》，上海人民出版社 1991年版。

叶青编:《新哲学论战集》,上海辛垦书店 1936 年版。

于沛主编:《马克思主义史学思想史》第 1—4 卷,中国社会科学出版社 2015 年版。

张东荪:《道德哲学》,上海中华书局 1931 年版。

张东荪:《认识论》,世界书局 1934 年版。

张东荪:《唯物辩证法论战》,民友书局 1934 年版。

张静庐辑注:《中国出版史料(补编)》,中华书局 1957 年版。

张静庐辑注:《中国现代出版史料》乙编,中华书局 1955 年版。

张岂之等编:《史学概论文献与资料选编》,高等教育出版社 2009 年版。

张如心:《无产阶级底哲学》,上海光华书局 1930 年版。

赵一萍:《社会哲学概论》,上海生活书店 1933 年版。

郑大华:《民国思想史论续集》,社会科学文献出版社 2010 年版。

中国社会科学院文学研究所《左联回忆录》编辑组编:《左联回忆录》(上、下),中国社会科学出版社 1982 年版。

中华学艺社编:《唯物史观研究》,中华学艺社 1926 年版。

中共中央马克思恩格斯列宁斯大林著作编译局马恩室编:《马克思恩格斯著作在中国的传播》,人民出版社 1983 年版。

中央档案馆编:《中共中央文件选集》第 3 册、第 4 册,中共中央党校出版社 1989 年版。

钟家栋、王世根主编:《20 世纪马克思主义在中国》,上海人民出版社 1998 年版。

钟离蒙、杨凤麟主编:《中国现代哲学史资料汇编》第 1 集第 8—9 册,辽宁大学哲学系,1981 年。

钟离蒙、杨凤麟主编:《中国现代哲学史资料汇编》第 2 集第 1、2、3、4、5 册,辽宁大学哲学系,1982 年。

庄福龄主编:《中国马克思主义哲学传播史》,中国人民大学出版社 1988 年版。

三 学术论文

陈峰:《社会史论战与现代中国史学》,博士学位论文,山东大学,2005年。

陈其泰:《"革命性与科学性相结合"——谈中国马克思主义史学的思想遗产》,《史学理论研究》2011年第4期。

程凯:《1920年代末文学知识分子的思想困境与唯物史观文学论的兴起》,《文史哲》2007年第3期。

戴晓芳:《中国语境中唯物史观的运用及其"合法性"——20世纪二三十年代中国社会性质问题论战的哲学反思》,硕士学位论文,北京大学,2013年。

段启咸:《唯物史观在中国的传播》,《江汉论坛》1983年第3期。

冯天瑜:《唯物史观在中国的早期传播及其遭遇》,《中国社会科学》2008年第1期。

何爱国、颜英:《唯物史观初入中国时期的诠释特点及其对史学发展的影响——以〈新青年〉为中心的考察》,陈勇主编:《民国史家与史学国际学术研讨会论文集1912—1949》,上海大学出版社2014年。

江巍、张正光:《〈新青年〉与马克思主义唯物史观的传播》,《淮海工学院学报》(人文社会科学版)2014年第3期。

蒋大椿:《八十年来的中国马克思主义史学(一)》,《历史教学》2000第6期。

蒋大椿:《八十年来的中国马克思主义史学(二)》,《历史教学》2000第7期。

蒋大椿:《唯物史观与历史研究》,《近代史研究》1983年第2期。

蒋海怒:《唯物史观与近代中国历史意识变迁》,《东南学术》2009年第6期。

蒋海升:《"西方话语"与"中国历史"之间的张力——以"五朵金花"为重心的探讨》,博士学位论文,山东大学,2006年。

李红岩:《20世纪30年代马克思主义思潮兴起之原因探析》,《文史哲》2008年第6期。

李勇:《"中国社会史论战"对于唯物史观的传播》,《史学月刊》2004年第12期。

蔺淑英:《"五四"前后中国先进分子选择唯物史观探源》,《中共党史研究》2009年第11期。

蔺淑英:《唯物史观在中国的传播与创造性运用(1919—1949)》,博士学位论文,山东师范大学,2011年。

刘庆霖:《"求道"与"传道":民国时期国人对河上肇著述的讨论》,《河南大学学报(社会科学版)》2014年第5期。

荣剑:《中国史观与中国现代性问题——中国社会发展及其现代转型的思想路径》,《中国社会科学辑刊》2010年总第33期。

孙张辉:《〈觉悟〉、〈建设〉和唯物史观的传播》,硕士学位论文,淮北师范大学,2010年。

汪信砚:《马克思主义哲学在中国的传播与马克思主义哲学中国化》,《马克思主义研究》2013年第8期。

王贵仁:《20世纪早期中国学者对唯物史观的阐释及其演变》,《史学理论研究》2010年第3期。

王贵仁:《从传播"唯物史观"到建构"民生史观"——解析1920年代国民党人对唯物史观态度的转变轨迹》,《社科纵横》2009年第11期。

王贵仁:《二十年代国民党人的唯物史观探析》,《时代人物》2008年第5期。

王海军:《土地革命战争时期社会科学工作者对马克思主义经典著作的翻译与传播评析》,《马克思主义研究》2013年第6期。

王培利:《20世纪早期唯物史观中国化意义的建构方式解析——以资产阶级民主派唯物史观意义建构为例》,《历史教学》2012年第9期。

王学典、王钢城:《从追求致用到向往求真——四十年代中后期唯物史观派史学的动向之一》,《史学月刊》1999年第1期。

王学典:《唯物史观派史学的学术重塑》,《历史研究》2007年第1期。

向伟:《国民党视野中的马克思学说研究(1927—1937)》,博士学位论文，中共中央党校，2016年。

谢辉元：《民国时期的唯物史观史学与马克思主义史学》，《天府新论》2015第4期。

谢辉元：《民国时期唯物史观传播与马克思主义史学发展》，《史学理论与史学史学刊》2015年第00期。

薛其林：《唯物史观对民国学术的影响》，《马克思主义研究》2008年第4期。

尹媛萍：《学院派知识分子与唯物史观的党外传播——以吴恩裕为例》，《近代史研究》2016年第3期。

余建军：《从进化论到唯物史观——中国马克思主义哲学起源史研究》，博士学位论文，南开大学，2014年。

张静如、齐卫平：《唯物史观在中国传播一百年与"三个代表"》，《学习时报》，2003年8月11日。

张立波：《唯物史观的中国初貌：依据、内容和特征》，《江海学刊》2010年第4期。

张太原：《二十世纪三十年代的马克思主义思潮》，《中共党史研究》2011年第7期。

张越：《社会史大论战与中国马克思主义史学建立论析》，《陕西师范大学学报》（哲学社会科学版）2015年第4期。

赵利栋：《20世纪20年代马克思主义历史理论传播中的唯物史观述略》，《中国社会科学院近代史研究所青年学术论坛1999年卷》，社会科学文献出版社2000年版。

赵利栋：《略论20世纪20年代中国马克思主义的思想资源》，中国社会科学院近代史研究所青年学术论坛2003年卷，社会科学文献出版社2005年版。

张越：《民国史家对唯物史观和马克思主义史学的评论和认识》，《史学集刊》2021年第4期。

吴英：《唯物史观对重大历史和现实问题的科学解释》，《史学史研究》2022年第3期。

后　记

　　对于唯物史观在中国的传播史研究，是笔者一直比较感兴趣的问题。自读博以来，便一头钻进了故纸堆里，想要从那些竖版繁体字里一探民主革命时期中国学人对唯物史观的传播与阐释的究竟。翻阅那些历史文献而产生的时空交汇感，总是让我感到很有乐趣。如今毕业四年有余，诸事缠身，更觉得那几年在北京大学图书馆里心无旁骛地埋首阅读、摘录与写作的时光异常可贵。本研究的文献基础便主要是在那一时期打下的。后经过博士后两年时光，又将研究成果修改完善，遂有了本书的形成。这是我人生中第一部著作，如今付梓出版，我的心情就像自己孕育了一个孩子一样紧张而又期待。必须要指出的是，由于时间紧促，受笔者能力和精力所限，本书依然存在不足，还请学界同仁多多批评指正，笔者愿以诚挚的态度听取意见。

　　在本书付梓出版之际，想要特别感谢数位对本书的写作给予过实际指导与帮助的人：

　　第一，要感谢我的学术生涯的诸位导师们。一是我的博士生导师郭建宁教授。郭老师的治学风格和渊博学识让人景仰。老师从该书的选题到写作都给予过我很多有益的指导和帮助。二是我的博士后合作导师周良书教授。周老师每次对我的学术与人生的点拨总是精准到位，让我深受启发。他对我的博士后研究提出了许多关键性的指导意见，促使本研究更加充实与完善。三要感谢我的硕士生导师冯雅新副教授。即使毕业多年，冯老师依然会像母亲一样关心我的成长与发展，鼓励我把研究好好做下去。如今我也在带着自己的硕士研究生，冯老师一直是我看齐的目标。

第二，要感谢北京师范大学马克思主义学院学术委员会的专家委员们对本书提出了有建设性的意见，感谢学院给予实际的支持和指导。

第三，感谢中国社会科学出版社马克思主义理论出版中心田文主任对本书的编辑出版工作给予的指导与帮助。感谢匡颖晨、杨弟福、罗紫琪、柴玉振、梁慧颖、赵明明、高涵宇、王鋆协助我一一校对文献。有了他们的辛苦付出，本书才得以顺利出版。

还想感谢我的父母。工作后，我更加体会到父母的不易。父母一生辛劳，竭尽全力为我营造了一个充满爱的小家。寒窗苦读22年，在外漂泊14年，工作打拼4年有余，个中辛酸，冷暖自知。一路走来，没有他们，便不会有今天的我。父母始终是我前行的不竭动力和最大支撑。故这本书，也是自己献给父母的一份礼物。或许礼物并不算贵重，但至少能证明，他们从小养大的孩子，这么多年还是很努力地在做实事的。

四年前的博士毕业论文后记结尾我曾这样写道："有时觉得人生真的很不容易，但是我始终相信努力付出的人会有回报。虽然至今仍有些许遗憾和不足，但回首过往，我无悔青春。未来的路，我坚信依旧在自己脚下。路还长，一切才刚刚开始。请沉住气，以梦为马，仗剑天涯。"四年过去，回过头看，虽然岁月磨平了我性格的棱角，仗剑天涯早已是笑谈，但骨子里那股韧劲儿依然还在。作为本书的结尾，我想说：过去的路，我并不遗憾和后悔。未来的路，我坚信依旧在自己脚下。梦永远在路上，愿堂堂正正做人，踏踏实实治学。

2022年8月10日

于故乡徐州